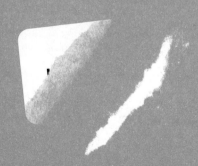

論語

存在正道平解

上卷

譚家哲

責任編輯　胡瑞倩
裝幀設計　麥梓淇
排　　版　肖　霞
印　　務　龍寶祺

論語・存在正道平解（上）

作　　者　譚家哲
出　　版　商務印書館（香港）有限公司
香港筲箕灣耀興道三號東滙廣場八樓
http://www.commercialpress.com.hk
發　　行　香港聯合書刊物流有限公司
香港新界荃灣德士古道二二〇至二四八號荃灣工業中心十六樓
印　　刷　中華商務彩色印刷有限公司
香港新界大埔汀麗路三十六號中華商務印刷大廈
版　　次　二〇二三年十一月第一版第一次印刷

ISBN 978 962 07 4686 4
Printed in Hong Kong

上卷目次

序

經學作為經學，是以人類存在整體為對象，以求其正道。《論語》亦不例外。所謂以人類存在為對象是說：在對向存在現實作為唯一事實時，仍盡力求索對人類言至善之道，以此為思想最終目的。這樣訴求看似必然，然人類思想實非如此。若中國經學對向存在之虛假仍求其道理上之正面，西方相反，始終以人類及其存在為非是，故再非從人類自身求為善，只另圖其他真理：或為物性知識、或為宗教上帝、或為形象（藝術）創造、或為人作為主體「我思」……。真實者由是都落為在人類外、為相對人類言之超越者。以上兩種形態故從根本言背道而馳：一者始終求為回歸人類存在甚至人之善道，以人為善之依據；另一者則對人類存在否定，以人類存在唯由禁限制約，無能「作為人」而真實。從這點言，人性是善是惡，故為關鍵。言人性善，非不知人類事實之惡（無道），然問題非在人類，而在對「善」之理解：「善」須吻合於人類所是，抑背離人類始為善？這始是問題所在。正因是扣緊「善」之所是本身，與人類是善是惡之事實無關，故以人性為善或為惡，都實源起於思想者自身想法與心態、源起於其所追求者為何、以何為「善」。以「善」為物質知識、為「存有」、為神靈之神聖性等等，所反映只其價值觀而已，甚至只其欲望而已，如西方始終以「神性」為最高價值那樣。這價值觀法之改變，其影響深遠：西方神話宗教世界、其思想之形上性格、以法律為唯一正義、以道德為誡律、以人性常態存活為沉淪、以形象與物為真理價值、以超越性而非平實性（平凡性）為存在模態，簡言之，以一切人性者為卑下庸俗，如是一切，均源起於如此觀法態度而已：即以人或基於人者為惡、善由外於人其他價值始立。【我們甚至可見：因對人無求其立人，故反而對人自我放縱。盲目享樂與虛無價值故為時尚，不再講求人之真實故】。西方文化所以從神話與悲劇啟始，因善或價值先唯由「神性」始能凌駕在人類自身上；神話中「神人對立」及人類存在之為「悲劇」，實為這樣價值觀法之表態與說明。借由神人對立，西方奠立人及其一切為卑下、為不是、為人性惡之原因。雖之後放棄這神性價值，然借由哲學（見柏拉圖、亞里士多德），只轉向物知識與制造，【「事物」存有與其生產制造，因而取代「神性」及其表象（藝術之形象創造）】，以之為新建真理，求為「物」之至高地位，以「理形」與「實體」為最高真實。這樣改變始終沒有改變「人非為存在中心」這一觀法，只以「物」取代「神靈」而已，其為價值始終外於人地形上而超越、人類始終屈居其下。人類由是仍只低貶、為無真理性，簡言之，性惡。西方歷史之後無論怎樣變化，都沒有離棄這人只負面性觀法，人及人性始終非是；而人類存在：「現實」，似為其證明。價值因而必須從超越性而立，人及其現實，只純然無奈並負面而已。若仍求為此世，只以「自然」為「人與現實」之對反，後者人為地偽。「現實」固然「現實」，然這只因存在受制限又相互依賴（共體性），故而有「私心」與「利益」之起，二者如同人類本然。然問題仍先在：縱使（或正因）人類由存活之不得已而致現實，然在此外所應立為價值者，究應是「人其價值與真實」、抑借助超越者對「人」更低貶？這樣超越性價值對人之善有何助益？人類不正因有現實事實更應教化其人性使之至善？「對人類求其為善」與「對人類始終低貶」這兩種態度，因而實為人類歷史根本、甚至為中西思想所以差異與源起。若明白這點，使人類存在能真正美善者，只能寄望於中國文化，西方如此價值觀（超越之價值觀）只深化現實之不是，使私心與利益更形對立與明顯，如使現實中「上下」關係更推進為「超越與卑賤」，【極貧與極富、君主與奴隸、強權與落後】，絲毫無改人類其不善。所謂《論語》為道理之書、所謂中國經學，指的故是求為重立「人性道」（人之真實）為人類存在基本時之道理與思想。對如此典籍之閱讀，故必須伴隨對人類存在總覽地反省、甚至對世界現實（古今與中外）深察其是與非始得，否則只失去這樣典籍之真正意義與真實，甚至其正確意思。此副題所以為「存在正道平解」。

若人性善為唯一正確價值，人類存在能致善先立於此，那何為人性善？回答亦實簡明：因人正為有感受甚至為有善惡感受之存有者，故順承其感受之善者即為善、反其感受者即為不善或惡。一切故唯由人之性向感受定奪。【人性故非「人行為」之潛在決定因素】。此時之性向感受，必須從人人普泛方面言，否則只為個人性向或感受之私而已，未能為「人性」。善實即此而已，人性普泛性向感受而已，非超越真理、亦非其他好處。如人性喜好受尊敬、喜好和睦、於關係深近時喜好情感、於交接中喜好人辭讓……，如是種種，作為人人普泛性向，故為人性，亦真正善所在。如以嚴苛法制禁止，因非人性所好，頂多只為爭取利益公平時手段，故始終非為人性向所在、非人感受為善者。【法治故只造成人與人更對立，非存在之和睦】。人性甚至可只以一「悅」字表達，如「近者說，遠者來」〈子路〉那樣，唯須從人人心、從心服言，非從一二個體或時代之喜好言。孔子對人性之回答更簡明，亦一言蔽之：一切能使人與人相近者即人性，否則非是。如是一切由人類智思所制造者，縱使合乎理性計量，若非基於使人人相近為原則，也只「習」而已、人類所實踐與作為而已，非能算作人性。這樣實踐因只由智思，而智思取向又毫無必然性，加諸現實私心與利害上，故更使人與人相遠、自我間更形對立爭鬥，非相近。【見：「性相近也，習相遠也。子曰：唯上知與下愚不移」〈陽貨〉】。人性實如此簡單而必然，孟子四端之心與其擴充：仁義禮智，為這樣範圍之說明。於存在，人所求實也只一人性對待而已。連生老病死本也非必為苦難，喪失人性對待始是。儒學故以人性涵蓋一切，上自國家治理、下至百姓為事與對待均然。甚至，人性實為必然規律：對人侮辱人自然反擊，無一例外；因而人性地行事更應為人行為準則。其根本性甚至在法律之絕對性上：在法律前仍毆鬥，說過於激動，然不正見人性感受較一切外來禁限更為根本、更無法退讓？人難道可外於人性而行、外於人心而仍視為是？若確能如此，已屬欺騙。如是，無論表面多理性，刻意對反人性而行，始終無以致存在為善，始終違逆人心故。若對逆人心本然性向為非人性，那同樣，以為接近但太過，如求為擁有佔有時即為「欲望」，其相近過度，致人與人於傷害故。如資本經濟，因壟斷致貧富懸殊、致害於人，故非為人性；若能對人人盡義、解人急需需要，縱使只生存物事，仍為人性。「不人性」意故為：或使人相遠（相拒人心或一切非使人相近者）、或因過近而傷害者。禮所以為人性中道由此：既盡人心性向，然仍有所克制制約而不過。於現實而求為人性、與於現實而求為超越性與超越價值，其為道與無道故明顯。西方智思文明，與中國聖賢心懷，二者之孰是孰非，由此亦明顯。儒學（經學）故非由人之思想、更非宗教，只對人類存在體察並教導其人性而已。

求為對人類存在其善明白，《論語》道理故博覽深微。縱使只一「主忠信」或「忠恕之道」，也必須由對人類存在全面反省始得。閱讀《論語》故應盡以存在整體道理與現象為參照、由人事常態而反省，非能偏執於文字表面、只訴諸權威而盲目。「平解」意思故為：從總覽問題客觀真實，還原文本深層意思與意義。思想絕非個人之思，仍須從存在意義而明、由回應存在所有困難與真實而正，非個人之推度。因而若非求為人類其真正善，一切學問將只徒然。學問故非能只以「現實為現實」、「政治為政治」、「科學為科學」、「藝術為藝術」地思辨，而須整體地總覽。【人工智能之大數據也只一種總覽而已】。由是始能在現實總體前明白人可能之善。所求於人故為其人性而非自我、所求於事亦非人類勞役於超越者而是其「人倫」，即以「人之事」（服務於人）為唯一致力。若向往神性或物性，一如「未能事人，焉能事鬼」、「未知生，焉知死」〈先進〉，始終虛假，只欲望而已。唯「以禮」為國、以「文」創制、所求於樂為人性之樂、所求於存在為「里仁」之美，否則存在無以人性地平實光明。若非「作為人」（無求自我）而真實，人無以坦然豁達。人生命始終個人，人一生實自己一生。作為人怎樣，這始是每人之真實，與世界無關。只見世界而未見自己，此亦人類所以虛假。若始終只「在世界中存有」，人實難不流落在虛假中。中國道理所教亦此而已：「學為人」而真實而已，此中國道理與西方真理之根本差異。

作為「經」、為人類常道，《論語》故非只反映時代或個人之思想。作為儒學至系統典籍，《論語》亦非零散無序。無論章、句、抑詞，《論語》莫不精密而嚴謹。其完整性既反映思想之深邃、亦見對道理之全面明白。《論語》編排精密之事實無可偽造：有即有、無即無，絲毫不容主觀。

這樣文字所要求於人，非僅思想，更是真切明白與體察，故「賢者識其大者，不賢者識其小者」。若「不得其門而入」，將只「不見宗廟之美，百官之富」而已。故《論語》者，「日月也，無得而踰也」、其「不可及也，猶天之不可階而升」〈子張〉。

閱年至此，不知是否仍有著述可能，對一切友人，誠心獻上是次撰寫。於此晚暮仍常入出我家門者，唯種種小生命而已。雖似微不足道，然畢竟還是天地所賜至情，故一併記下他們名字以為感謝：星噹；叩樂；叩叩與花花；東籬、老二、三三；安安、綠綠；賓賓與咪咪；母親大花及其摯友黑妞。

公元二零二三年一月二十一日除夕

說明

正文中《論語》，為《論語集解》，景印元覆宋世綵堂本，台北故宮博物院印行，以《魯》讀修正。若仍保留《古論》，則置於方括號內。之外，亦參考《論語集解義疏》，清臨汾王亶望重刊，台灣廣文書局影印。正文中句子主旨除以〔 〕標明外，分組亦以「*」號分隔表示。文內註則以【 】甚或單純以細字表出。

主題索引

【編號同於每篇句碼】

存在正道總綱〈學而〉

「人」道之本

一：人品格之根本：學與無己：「學而時習之，不亦說乎」、「人不知而不慍，不亦君子乎」

二：為人之道：孝悌與仁：「君子務本。本立而道生。孝弟也者，其為仁之本與」

三：人之虛偽：「巧言令色，鮮矣仁」

「事」道之本

四：為事基本德行：忠信：「為人謀而不忠乎？與朋友交而不信乎？」

五：居上者為事之道：「道千乘之國，敬事而信，節用而愛人，使民以時」

六：居下者為事之道：「弟子入則孝，出則弟。謹而信，汎愛眾而親仁，行有餘力則以學文」

七：對人之重視：「賢賢易色。事父母能竭其力，事君能致其身，與朋友交，言而有信」

八：對己之重視：「君子不重則不威。學則不固。主忠信。毋友不如己者。過則勿憚改」

九：為事方法總結：「慎終追遠，民德歸厚矣」

求取之道

十：求取之道：「夫子溫、良、恭、儉、讓，以得之」

十一：擁有與繼承之道：「父在觀其志，父沒觀其行；三年無改於父之道，可謂孝矣」

存在理想之道

十二：人類存在理想：禮與和：「禮之用，和為貴。先王之道，斯為美」

十三：個體近於存在理想：「信近於義，言可復也。恭近於禮，遠恥辱也」

存在境況之道

十四：個體存在境況之道：「君子食無求飽，居無求安。敏於事而慎於言，就有道而正焉」

十五：人類存在境況之道：「貧而無諂，富而無驕，何如？子曰：可也。未若貧而樂，富而好禮者也」

十六：個體之主體存在：「不患人之不己知，患不知人也」

人與真實性〈為政〉

人存在向度之真實性

一：上位者之真實性：「為政以德。譬如北辰，居其所而眾星共之」
二：百姓之真實性：「《詩》三百，一言以蔽之，曰：思無邪」
三：人對向人之真實性：「道之以政，齊之以刑，民免而無恥。道之以德，齊之以禮，有恥且格」
四：人對向自身生命之真實性：「吾十有五而志于學。三十而立。四十而不惑。五十而知天命。六十而耳順。七十而從心所欲，不踰矩」

為事或事人之真實

五：依據事義與禮之客觀必須：「生事之以禮。死葬之以禮，祭之以禮」
六：人心主觀之必須：「父母唯其疾之憂」
七：對事態度之敬：「今之孝者，是謂能養。至於犬馬，皆能有養，不敬，何以別乎」
八：對人態度之色：「色難。有事弟子服其勞，有酒食先生饌，曾是以為孝乎？」

知人（知）之真實

九：從私下而知：「退而省其私，亦足以發」

十：觀其手段、原因、與目的：「視其所以，觀其所由，察其所安。人焉廋哉，人焉廋哉」

個體之真實性

十一：胸襟之真實及為師之道：「溫故而知新，可以為師矣」

十二：心懷之真實：「君子不器」

十三：行為之真實：「先行其言，而後從之」

十四：作為之真實：「君子周而不比」

十五：對向真實之反應：「學而不思則罔，思而不學則殆」

十六：對向虛假之反應：「攻乎異端，斯害也已」

十七：對向自身不知之誠實：「知之為知之，不知為不知，是知也」

十八：對向自身所求之真實：「多聞闕疑，多見闕殆。言寡尤，行寡悔，祿在其中矣」

存在中至真實者

十九：人性心：「何為則民服？孔子對曰：舉直錯諸枉，則民服。舉枉錯諸直，則民不服」

二十：人民：「使民敬忠以勸，如之何？」

二十一：人倫：「孝乎惟孝，友于兄弟，施於有政，是亦為政。奚其為為政？」

論道之行廢

二十二：人為存在真實性之本：「人而無信，不知其可也。大車無輗，小車無軏，其何以行之哉」

二十三：道之承繼與行廢：「周因於殷禮，所損益，可知也。其或繼周者，雖百世，可知也」

二十四：現實對道義不行之原因：「非其鬼而祭之，諂也。見義不為，無勇也」

共體人文禮樂之道〈八佾〉

上位者禮樂之濫用

一：禮樂之僭越為私：「八佾舞於庭，是可忍也，孰不可忍也」

二：禮樂之偽用：「三家者，以〈雍〉徹。子曰：『相維辟公，天子穆穆』，奚取於三家之堂」

禮之本

三：仁：「人而不仁，如禮何？人而不仁，如樂何？」

四：儉：「林放問禮之本。子曰：大哉問。禮，與其奢也，寧儉。喪，與其易也，寧戚」

五：人文教養之立（去野性）：「夷狄之有君，不如諸夏之亡也」

禮之目的與意義

六：去權勢之驕橫：「季氏旅於泰山。子謂冉有曰：女弗能救與？對曰：不能。子曰：嗚呼。曾謂泰山不如林放乎」

七：去人之爭鬥：「君子無所爭。必也射乎，揖讓而升，下而飲。其爭也君子」

儀禮之真實

八：文作為文之美：「『巧笑倩兮，美目盼兮』。素以為絢兮，何謂也？子曰：繪事後素。曰：禮後乎？子曰：起予者商也」

九：文執行時之真實：文獻之足：「夏禮吾能言之，杞不足徵也。殷禮吾能言之，宋不足徵也。文獻不足故也」

儀禮問題（禘禮、郊禮）

十：執行者之偽：「禘自既灌而往者，吾不欲觀之矣」

十一：對儀文意義之質疑：「或問禘之說。子曰：不知也。知其說者之於天下也」

十二：參與者之偽：「祭如在，祭神如神在。子曰：吾不與祭，如不祭」

十三：現實對儀禮之質疑：「王孫賈問曰：與其媚於奧，寧媚於竈。何謂也？子曰：不然。獲罪於天，無所禱也」

十四：儀禮之大成：「周監於二代，郁郁乎文哉。吾從周」

平素對事之禮

十五：「每事問」之敬

十六：「射不主皮，為力不同科」之和

十七：「爾愛其羊，我愛其禮」之情

平素對人之禮

十八：「事君盡禮」之敬

十九：「君使臣以禮，臣事君以忠」之和

二十：「〈關雎〉樂而不淫，哀而不傷」之情

禮之壞亂

二十一：知識：「哀公問社於宰我。宰我對曰：夏后氏以松，殷人以柏，周人以栗，曰使民戰栗」

二十二：財富、權力：「管仲儉乎？曰：管氏有三歸，官事不攝，焉得儉？」、「然則管仲知

禮乎？曰：邦君樹塞門，管氏亦樹塞門。管氏而知禮，孰不知禮？」

人文之終極：樂

二十三：樂之本質（存在心境）與境界：「樂其可知也。始作，翕如也。從之，純如也，皦如也。繹如也，以成」

二十四：人文（「文」）意義與真實：「二三子何患於喪乎？天下之無道也久矣，天將以夫子為木鐸」

二十五：作品創制之美與原則：「子謂〈韶〉：盡美矣，又盡善也。謂〈武〉：盡美矣，未盡善也」

禮之總結

二十六：上位者於禮之行：「居上不寬，為禮不敬，臨喪不哀，吾何以觀之哉」

存在終極德行：仁與君子〈里仁〉

仁作為存在之道

一：存在之極致：「里仁為美。擇不處仁，焉得知」

二：仁與存在境況：「仁者安仁，知者利仁」

三：仁與心之好惡：「唯仁者，能好人，能惡人」

四：仁與心之善惡：「苟志於仁矣，無惡也」

五：仁與存在境況總結：「君子無終食之間違仁。造次必於是，顛沛必於是」

六：仁與人心態總結：「有能一日用其力於仁矣乎，我未見力不足者。蓋有之矣，我未之見也」

七：存在之道總結：「人之過也，各於其黨。觀過，斯知仁矣」

君子個己存在之道

八：生命：「朝聞道，夕死可矣」

九：衣食：「士志於道，而恥惡衣惡食者，未足與議也」

君子現實中相處之道

君子事人之道

君子行為態度之道

二十二：不言：「古者言之不出，恥躬之不逮也」
二十三：自我約束：「以約失之者，鮮矣」
二十四：敏：「君子欲訥於言而敏於行」
二十五：以德而行：「德不孤，必有鄰」
二十六：不計較：「事君數，斯辱矣。朋友數，斯疏矣」

社會世俗價值反省 〈公冶長〉

社會對人評價之錯誤

一至三：社會地位、貴與賤
四：器：「女器也。曰：何器也？曰：瑚璉也」
五：佞：「或曰：雍也，仁而不佞。子曰：焉用佞」
六：仕：「子使漆彫開仕。對曰：吾斯之未能信」

七：勇：「由也，好勇過我，無所取材」

八：能力才幹：「孟武伯問子路仁乎？子曰：不知也。又問。子曰：由也，千乘之國，可使治其賦也，不知其仁也」

「強」之真偽

九：知見能力：「回也，聞一以知十，賜也，聞一以知二」

十：素質：「宰予晝寢。子曰：朽木不可彫也，糞土之牆不可圬也」

十一：性情之剛強：「棖也慾，焉得剛」

十二：獨立性：「我不欲人之加諸我也，吾亦欲無加諸人」

人受人喜愛及尊敬之原因

十三、十四：聞望：「夫子之文章，可得而聞也。夫子之言性與天道，不可得而聞也」

十五：文：「孔文子何以謂之文也？子曰：敏而好學，不恥下問，是以謂之文也」

十六：君子作風：「有君子之道四焉：其行己也恭，其事上也敬，其養民也惠，其使民也義」

十七：善交：「晏平仲善與人交，久而敬之」

「智」之真偽

十八：對環境處境之智：「臧文仲居蔡，山節藻棁，何如其知也」

十九：知彼知己與知事實之智：「忠矣。曰：仁矣乎？曰：未知，焉得仁」、「清矣。曰：仁矣乎？曰：未知，焉得仁」

二十：智之過慮：「季文子三思而後行。子聞之，曰：再，斯可矣」

二十一：智須通變：「甯武子：其知可及也，其愚不可及也」

二十二：智之狂妄：「吾黨之小子狂簡，斐然成章」

「善良」之真偽

二十三：不念舊惡：「伯夷叔齊不念舊惡，怨是用希」

二十四：不直之偽善：「孰謂微生高直？或乞醯焉，乞諸其鄰而與之」

二十五：「巧言令色足恭，左丘明恥之，丘亦恥之。匿怨而友其人，左丘明恥之，丘亦恥之」

二十六：「願車馬、衣輕裘，與朋友共，敝之而無憾」、「願無伐善、無施勞」、「老者安之、朋友信之、少者懷之」

中庸之道〈雍也〉

中庸前論

中道

庸道：對微與常之重視

六：身世境況之微賤：「犁牛之子，騂且角，雖欲勿用，山川其舍諸？」

七：平素作為之微細微漸：「回也，其心三月不違仁。其餘，則日月至焉而已矣」

八：事情能力之平常：「由也果，賜也達，求也藝，於從政乎何有」

庸道：對可貴者之捨棄

九：對成就之捨棄：「季氏使閔子騫為費宰。閔子騫曰：善為我辭焉」

十：生命之捨棄：「伯牛有疾。子問之。自牖執其手。曰：亡之，命矣夫！斯人也，而有斯疾也！」

十一：存在安與樂之捨棄：「一簞食、一瓢飲、在陋巷。人不堪其憂，回也不改其樂。賢哉回也」

對中庸之錯誤理解

十二：中道非自畫、非自限：「力不足者，中道而廢。今女畫」

十三：庸道非狹小低下：「女為君子儒，無為小人儒」

世態之中庸

十四：世間賢者之中道：「有澹臺滅明者，行不由徑，非公事未嘗至於偃之室也」

十五：世間賢者之庸道：「孟之反不伐。奔而殿，將入門，策其馬，曰：非敢後也，馬不進也」

十六：世間非中庸之道者：「不有祝鮀之佞，而有宋朝之美，難乎免於今之世矣」

十七：總結：中庸之為常道：「誰能出不由戶，何莫由斯道也」

人之中庸

十八：「文質」素養之中庸：「文質彬彬，然後君子」

十九：人性情品格之中庸：「人之生也直，罔之生也幸而免」

二十：人主觀性之中庸：「知之者，不如好之者。好之者，不如樂之者」

二十：人客觀性（事實）之中庸：「中人以上，可以語上也。中人以下，不可以語上也」

存在之中庸

二十二：存在客觀面中庸之道：「務民之義，敬鬼神而遠之」

二十三：存在主觀面中庸之道：「知者樂水，仁者樂山。知者動，仁者靜。知者樂，仁者壽」

二十四：存在重大改變（改進）中庸之道：「齊一變至於魯，魯一變至於道」

二十五：存在事物改變中庸之道：「觚不觚？觚哉，觚哉」

德行之中庸

二十六：德行於世之可能錯誤：「君子可逝也，不可陷也；可欺也，不可罔也」

二十七：德行於世無過之可能：「君子博學於文，約之以禮，亦可以弗畔矣夫」

二十八：德行於世權宜之可能：「子見南子，子路不說。夫子矢之曰：予所否者，天厭之」

中庸總結

二十九：百姓（極致存在者）中庸之道：「中庸之為德也，其至矣乎！民鮮久矣」

三十：仁（極致德行）中庸之道：「己欲立而立人，己欲達而達人。能近取譬，可謂仁之方也已」

生命之道〈述而〉

個體生命之基本向度

一：生命之對向歷史傳統：「述而不作，信而好古，竊比於我老彭」

二：生命之對向時代與他人：「默而識之，學而不厭，誨人不倦，何有於我哉」

三：對自身生命之期盼：「德之不脩，學之不講，聞義不能徙，不善不能改，是吾憂也」

四：生命之平素生活起居：「子之燕居，申申如也，夭夭如也」

心之面相

五、六：心志：「久矣吾不復夢見周公」、「志於道、據於德、依於仁、遊於藝」

七、八：反省能力：「自行束脩以上，吾未嘗無悔焉」、「舉一隅不以三隅反，則不復也」

九、十：情感：「子食於有喪者之側，未嘗飽也」、「子於是日哭，則不歌」

生命之在世存在

十一、十二：處世原則：「死而無悔者，吾不與也」、「富而可求也，雖執鞭之士，吾亦為之。如不可求，從吾所好」

十三、十四：對世事之反應：「子之所慎：齊、戰、疾」、「子在齊聞〈韶〉，三月不知肉味」

十五、十六：成敗得失心情：「求仁而得仁，又何怨」、「不義而富且貴，於我如浮雲」

生命之正面性

十七、十八：生命之所由立：「加我數年，五十以學」、「《詩》、《書》、執禮，皆雅言也」

十九、二十：生命之奮發向上：「發憤忘食，樂以忘憂，不知老之將至云爾」、「好古，敏以求之者也」

二十一、二十二：生命所向往價值（善）：「子不語：怪、力、亂、神」、「三人行必有我師焉」

生命與所有

二十三：一己性命：「天生德於予，桓魋其如予何」

二十四、二十五：學問：「二三子以我為隱乎？吾無隱乎爾」、「子以四教：文、行、忠、信」

生命之所欲

二十六：生命之期盼：「聖人吾不得而見之矣，得見君子者斯可矣」、「善人吾不得而見之矣，得見有恆者斯可矣」

二十七：生命之所欲求取：「子釣而不綱，弋不射宿」

生命之自主獨立性

二十八：知見之獨立性：「多聞擇其善者而從之。多見而識之，知之次也」

二十九：作為之獨立無待：「與其進也，不與其退也。人絜己以進，與其絜也，不保其往也」

三十：生命之最高主體獨立性：「仁遠乎哉？我欲仁，斯仁至矣」

生命對（客觀）成就之態度

三十一：禮：「陳司敗問昭公知禮乎？」「子曰：丘也幸，苟有過，人必知之」

三十二：樂：「子與人歌而善，必使反之，而後和之」

三十三：文：「文莫吾猶人也。躬行君子，則吾未之有得」

三十四：仁：「若聖與仁，則吾豈敢。抑為之不厭，誨人不倦，則可謂云爾已矣」

生命之對向存有四維

三十五：對向神靈之無待：「〈誄〉曰：禱爾于上下神祇。子曰：丘之禱久矣」

三十六：對向物之無待：「奢則不孫，儉則固。與其不孫也，寧固」

三十七：對向世界之無待：「君子坦湯湯，小人長戚戚」

三十八：對向人之無待：「子溫而厲。威而不猛。恭而安」

論德行〈泰伯〉

德行之本

一：讓（從人自己言）：「泰伯其可謂至德也已矣。三以天下讓，民無得而稱焉」

二：禮（從共體言）：「恭而無禮，則勞。慎而無禮，則葸。勇而無禮，則亂。直而無禮，則絞」

品格之德行

三：身：「『戰戰兢兢，如臨深淵，如履薄冰』」
四：外表：「動容貌，斯遠暴慢矣。正顏色，斯近信矣。出辭氣，斯遠鄙倍矣」
五：心態態度：「以能問於不能，以多問於寡。有若無，實若虛。犯而不校」
六：人格：「可以託六尺之孤，可以寄百里之命，臨大節而不可奪也」
七：心志：「任重而道遠，仁以為己任，不亦重乎？死而後已，不亦遠乎？」

於世存在之德行

八、九：人類存在之德性理想：「文」之致力：「興於《詩》，立於禮，成於樂」
十、十一：對美惡反應之德行：「好勇疾貧，亂也。人而不仁，疾之已甚，亂也」、「如有周公之才之美，使驕且吝，其餘不足觀也已」
十二至十四：為仕之德行：「三年學，不至於穀」、「篤信好學，守死善道。危邦不入，亂邦不居。天下有道則見，無道則隱。邦有道，貧且賤焉，恥也。邦無道，富且貴焉，恥也」、「不在其位，不謀其政」

十五至十七：「自我」之德行：「師摯之始，〈關雎〉之亂，洋洋乎盈耳哉」、「狂而不直，侗而不愿，悾悾而不信，吾不知之矣」、「學如不及，猶恐失之」

君王之德

十八：以德行得天下：「巍巍乎舜禹之有天下也，而不與焉」

十九：則天無名之作為：「巍巍乎唯天為大，唯堯則之」

二十：用賢而謙下：「才難，不其然乎？唐虞之際，於斯為盛」、「三分天下有其二，以服事殷。周之德其可謂至德也已矣」

二十一：不求為己：「菲飲食而致孝乎鬼神，惡衣服而致美乎黻冕，卑宮室而盡力乎溝洫」

論自我 〈子罕〉

從自我向度見無我之基本

一：為己之無自我：「子罕言利，與命，與仁」

二：功名之無自我：「大哉孔子。博學而無所成名」

三：主從關係之無自我：「麻冕禮也。今也純，儉，吾從眾。拜下禮也。今拜乎上，泰也，雖違眾，吾從下」

四：心想主觀性之無自我：「子絕四：毋意、毋必、毋固、毋我」

對己之無我

五：成就之無我：「文王既沒，文不在茲乎。天之未喪斯文也，匡人其如予何？」

六：生活或生存能力之無我：「吾少也賤，故多能鄙事。君子多乎哉？」

七：藝（特殊技能）之無我：「吾不試，故藝」

八：知識之無我：「吾有知乎哉？無知也。有鄙夫問於我，空空如也。我叩其兩端而竭焉」

九：一己所有所是之無我：「鳳鳥不至，河不出圖，吾已矣夫」

對人之無我

十：對卑下者：「子見齊衰者，絻衣裳者，與瞽者，見之，雖少必作，過之必趨」

十一：對後學者：「仰之彌高，鑽之彌堅。瞻之在前，忽焉在後。夫子循循然善誘人」

十二：對向世人：「子疾病，子路使門人為臣。曰：無臣而為有臣。吾誰欺？欺天乎？」

存活與生活之無我

十三：存活：「有美玉於斯，韞匵而藏諸？求善賈而沽諸？子曰：沽之哉。我待賈者也」

十四：生活：「子欲居九夷，或曰：陋，如之何？子曰：君子居之，何陋之有」

十五：生命志業：「吾自衛反魯，然後樂正，〈雅〉、〈頌〉各得其所」

十六：平素作為：「出則事公卿，入則事父兄。喪事不敢不勉。不為酒魁。何有於我哉」

真實自我引論

十七：〔自我〕存在之有限性：「逝者如斯夫，不舍晝夜」

十八：自我真偽與其所好：好德與好色：「吾未見好德如好色者也」

真實自我

十九至二十三：從努力言之自我真實：「譬如為山，未成一簣。止，吾止也」、「語之而不惰者，其回也與」、「吾見其進也，未見其止也」、「苗而不秀者，秀而不實者，有矣夫」、「四十五十而無聞焉，斯亦不足畏也已」

對向存在時真實之人自己

二十四：自己平素真實性：「法語之言，改之為貴。巽與之言，繹之為貴」

二十五：自己平素德行：「主忠信。毋友不如己者。過則勿憚改」

二十六：志為人自己之本：「三軍可奪帥也，匹夫不可奪志也」

二十七：由志，人始獨立（於現實）：「衣敝緼袍，與衣狐貉者立，而不恥。『不忮不求，何用不臧』」

二十八：志更是人自己於逆境中堅毅之力量：「歲寒，然後知松柏之後彫也」

二十九：對向存在（現實）之主體自己：「知者不惑，仁者不憂，勇者不懼」

三十：作為主體「我思」之自己：「『唐棣之華』，『偏其反而』。『豈不爾思，室是遠而』。子曰：未之思也，夫何遠之有」

平居之道〈鄉黨〉

儀容容色之道

一：一般在外處所與須端正場合：「孔子於鄉黨，似不能言者。其在宗廟朝廷，便便言」

二、三：恭敬姿態：「侃侃如也」、「誾誾如也」、「踧踖如也，與與如也」、「君召使擯，色勃如也，足躩如也」

四：處最嚴肅處、見最高位之人：「入公門，鞠躬如也，如不容」、「過位，色勃如也，足躩如也」、「攝齊升堂，鞠躬如也，屏氣似不息者」

五：代君而為主者姿態：「執圭，鞠躬如也，如不勝」

服飾之道

六：美觀與恰當性：「不以紺緅飾，紅紫不以為褻服。當暑，袗絺綌，必表而出之。緇衣羔裘，素衣麑裘，黃衣狐裘」

七：實用性；「褻裘長，短右袂。必有寢衣，長一身有半。狐貉之厚以居」

八：禮與衣物之意義：「去喪無所不佩」、「齊，必有明衣布」

食事之道

事情應對之道

二十：對事情「必須性」之重視：「君賜食，必正席先嘗之。君賜腥，必熟而薦之。君賜牲，必畜之」

二十一：對事情「變通性」之重視：「侍食於君，君祭先飯」

二十二：對「份位」之尊重：「疾，君視之。東首，加朝服拖紳」

二十三：對事情「責任性」或迫切性之重視：「君命召，不俟駕行矣」

二十四：對事情「禮」之尊重：「入大廟，每事問」

二十五：對「義」之尊重：「朋友死，無所歸，曰：於我殯」

二十六：對「事物意義」之尊重：「朋友之饋，雖車馬，非祭肉不拜」

二十七、二十八：對情況「突發性」之警惕，及對情況「平常性」之隨順：「寢不尸」、「居不容」

二十九：對情況「特殊性」之反應：「見齊衰者，雖狎必變。見絻者與瞽者，雖褻必以貌」

三十：對情況「異常性」之應對：「凶服者式之。式負版者。有盛饌，必變色而作」

三十一：對「環境狀況」異常性之應對：「迅雷風烈必變。升車，必正立執綏。車中內顧」

三十二：對「時令」轉變之察知：「山梁雌雉，時哉時哉」

師徒之道（孔子與先進）〈先進〉

師徒之道

一：孔子弟子之劃分與特色：「先進於禮樂，野人也。後進於禮樂，君子也」

二：師徒跟隨之道：「從我於陳蔡者，皆不及門也」

三：孔子教學事實範圍：「德行、言語、政事、文學」

孔子對弟子之切望期望

四：弟子對己努力之幫助：「回也，非助我者也，於吾言無所不說」

五：弟子對人之扶助（孝悌）：「孝哉閔子騫，人不間於其父母昆弟之言」

六：弟子之謹慎言行：「南容三復白圭」

七：弟子之好學：「有顏回者好學，不幸短命死矣」

孔子對弟子之情感

八：一視同仁無所偏袒：「顏淵死，顏路請子之車以為之椁。子曰：才不才，亦各言其子也。鯉也死，有棺而無椁」

九：視弟子如自己：「顏淵死，子曰：天喪予！天喪予！」

十：情感之深及對人之賞識：「顏淵死，子哭之慟」

十一：師徒情感內在如父子：「回也，視予猶父也，予不得視猶子也。非我也，夫二三子也」

師徒侍奉及相處關係

十二：事人之總則：事人，非事鬼神：「未能事人，焉能事鬼」、「未知生，焉知死」

十三：弟子之侍及相互間相處：「閔子侍側，誾誾如也」、「冉有、子貢，侃侃如也。子樂」

孔子弟子實況與評論

十四：閔子騫：「閔子騫曰：仁，舊貫如之何？何必改作」

十五：子路：「由之瑟奚為於丘之門」

十六：子張與子夏：「師也過，商也不及。過猶不及」

十七：冉有：「季氏富於周公，而求也為之聚斂而附益之」

十八：總評：子羔、曾子、子張、子路、顏淵、子貢：「柴也愚，參也魯，師也辟，由也喭。

子曰：回也其庶乎，屢空。賜不受命，而貨殖焉，億則屢中」

孔子對弟子跟隨或依從之重視

十九：依循道與古人而真實：「子張問善人之道。子曰：不踐迹，亦不入於室」

二十：徙義與從人而真實：「子路問聞斯行諸。子曰：有父兄在，如之何其聞斯行之？」

二十一：緊隨之真實：「子在，回何敢死？」

二十二：「以道事君」之真實：「以道事君，不可則止」、「弒父與君，亦不從也」

二十三：依從能力事實而真實：「子路使子羔為費宰。子曰：賊夫人之子」、「何必讀《書》然後為學？」

孔子對弟子志之重視

二十四：一己性情與志於道：「莫春者，春服既成，浴乎沂，風乎舞雩，詠而歸」

天下之道：德行之意義〈顏淵〉

德行對天下人之意義

一：對君王於天下：「一日克己復禮，天下歸仁焉」

二：對為仕者於邦家：「出門如見大賓，使民如承大祭。己所不欲，勿施於人。在邦無怨，在家無怨」

三：對百姓：「仁者，其言也訒」

德行對個體之意義

四：解內在憂懼：「內省不疚，夫何憂何懼？」

五：解外在命運際遇之憂：「君子敬而無失，與人恭而有禮，四海之內，皆兄弟也。君子何患乎無兄弟也？」

六：使人明遠而通達：「浸潤之譖，膚受之愬，不行焉，可謂明也已矣。可謂遠也已矣」

德行對現實之意義

七：使國家能有所立：「去兵。去食。自古皆有死，民無信不立」

八：為事情美善之本：「文猶質也，質猶文也」

九：使經濟富足：「百姓足，君孰與不足？百姓不足，君孰與足？」

十：為欲望與愛惡之正：「主忠信，徙義，崇德也。愛之欲其生，惡之欲其死，是惑也」

德行對治道之意義

十一：「信如君不君，臣不臣，父不父，子不子，雖有粟，吾得而食諸？」

十二：「片言可以制獄者，其由也與。子路無宿諾」

十三：「聽訟，吾猶人也。必也使無訟乎」

德行對從政者之意義

十四：「居之無倦，行之以忠」

十五：「博學於文，約之以禮，亦可以弗畔矣夫」

十六：「君子成人之美，不成人之惡」

〔上位者〕德行對百姓之意義

十七：「政者，正也。子帥以正，孰敢不正？」

十八：「苟子之不欲，雖賞之不竊」

十九：「焉用殺？子欲善而民善矣。君子之德，風；小人之德，草；草上之風必偃」

德行之所得

二十：使士能有所達：「質直而好義，察言而觀色，慮以下人。在邦必達，在家必達」

二十一：為世人平穩存活之本：「先事後得，非崇德與？攻其惡，無攻人之惡，非脩慝與？一朝之忿，忘其身以及其親，非惑與？」

二十二：助王者得天下：「舜有天下，選於眾，舉皐陶，不仁者遠矣。湯有天下，選於眾，舉伊尹，不仁者遠矣」

德行對平素之意義

二十三：交友之道：「忠告而善道之，不可則止，毋自辱焉」

二十四：「君子以文會友，以友輔仁」

政治之道〈子路〉

為政之基本

一：為政者自身之基本：「先之勞之。請益。曰：無倦」

二：為政者對向人之基本：「先有司，赦小過，舉賢才」

三：政事之基本：「子路曰：衛君待子而為政，子將奚先？子曰：必也正名乎」

四：民心之基本：「上好禮，則民莫敢不敬；上好義，則民莫敢不服；上好信，則民莫敢不用情。夫如是，則四方之民襁負其子而至矣」

論從政者

五：能力：「誦《詩》三百，授之以政，不達；使於四方，不能專對；雖多，亦奚以為？」

六：身正：「其身正，不令而行。其身不正，雖令不從」

為政之目標

七：與鄰國善交而和睦：「魯、衛之政，兄弟也」

八：人民對生活狀態之態度：「始有，曰：苟合矣。少有，曰：苟完矣。富有，曰：苟美矣」

九：「教」為為政最終目標：「既庶矣，又何加焉？曰：富之。曰：既富矣，又何加焉？曰：教之」

為政目標之時程

十：基本治理之成就（三年）：「期月而已可也，三年有成」

十一：勝殘去殺一目標（百年）：「善人為邦百年，亦可以勝殘去殺矣」

十二：天下之歸仁（一世）：「如有王者，必世而後仁」

為政之假象

十三：以正人、治人而非從身正為政：「苟正其身矣，於從政乎何有？不能正其身，如正人何？」

十四：以為政為「政」（政制），非為「事」：「對曰：有政。子曰：其事也。如有政，雖不吾以，吾其與聞之」

十五：以為政為有方法與手段：「定公問一言而可以興邦，有諸？」

為政者應有心懷心況

十六：歸向人民百姓之心：「近者說，遠者來」

十七：對向事情之心：「無欲速，無見小利。欲速則不達，見小利則大事不成」

十八：對人性心之感知：「吾黨之直者異於是：父為子隱，子為父隱，直在其中矣」

為仕者之立己

十九：「居處恭，執事敬，與人忠。雖之夷狄，不可棄也」

二十：「行己有恥，使於四方，不辱君命，可謂士矣」

人才與品格

二十一：中行之人：「不得中行而與之，必也狂狷乎。狂者進取，狷者有所不為也」

二十二：有恆者：「人而無恆，不可以作巫醫」

二十三：「君子和而不同」

二十四：非鄉愿之人：「不如鄉人之善者好之，其不善者惡之」

二十五：器重用人之君子：「君子易事而難說也，說之不以道，不說也。及其使人也，器之」

二十六：「君子泰而不驕」

二十七：「剛毅木訥，近仁」者

二十八：「切切偲偲，怡怡如也，可謂士矣」

戰事之道

二十九：戰事之主觀面：民之即戎：「善人教民七年，亦可以即戎矣」

三十：戰事之客觀面：戰事本身：「以不教民戰，是謂棄之」

論現實〈憲問〉

現實之基本面貌

一、二：求所得、敵對而自我：「穀」、「克、伐、怨、欲」、「士而懷居，不足以為士矣」

三：無道：「邦有道，危言危行；邦無道，危行言孫」

現實之錯誤觀法

四：有關成就表現：「有德者必有言，有言者不必有德。仁者必有勇，勇者不必有仁」

五：有關力量：「羿善射，奡盪舟，俱不得其死然。禹、稷躬稼而有天下」

六：有關德性：「君子而不仁者有矣夫。未有小人而仁者也」

七：有關善（如「愛」與「忠」）：「愛之能勿勞乎？忠焉能勿誨乎？」

八：有關大事之成：「為命，裨諶草創之，世叔討論之，行人子羽脩飾之，東里子產潤色之」

九：對人之評價：「子產。惠人也」、「子西。曰：彼哉，彼哉」、「管仲。曰：人也。奪伯氏駢邑三百，飯疏食，沒齒無怨言」

十：有關富者之德行：「貧而無怨難，富而無驕易」

十一：有關職位與能力之難易：「孟公綽為趙、魏老則優，不可以為滕、薛大夫」

十二：有關成人：「若臧武仲之知，公綽之不欲，卞莊子之勇，冉求之藝，文之以禮樂，亦可以為成人矣」

現實之流弊

十三：誇大不實：「信乎夫子不言、不笑、不取乎？」

十四：舉動必有所圖謀：「臧武仲以防求為後於魯，雖曰不要君，吾不信也」

十五：行事手法權詐不正當：「晉文公譎而不正，齊桓公正而不譎」

十六：以盲目犧牲為承擔：「桓公殺公子糾，召忽死之，管仲不死。曰：未仁乎？」

十七：只求表面作為，不知造益（天下或他人）之真實：「管仲相桓公，霸諸侯，一匡天下，民到于今受其賜。微管仲，吾其被髮左衽矣」

十八：求僭越：「公叔文子之臣大夫僎，與文子同升諸公」

十九：只見外表，不見內裡事實：「衛靈公之無道也，奚而不喪？仲叔圉治賓客，祝鮀治宗廟，王孫賈治軍旅。夫如是，奚其喪？」

二十：自大而無實力：「其言之不怍，則為之也難」
二十一：唯知順承或攀附勢力：「公曰：告夫三子。孔子曰：以吾從大夫之後，不敢不告也」
二十二：唯求諂媚欺騙，不敢直諫：「子路問事君。子曰：勿欺也，而犯之」

對向現實時人自身之道

二十三：求上達：「君子上達」
二十四：為己而學：「古之學者為己」
二十五：寡過而自省：「夫子何為？對曰：夫子欲寡其過而未能也」
二十六：自守其位：「不在其位，不謀其政。曾子曰：君子思不出其位」
二十七：仍平實而真實：「君子恥其言而過其行」
二十八：不憂、不惑、不懼：「君子道者三，我無能焉：仁者不憂，知者不惑，勇者不懼」
二十九：不暇於四方：「子貢方人。夫我則不暇」
三十：不患人之不己知：「不患人之不己知，患其不能也」

對向現實時應有反應與態度

三十一：面對詐偽時不逆不億：「不逆詐，不億不信」

三十二：面對固執陋弊時如「栖栖者」：「丘何為是栖栖者與？孔子曰：非敢為佞也，疾固也」

三十三：面對力量時只「稱其德」：「驥不稱其力，稱其德也」

三十四：面對傷害時之「報」：「以直報怨，以德報德」

三十五：面對無奈（人不知）時不怨不尤：「不怨天，不尤人，下學而上達。知我者其天乎！」

三十六：無對命運對立：「道之將行也與，命也；道之將廢也與，命也。公伯寮其如命何？」

三十七：面對無道時避：「賢者辟世，其次辟地，其次辟色，其次辟言」

三十八：於世無道仍應有所執持：「知其不可而為之者」

三十九：於世無道應堅守志向而行：「莫己知也，斯已而已矣。深則厲，淺則揭」

現實之成：各盡其自己

四十：從政者之盡己：「君薨，百官總己以聽於冢宰三年」

四十一：上下份位者之盡己：「上好禮，則民易使也」

四十二：君子之盡己：「脩己以敬。脩己以安人。脩己以安百姓」

四十三：百姓之盡己：「幼而不孫弟，長而無述焉，老而不死，是為賊」

四十四：童子之盡己：「闕黨童子掌命。子曰：吾見其居於位也，見其與先生並行也。非求益者也，欲速成者也」

至致之理 〈衛靈公〉

一：為政之至：以禮：「俎豆之事，則嘗聞之矣；軍旅之事，未之學也」

二：從政者之至：「君子亦有窮乎？子曰：君子固窮」

德行所成之至

三：一貫之知：「予一以貫之」

四：「知德」之知：「知德者鮮矣」

五：「為」之至：「無為而治者，其舜也與？夫何為哉，恭己正南面而已矣」

六：「言」「行」之至：「言忠信，行篤敬，雖蠻貊之邦行矣」

智與仁之至

七：知世：「直哉史魚。邦有道無道如矢。君子哉蘧伯玉。邦有道則仕，邦無道則可卷而懷之」

八：知人與事：「知者不失人，亦不失言」

九：「成仁」：「無求生以害仁，有殺身以成仁」

十：「為仁」：「工欲善其事，必先利其器。居是邦也，事其大夫之賢者，友其士之仁者」

遠與淺近之至

十一：為邦之遠達：「行夏之時，乘殷之輅，服周之冕。樂則〈韶〉舞。放鄭聲，遠佞人」

十二：平素之遠慮：「人無遠慮，必有近憂」

十三：「好色」欲望之淺陋：「已矣乎，吾未見好德如好色者也」

十四：「竊位」欲望之淺陋：「臧文仲其竊位者與？知柳下惠之賢，而不與立也」

心之至

十五：對己之用心：「躬自厚而薄責於人，則遠怨矣」

十六：對事之用心：「不曰如之何如之何者，吾末如之何也已矣」

十七：無所用心：「羣居終日，言不及義，好行小惠，難矣哉」

十八：用心之至：「君子義以為質。禮以行之，孫以出之，信以成之。君子哉」

主體性之至

十九：「病無能焉，不病人之不己知」之真實性：「君子病無能焉，不病人之不己知也」

二十：疾「名不稱」時之真實性：「君子疾沒世而名不稱焉」

二十一：「求諸己」之獨立性：「君子求諸己，小人求諸人」

二十二：「矜而不爭」之獨立性：「君子矜而不爭，羣而不黨」

無我執之至

二十三：「舉」「廢」之客觀性：「君子不以言舉人，不以人廢言」

二十四：「恕」之客觀性：「有一言而可以終身行之者乎？子曰：其恕乎？己所不欲，勿施於人」

二十五：自我之毀譽：「吾之於人也，誰毀誰譽？如有所譽者，其有所試矣」

二十六：「闕文」「借馬」之無我：「吾猶及史之闕文也，有馬者借人乘之。今亡矣夫！」

大作為之至

二十七：辨事之大小：「巧言亂德；小不忍，則亂大謀」

二十八：察眾人之好惡：「眾惡之，必察焉；眾好之，必察焉」

二十九：弘道為大：「人能弘道，非道弘人」

三十：改過為大：「過而不改，是謂過矣」

行道之至

三十一：道思與學之生命：「吾嘗終日不食，終夜不寢，以思，無益，不如學也」

三十二：「謀道」之生命：「君子謀道不謀食。學也，祿在其中矣。君子憂道不憂貧」

三十三：在位者之行道：「知及之，仁能守之，莊以涖之，動之不以禮，未善也」

三十四：在位者行道之用人：「君子不可小知而可大受也，小人不可大受而可小知也」

行道態度之至

三十五：迫切性：「民之於仁也，甚於水火。水火，吾見蹈而死者矣，未見蹈仁而死者也」

三十六：「不讓」：「當仁不讓於師」

三十七：「貞而不諒」：「君子貞而不諒」

三十八：「敬事後食」：「事君敬其事而後其食」

行道分際之至

三十九：對人「無類」付出：「有教無類」

四十：對不同道者「不相為謀」：「道不同，不相為謀」

四十一：盡簡明：「辭達而已矣」

四十二：盡細微體貼：「師冕見。及階，子曰：階也。及席，子曰：席也。皆坐，子告之曰：某在斯，某在斯。師冕出，子張問曰：與師言之，道與？子曰：然。固相師之道也」

總覽之道 〈季氏〉

政治現象道理總覽

一：「陳力就列，不能者止。危而不持，顛而不扶，則將焉用彼相矣」、「丘也聞有國有家者，不患寡而患不均，不患貧而患不安。蓋均無貧，和無寡，安無傾」、「遠人不服而不能來也，邦分崩離析而不能守也，而謀動干戈於邦內。吾恐季孫之憂不在顓臾，而在蕭牆之內也」

二：「天下有道，則禮樂征伐自天子出；天下無道，則禮樂征伐自諸侯出」、「天下有道，則政不在大夫。天下有道，則庶人不議」

三：「祿之去公室五世矣，政逮於大夫四世矣，故夫三桓之子孫微矣」

平素生活道理總覽

四：友：「益者三友，損者三友」

五：樂：「益者三樂，損者三樂」

六：言語：「侍於君子有三愆：言未及之而言，言及之而不言，未見顏色而言」

七：欲望：「君子有三戒：戒之在色；戒之在鬭；戒之在得」
八：敬畏：「君子有三畏：畏天命，畏大人，畏聖人之言」
九：人之等次：「生而知之者，上也；學而知之者，次也；困而學之，又其次也；困而不學，民斯為下矣」
十：心思：「君子有九思」
十一：價值與存在志向：「隱居以求其志，行義以達其道，吾聞其語矣，未見其人也」
十二：德行：「伯夷、叔齊餓于首陽之下，民到于今稱之。其斯之謂與？」
十三：子：「陳亢問於伯魚曰：子亦有異聞乎？對曰：未也」、「聞斯二者，陳亢退而喜曰：問一得三：聞《詩》，聞禮，又聞君子之遠其子也」
十四：妻：「邦君之妻，君稱之曰夫人；夫人自稱曰小童。邦人稱之曰君夫人；稱諸異邦曰寡小君；異邦人稱之亦曰君夫人」

論虛假性〈陽貨〉

序言

一：虛假性引論：「陽貨欲見孔子，孔子不見，歸孔子豚。孔子時其亡也而往拜之。遇諸塗」

無知之虛假性

二：論人性、並論智思之偽：「性相近也，習相遠也。子曰：唯上知與下愚不移」

三：求道而不顧事實之偽：「子之武城，聞弦歌之聲。夫子莞爾而笑曰：割雞焉用牛刀？」

四：現實效益性之偽：「夫召我者，而豈徒哉？如有用我者，吾其為東周乎？」

五：求「大」（天下）之偽：「子張問仁於孔子。孔子曰：能行五者於天下，為仁矣」

六：失卻終極之偽：「不曰堅乎，磨而不磷？不曰白乎，涅而不緇？吾豈匏瓜也哉，焉能繫而不食？」

七：失卻「根本」（基礎）之偽：「好仁不好學，其蔽也愚；好知不好學，其蔽也蕩」

八：否定真實事物（《詩》文）之偽：「小子何莫學夫《詩》？《詩》可以興、可以觀、可以羣、可以怨」、「子謂伯魚曰：女為〈周南〉〈召南〉矣乎？人而不為〈周南〉〈召南〉，其猶正牆面而立也與？」

九：扭曲真實事物（禮樂）之偽：「禮云禮云，玉帛云乎哉？樂云樂云，鐘鼓云乎哉？」

有知之虛假性

十：使真實表面化（如德行外表化）之偽：「色厲而內荏，譬諸小人，其猶穿窬之盜也與？」

十一：以假代真（如德行之手段化）之偽：「鄉原，德之賊也」

十二：混淆或混亂真假是非之偽：「道聽而塗說，德之棄也」

十三：欲貪心態之偽：「鄙夫可與事君也與哉？其未得之也，患得之；既得之，患失之」

十四：品格之偽：「古之狂也肆，今之狂也蕩；古之矜也廉，今之矜也忿戾；古之愚也直，今之愚也詐而已矣」

十五：迷惑人心之偽：「巧言令色，鮮矣仁」

十六：誘惑欲望之偽：「惡紫之奪朱也，惡鄭聲之亂雅樂也，惡利口之覆邦家者」

十七：刻求作為之偽：「予欲無言。夫何言哉？四時行焉，百物生焉。夫何言哉？」

十八：行作無誠之偽：「孺悲欲見孔子，孔子辭以疾。將命者出戶，取瑟而歌，使之聞之」

十九：違逆人性心之偽：「夫君子之居喪，食旨不甘，聞樂不樂，居處不安，故不為也。今女安，則為之。宰我出。子曰：予之不仁也，子生三年，然後免於父母之懷。夫三年之喪，天下之通喪也。予也有三年之愛於其父母乎？」

二十：不用心之偽：「飽食終日，無所用心，難矣哉。不有博弈者乎？為之猶賢乎已」

二十一：所好或崇尚之偽：「子路曰：君子尚勇乎？子曰：君子義以為上」

二十二：所惡或厭惡之偽：「子貢曰：君子亦有惡乎？子曰：有惡」

二十三：相處或自我之偽：「唯女子與小人為難養也。近之則不孫，遠之則怨」

二十四：生命直為惡之偽：「年四十而見惡焉，其終也已」

隱士逸民心志及賢才之用〈微子〉

一：隱士之共同心志與德行：「微子去之，箕子為之奴，比干諫而死。孔子曰：殷有三仁焉」

隱士形成之原因

二：無以直道能行：「柳下惠為士師，三黜。曰：直道而事人，焉往而不三黜」

三：「待」之不得：「齊景公待孔子。曰：若季氏，則吾不能。以季、孟之閒待之。曰：吾老矣，不能用也」

四：「遇」之不見：「齊人歸女樂，季桓子受之，三日不朝。孔子行」

論隱士逸民之心志與形態

五：對德行之絕望：「鳳兮鳳兮，何德之衰？」

六：對現實世人之絕望：「滔滔者天下皆是也，而誰以易之？」

七：單純求為人倫而隱逸：「四體不勤，五穀不分，孰為夫子？」、「長幼之節，不可廢也。君臣之義，如之何其廢之？欲絜其身而亂大倫。君子之仕也，行其義也」

八：隱士逸民之分類：「逸民：伯夷、叔齊、虞仲、夷逸、朱張、柳下惠、少連」、「我則異於是，無可無不可」

論用賢

九：人才之失：「大師摯適齊，亞飯干適楚」、「鼓方叔入於河，少師陽、擊磬襄入於海」

十：用人之道：「君子不施其親，不使大臣怨乎不以。故舊無大故，則不棄也。無求備於一人」

十一：周人才之盛：「周有八士」

後進弟子言論、對孔子之懷念與景仰〈子張〉

道理真偽考核

一至三：子張：「祭思敬，喪思哀，其可已矣」、「執德不弘，信道不篤，焉能為有？焉能為亡？」、「君子尊賢而容眾，嘉善而矜不能。我之大賢與，於人何所不容？我之不賢與，人將拒我，如之何其拒人也？」

四至十三：子夏：「雖小道，必有可觀者焉。致遠恐泥，是以君子不為也」、「日知其所亡，月無忘其所能」、「博學而篤志，切問而近思」、「君子學以致其道」、「小人之過也必文」、「君子有三變」、「君子信而後勞其民；未信，則以為厲己也」、「大德不踰閑，小德出入可也」、「君子之道，孰先傳焉？孰後倦焉？譬諸草木，區以別矣」、「仕而優則學，學而優則仕」

十四與十五：子游（含曾子第十六句）：「喪致乎哀而止」、「吾友張也，為難能也，然而未仁」；「堂堂乎張也，難與並為仁矣」

人性之道

十七：從人自身「自致」見人性：「人未有自致者也，必也親喪乎？」

十八：從對人之孝見人性：「孟莊子之孝也，其他可能也，其不改父之臣與父之政，是難能也」

十九：從對有罪者之哀矜見人性：「上失其道，民散久矣。如得其情，則哀矜而勿喜」

二十：從對惡之理解見人性：「紂之不善，不如是之甚也，是以君子惡居下流，天下之惡皆歸焉」

二十一：從人對人有過之明白見人性：「君子之過也，如日月之食焉。過也，人皆見之；更也，人皆仰之」

對孔子最終評價

二十二：論孔子學問之所由：「賢者識其大者，不賢者識其小者。夫子焉不學，而亦何常師之有？」

二十三：孔子之美：「夫子之牆數仞，不得其門而入，不見宗廟之美，百官之富。得其門者或寡矣」

二十四：孔子之高不可踰：「仲尼，日月也，無得而踰焉。人雖欲自絕，其何傷於日月乎？」

二十五：孔子猶天之不可及：「夫子之不可及也，猶天之不可階而升也。夫子之得邦家者，所謂立之斯立，道之斯行，綏之斯來，動之斯和。其生也榮，其死也哀。如之何其可及也？」

君王之道 〈堯曰〉

一：君王命辭：「咨爾舜，天之曆數在爾躬，允執其中。四海困窮，天祿永終。舜亦以命禹」

二：君王誓辭：「朕躬有罪，無以萬方；萬方有罪，罪在朕躬。周有大賚，善人是富」

君王之治道

三：治國：「謹權量，審法度，脩廢官，四方之政行焉」

四：平天下：「興滅國，繼絕世，舉逸民，天下之民歸心焉」

五：治道之終極：「所重：民、食、喪、祭」

六：君王修身之道：「寬則得眾，信則民任焉，敏則有功，公則說」

七：君王從政之德性：「何如斯可以從政矣？子曰：尊五美，屏四惡，斯可以從政矣」

學而

存在正道總綱

〈學而〉為人類存在正道總綱。「學」（學為人）為「成人」與德行之本，故為人一生首要之事。「道」本於人性，為從人類存在、及人人日常平凡言。〈學而〉如是故為人類存在道理之基本。這樣道理主要有兩面：為人與為事之道、及擴大言：存在理想與存在境況之道。

〈學而〉篇中人物：有子、曾子、子夏、子貢，均孔子逝沒後活躍弟子（後進）。〈學而〉雖至簡短，然其道理至為基本，為儒學道理與德行總綱。

〈學而〉之分組主題如下：

一、人道之本（一至三句）
二、事道之本（四至九句）
三、求取之道（十與十一句）
四、存在理想之道（十二與十三句）
五、存在境況之道（十四與十六句）

*

《論語》此開宗明義第一分組，以論人道之本為主旨。人之道有兩面：自己一面、及人與人（人倫）這另一面。一切道理必先從人之「自立為人」啟始，人自己是否真實，這是一切根本。「君子」一詞（真實之人），主要言此。人所以真實，先從不求為自我言起，此「人不知而不慍」道理。至於人與人，其道之根本在孝悌與仁，亦有子句接着所言。在以上兩面外，因人實亦有虛假虛偽之一面，故在言人之道後，《論語》即指出此點，教人：縱使表面似為善，人實仍可虛假，不得不察。事實上，道理所以為道理，實基於、或針對人之虛假言而已。正因為開宗明義第一組，故《論語》首兩句除言道理本身外，更有以人類存在整體為背景，以教人道理所由立之根據。故有子句除言孝悌外，更由孝悌推及仁、甚至教人見人類犯上作亂其不仁現象，與微不足道「孝悌」如此德行之關係。孔子句亦然。雖所言似平凡平素，然在「人不知而不慍」這樣人格背後，實見人類於存在中均求為悅樂、求為成就、甚至求為友朋如此基本訴求。因而似單純之「人不知而不慍」道理，仍是對向着存在重要而基本面相而言者：求為悅樂與求為成就（生命能致用與有所成）均人人生命基本故。人之立故從此言起。

一、子曰：學而時習之，不亦說乎。有朋自遠方來，不亦樂乎。人不知而不慍，不亦君子乎。

〔人作為人基本道理有三。一：人品格之根本：「學」與「無己」〕

〈學而〉首句意思明白：人學而於時代能致用，這是人人生命首先喜悅。然若學而不為世致用，見遠朋關懷與鼓勵，如此扶持，仍多麼是生命慰藉。生命喜悅首先莫過於能實踐所學、於時能致用。人為學而努力，實以此為目的。然若努力全然不為人知、不為人用而仍見「有朋自遠方來」，如此關懷與鼓勵，仍多麼是生命喜悅。傳統以「學而時習」指溫習，若明白「學」指學為人之道、非知識，如是本無溫習與否問題。「習」指實踐於世、有能作為，非指溫習。【見下：「專不習乎？」、及「性相近也，習相遠也」〈陽貨〉】。「學而時習」故言學而為時所用、有所致用。而「時」，《論語》從沒有「時常」或「常常」之意，只解作適時、時期、或時令季節。【見：「使民以時」〈學而〉、「不時不食」、「時哉時哉」〈鄉黨〉、「夫子時然後言」〈憲問〉、「行夏之時」〈衛靈公〉、「少之時，血氣未定，戒之在色」〈季氏〉、「孔子時其亡也而往拜之」〈陽貨〉、「好從事而亟失時」〈陽貨〉、「四時行焉」〈陽貨〉。「時常」於《論語》為「終日」，非「時」】。「學而時習之」因而是「學而於其時亦能實行」之意思。「時」亦對比「有朋自遠方來」

「遠」一詞，為指若不能於時見用，不得不遠世，如此而見遠方來探望之友人……。非人遠我，因時不見用不得不遠世而已。然更甚者，若連友朋亦闕如，因而至「人不知」地步，如此生命，是人至難者。句故是一層一層構作，非意義無所關連。藉由語意如此緊密關係，始能說出「人不知」時人品格道理。其重要性從篇末再次重複便可得知。【見：「不患人之不己知，患不知人也」】。首尾這「人不知」道理，故為全篇其他道理之基礎：一切道理，都須立於此人品格之真實上。

句雖從「學而時習」及「有朋自遠方來」言，然所指出，是人此時心境。悅樂與慍（如快樂與痛苦）是存在心境正反兩面，為人存在於世最終意義，故為人人首先所求。「學而時習」及「有朋自遠方來」所言悅樂，實悅樂客觀與主觀兩面，然二者均非從欲望或所得言，亦與物質、享受、逸樂等無關。《論語》藉由此，故先說明悅樂之道理，應不失人性、亦應從真實言（學及友朋）。然何以《論語》獨舉「學而時習」及「有朋自遠方來」二者為悅樂範例？縱使非從境況之幸福快樂言，然始終仍有如「父母俱存，兄弟無故」、「得天下英才而教育之」〈盡心上〉等悅樂。舉二者，故非只言悅樂而已，更言其實為最低限度、生命最起碼所求。此時之樂，單純從人自己心生命，再無其他。若連這樣悅樂也闕如，始能說出人品格之真實。悅樂本有無窮多種與層次，缺一仍可以另一彌補。唯連努力亦不見用、更沒有友朋扶持，在如此生命困難時刻仍能無悔而不慍、亦不隨現實而虛偽，如此始顯人其真實：既無求生命必悅樂、亦無因世不見用而否定自身志向與心懷，如是獨立、如是無待，始為真實品格之始。句所言即此。人世確實如此：縱使生命真實為人努力，仍可不為人所知、不為世所用。生命如此困難時刻仍能保有品格而不慍怨、絲毫非求為自我，如此人生命努力，多麼真實、多麼誠懇。人之真實故先見於此（「不亦君子乎」）。人多因世之不是而沉淪，能生命如是獨立，不求於人世，此始為「人」與「人格」之立。

然何以孔子從「人不知而不慍」言人之真實性？原因在於：真實性除從「言行」言外，更先是心品格之真實，特別其處於逆境時之感受與反應。人於世必有求人嘉許之心，亦人難擺脫人世之原因。然心若非獨立，人實易隨波逐流。此「人不知」處境之意義：由此顯其無待於世、亦無求為自我時品格之真實。「古之學者為己，今之學者為人」〈憲問〉，人實難不求為人知、不求為聲名地位。能「人不知而不慍」，此真正人格所在：人於逆境情況前，最難保有心之真誠故。「人不知」一處境，故為《論語》多次重複。【見：「不患人之不己知，患不知人也」〈學而〉、「不患莫己知，求為可知也」〈里仁〉、「不患人之不己知，患其不能也」〈憲問〉、「居則曰：不吾知也。如或知爾，則何以哉？」〈先進〉】。一般逆境所考驗只人之意志，唯「人之不己知」始與人自我攸關。而「自我」於人往往代表一切：自我若被否定，人一切亦被否定；人最難克服與自我有關之否定性者。【故「已矣乎。吾未見能見其過而內自訟者也」〈公治長〉】。「人」本有兩面：作為人、及作為自我。前者真實，自我非是。【請參閱〈子罕〉篇】。自我本只「我」意識，亦易使一切只環繞「我他」之主觀，非能客觀。自我故往往為對立與分裂之本：各私其私、各黨其黨；只求為過人（超越他人），不知為人而德行。以「人不知而不慍」言，故見人其無我主體（無自我）。人真實與否，先由此。

《論語》本句看似平淡，然無論快樂抑友朋，都實從真正一面言：悅樂非自我欲求、友朋亦非為利益而奉承（故自遠而至）；雖仍從求為致用言，然由「人不知而不慍」，所顯已非單純現實心、其人亦已有道。句所言道理，故非僅平凡而已；其所言君子，已是人無自我時至真實者。

又：句從悅樂啟而從不慍收，在人性正面與自我負面感受間，所顯故為人之立，如此獨立，即中國所言主體。如此之人，於「邦有道則仕，邦無道則可卷而懷之」〈衛靈公〉。縱使「人不知」，故仍可樂於自身所是，如孔子「飯疏食、飲水，曲肱而枕之，樂亦在其中矣」〈述而〉、或如顏淵「一簞食，一瓢飲，在陋巷。人不堪其憂，回也不改其樂」〈雍也〉，均心境由無求無待而致之正面真實。現實多慍，若非心全然獨立，是無以能致此。真正悅樂故唯由心收斂於一己生命努力內、由見自身光明而致。能不受制於現實而保有赤子心之本然正面，此始為人真實性之本。【有關「主體」意思，請參閱〈衛靈公〉句十九至二十二】。

正因所言為君子〈真實之人〉，「學」此時應指「立己」或「成人」之努力，如孔子「躬行君子」〈述而〉，或顏淵「博我以文，約我以禮」〈子罕〉。真實之學唯求一己〈作為人而〉真實，否則一切只徒然。「學」故與現實或自我所得無關。能學而可不為世所用，由此。

《論語》所以特從「學」言起，因「學」於人為一切之本。知識只圖研究、而「思」亦多只自我，非如「學」謙下。「學」因而鮮見於人，亦所以「十室之邑，必有忠信如丘者焉，不如丘之好學也」〈公治長〉。【亦參考：「有顏回者好學，不幸短命死矣，今也則亡」〈先進〉】。孔子故唯以「學」對人衡量，說：「生而知之者，上也。學而知之者，次也。困而學之，又其次也。困而不學，民斯為下矣」〈季氏〉。「好學」其基本故是：「君子食無求飽，居無求安。敏於事而慎於言，就有道而正焉。可謂好學也已」〈學而〉。神靈無需學，而人因有過，故唯由學始立。從「學」言「人」，故見人之真實多麼平凡：非無過、亦非大能，求其學而已。

本句所教人道理，故實從平凡至不平凡：從存在真正悅樂〈所求〉，至人獨立無待無求之心境與志向，其所描繪景象，正面而懿美。困難有多種，貧而無怨亦難〈憲問〉，然「不慍」之難，純與人自身生命有關，故顯其品格、其作為人之真實，此一切有關人個體道理之首先。

〈學而〉此首句道理故有五：一、存在終極或悅樂之應有真實；二、人立為人由「學」始；

三、專習為人生命基本方向；四、友朋為生命之扶持；而五、人唯由「人不知而不慍」品格，始立為真實之人。以上五者，「悅樂」為存在之本（終極）、「學」為成人之本、「專習」為生命努力之本、「友朋」為在世力量（扶持）之本、而「人不知而不慍」品格，為人真實性、甚至德行之本。五者其根本性在此。

若不顧字辭一致性而仍欲如傳統從「溫習」解「習」，那句意完整性最低限度應如下彌補：現實多不知人其努力與所是，因而人多慍怨而失落，甚至有遺世之否定感。對此，孔子之教誨是：人不應忘記，生命首先悅樂也只在平素學習及見遠朋而至如此微不足道但切實喜悅而已，非必在其他不能自主之求得上。能如是明白生命、悅樂於自身學習與友朋親切關懷，如是而安身立命，其人品格始終真實。句故從「人不知」一情況，教人不忘「學而時習之」及「有朋自遠方來」實亦一種生命悅樂，故「不亦說乎」、「不亦樂乎」，此「亦」字所突顯意思。

二、有子曰：其為人也孝弟，而好犯上者鮮矣。不好犯上而好作亂者，未之有也。君子務本，本立而道生。孝弟也者，其為仁之本與。

〔人作為人基本道理有三。二：「為人」之道：孝悌與仁〕

在個體品格道理後，首先須明白，即人與人之道。

人與人關係非僅父子、夫婦之內在，亦有君臣或君民、甚至社會中人與人之外在關係。有子句故涵攝這一切。因為人對人，故亦必涉善惡問題。

一言蔽之，人與人作為共存者之道，以「仁」為終極依歸，此「天下歸仁」〈顏淵〉或「如有王者，必世而後仁」〈子路〉意思。【亦參考〈里仁〉前半部份】。共體中仁雖由禮成就，【「一日克己復禮，天下歸仁焉」〈顏淵〉】，然其本在「孝悌」，仁實為孝悌之一種擴張或引申而已，此所以有子說：「孝弟也者，其為仁之本與」。「孝悌」雖本對向父母及弟妹，然其根本在對老者奉養、對弱者扶持上，即孟子所言：「老吾老，以及人之老」、「幼吾幼，以及人之幼」《孟子・梁惠王上》。「孝悌」所以從父母兄弟言，因關係至親近而自然，然從道義言，對老者奉養、對弱者扶持，實是人性地必須，故為「人與人」首先之道。人之為人（人作為人），故由這樣道義而生。而由孝悌引申出之「仁」，其為善，非只針對老者弱者、亦非只與物事需要有關（如奉養），而是言人對人廣泛而基本之人性對待、為人與人其人性首先向度。換言之，仁之為善，須先以人性感受及「人」為參照，故除善（善舉）外，更須從「立人」「成人」言，此「仁」不盡同於「善」之原因。因以共同人性為本，故如「立人」「達人」（仁），可從一己「欲立」「欲達」方面而明白，此即「夫仁者，已欲立而立人，已欲達而達人」〈雍也〉意思。以相互共同人性為準則，所達成故是人與人間之對等性，如「己所不欲，勿施於人」〈顏淵〉〈衛靈公〉那樣，人與人之道義由是而立。

人倫德行以孝悌言起，可見中國倫理對人之要求絲毫無所過份、亦至為正面：因對老弱者致力至為人性地必須，故實為人對人基本善之落實；而從孝悌言，亦非如不殺人、不偷盜等只針對負面行為，其為道理故至善。【老弱無依是人最大困難與不安。縱使有社會福利，仍無以免去孤獨。孝悌於人類故至為人性地美麗，亦存在不安之唯一解決，無能以任何其他方式取代。儒學所言，故非只思想想法，而是人性根本事實；其所言善，全立於此】。

正因孝悌如此根本，故一切為政者應以此為終極。孟子同樣說：「道在邇而求諸遠，事在易而求之難。人人親其親，長其長，而天下平」〈離婁上〉。對孔子，為政故只是：「《書》云：『孝乎惟孝，友于兄弟』，施於有政，是亦為政。奚其為為政？」〈為政〉；換言之，在孝悌與仁外，是不應以為另有所謂為政之終極者。故無論「善人為邦百年」抑「如有王者」，其從政之終極仍只是「可以勝殘去殺」及「必世而後仁」〈子路〉而已。「天下歸仁」〈顏淵〉，故明為為政目的。此有子「君子務本，本立而道生。孝弟也者，其為仁之本與」意思。「本」指孝悌，而「道」指仁。從「務」一詞可見，其所言「君子」，實為〔有道之〕從政者。句中「為仁」故亦應為一詞。【見「克己復禮、為仁。

一日克己復禮，天下歸仁焉。為仁由己，而由人乎哉？」〈顏淵〉、「子貢問為仁」〈衛靈公〉、「曾子曰：堂堂乎張也。難與並為仁矣」〈子張〉】。換言之，致力於孝悌，對從政者言，實同於「為仁」之基本。

從以上可見，人類存在，實以能孝悌、及人以仁待人為依歸。存在之真正善，是從此言，非求其他。正因如此，人類不善之原因，故與違逆孝悌與仁如此人性有關。有子對此之說明如下：「其為人也孝弟，而好犯上者鮮矣。不好犯上而好作亂者，未之有也」。首先，人類所以惡（惡之源起），實源起於存在有上下不對等事實（高與卑、富與貧）。如此關係雖難免，然若單純上下，未必為「惡」之原因。「惡」實起因於在上下關係外，更有強弱之差異；上下而惡，實因強弱而已。【上下若為德性，如王者與民，始終為善、非為惡。論存在向度之〈為政〉篇首，故仍列「上下」為存在真實向度，唯「強弱」始非是】。惡若似與上下有關，因為惡者或據上下力量差異而為惡、或人借上下不對等為由而為惡，都單純恃強凌弱而已。故居下而強勇者多求僭越而犯上、居上有力量權力者則借勢力而作亂。「作亂」本包含一切，有子多言「犯上」，實為點明惡與上下往往有關而已。然始終，作亂所本非在上下而在強弱（恃強或求強欲望），此始惡真正原因。有子所指出是：無論犯上抑作亂者，實都由不知孝悌而惡而已，換言之，即不知作為人應有道義、不知敬老扶弱而致，故只順承一己欲望與力量而為惡，此人類惡之所由。

有子對惡解釋之關鍵，非在如人類欲望過度、或在人性惡，而只在：人不知其自身人性、不知其作為人應有敬老扶弱這樣道義，始為惡而作亂。如孝悌這樣人性，本實人人知曉；不知，只社會風氣由上敗壞而已。為惡故先在人，非在事由；故不仁者，實非由處境居下而不仁，於長處樂中仍然不仁，其不仁在人、非在事。【見「不仁者，不可以久處約，不可以長處樂」〈里仁〉】。正因不知人性與道義，故：「其為人也孝弟，而好犯上者鮮矣。不好犯上而好作亂者，未之有也」，換言之，知孝悌者，無論怎樣，是不致犯上作亂或為惡者。有子「好」一詞（「好犯上」「好作亂」），更指明人自身、其性情或品格，亦回應句首「其為人也」意思：為惡在人、非在事。【「犯上」非言百姓不得反抗，有子所斥只「好犯上」與「好作亂」者而已。二者實因自恃而為惡者】。

若明白人類善惡關鍵在孝悌與人性，那從政者唯應從「務本」做起，教人人以孝悌之道、以及仁，此「君子務本」意思。若社會只求為依法，只「道之以政，齊之以刑」〈為政〉，那人民頂多也只「免而無恥」而已，非因此而人性。刑政始終只強弱關係，甚至往往只由於利益，與人性道義無關。孝悌雖似微薄德行，然是人性根本，此所以「孝弟也者，其為仁之本與」。人知對人以孝悌（敬老慈幼）、為政者知「務本」，如此存在，始為人性德性。若唯知立法以為秩序、徒以刑法而行，實無視人性而已。

西方有關惡之源起看法不同。如赫西俄德，雖仍以惡終為人倫間惡，【父子不和、朋友兄弟不睦、子女不敬長、人與人毫無信實與正義、只憑力量並相互妒忌、樂於作惡等等……】，然始終，惡非由人喪失人性道義，而是因失卻對神靈之敬仰所致。西方從來以神靈（超越者）為尚，善與正義由於絕對性，與人性無關。善與惡故只人類對神靈態度，如今日人對國家法律那樣。然神靈始終只虛說、國家法律也只由人制訂，實與人之善惡無關。敬神不敬神、守法不守法，故都非與真正善惡有關。西方如是理解，其弊故有四：一、善一旦從外於人類言，人類注定更無法知自身人性之善。此西方人性惡所由。二、若善由於虛構或制訂，一旦被視為虛假，人類只變得虛無、再無善之根基與可能。三、善若由神靈或法律，其外於人性而超越，只更自上而下地對立人，再非求為人善，頂多只求為國家秩序而已。四、由是，人類再不知仁、再不知敬老慈幼，只淪為種種「自我」而已。而「自我」，實如佛洛伊德所言，只相互否定、對立、甚至毀滅之死亡本能（「恨」之機制）。由是可見，有子所言「孝弟也者，其為仁之本與」，實多麼重要而深邃。若只知言立法、只鞏固國家權力，無見孝悌與仁之人性道義，如是善惡圖像，多麼為害。國家因而對立家、亦對人性蔑視；存在頂多只求為公平正義，非求為人性地仁。縱使不從為強者服務言，公平正義實只求為權利對等之爭而已，與人性「為人」德行無關。社會道德同樣，也只如刑法規範，對德行毫無幫助。有子以孝悌為本、以人對向老弱者而非對向上位權力者（超越者）為道義，其道理多麼人性而善。唯由人知對向人，否則無以為善、亦無以去惡。強調上位超越者，故只倒置而已。唯知努力於人，否則存在無以正面而光明。有子從孝悌與仁言，其意義故深遠。人之道、人之德行，唯從「為人」言而已，是不應為其他存有或機制而存在的。

有子句因而總結人類之道及人類存在善惡關鍵，亦標示出儒學以人為本這樣立場。無論是人類善惡、為政者與百姓為他人之德行（仁）、存在應有人性價值方向，都為有子句所指出。有子句故實為人道之總綱。除非有對人類存在深思，否則像「君子務本，本立而道生。孝弟也者，其為仁之本與」這樣道理與措辭，實無從可能。

三、子曰：巧言令色，鮮矣仁。

〔人作為人基本道理有三。三：人對人之虛偽：巧言令色〕【請參閱〈陽貨〉同句解釋】

「巧言令色，鮮矣仁」所以緊接前有子句，原因明顯：若人類善惡其關鍵在孝悌與仁，那縱使似仁善，仍可因只表面而虛假。不仁或「鮮矣仁」故非唯在不以人性道義而行時始有，縱使似仁善，仍可虛假，此「巧言令色，鮮矣仁」所言。句所以舉「言」與「色」，明指表面或外表性；若更有具體作為，已是欺詐。人類除直接為惡外，亦有虛假甚至欺騙可能。「巧言」為文飾無實之言，以取巧求為媚悅，借外表仁善而偽；其為媚悅，故喻對上或有利可圖者。「令色」傳統雖作善色解，然作命令解較一致，喻人以義正嚴詞外表，求他人以之為正直有道，實只自我而已，故亦「鮮矣仁」。若「巧言」為下對上之諂媚，「令色」則如上對下似求為善時、求為正時嚴厲姿態，二者均圖外表，故鮮能有仁之真實。國家刑法如是說，實亦一種「令色」而已。「巧言」「令色」故與「犯上」「作亂」對等，一從外表、另一從行為作為言，均與上下這社會差異性有關。句故補充前者，以仁對人仍有其表面虛假可能，非唯犯上作亂之不仁而已。對道之扭曲，故非唯作為、亦有由表面而致虛假可能。

〈學而〉藉「犯上作亂」與「巧言令色」，故總言人類「惡」之形態：一在直接為惡上、另一則從虛假甚至欺騙言；前者若明為不善，後者則偽善。惡易見，虛假假象難見，其害往往更大。此所以《論語》有〈陽貨〉，特對虛假性作分析。

若表面多虛假，其對反，如「剛毅木訥」不求表面者，則由此而「近仁」〈子路〉。最低限度，因不求表面、不求為欺騙而偽，故有真實之心。

*

緊接人之道，即「為事」之道。人存在無法不從「事」言，人與人往往亦由事而維繫。事故為人存在之具體，為存在「人」與「事」兩面之一。事實上，「學而時習」言事，「有朋自遠方來」言人與人，而「人不知而不慍」言人自己，三者反映存在基本向度。人之德行故非應從抽象如「不殺人」之道德、更應從日常為人為事之方面言，如「孝」便以「養」為具體事。因為「人」故有子句從「其為人」啟，因為「事」故曾子句從「為人謀」啟，二者用意明顯。

四、曾子曰：吾日三省吾身。為人謀而不忠乎？與朋友交而不信乎？專不習乎？

〔為事基本道理有六。一：為事基本德行：忠信〕

由「吾日三省」可見，所言為人人平日事，其道理因而平常而基本。從〈學而〉繼曾子句後即落實在「導千乘之國」、「弟子入則孝、出則弟」等細節上，可見其前句子（句一、二、與四）實為言德行之一般基本，而此有三：「人不知而不慍」之君子人格、「孝弟」之為人（仁）、及為事之「忠信」。三者為平素最基本德行。除自我無求（或無求自我）外，「孝悌」與「忠信」故是人人基本者。

曾子句雖似言忠、信、專習三事，然細想非如此。像「專不習乎」一語，實是沒有專而不習這樣情況，更沒有已專習而仍須「吾日三省」，除非自恃專業不聆聽他人意見。事實上，「專而習」本身非德行，亦與人無關，只自身習不習問題而已，既非「為人謀」、亦非「與朋友交」。因而若以「專不習乎」與另外兩者平列為教誨，似突兀、亦無義。我們認為此語應只作對比用，如「學而時習之」與「有朋自遠方來」二語為「人不知而不慍」之對比那樣。換言之，曾子句所教人應只為「忠」與「信」二事，非三事。「專不習乎」故是說：人若「為人謀而不忠」、「與朋友交而不信」，那難道如明有其專業而不實踐嗎？當人有其專業自必知實行，那為何「為人謀」而不知「忠」、「與朋友交」而不知「信」？「專不習乎」故是作為道理之對比而用，非本身為道理。以為三事，可能因「三省」一詞之錯覺而致；然「三省」只言多次反複省察，非指三事。如是句所言實只二事而已，均為事時對人之基本德行：一在「忠」、另一在「信」；【《論語》之後故亦獨以「忠信」並列，如「主忠信」〈學而〉〈公冶長〉〈子罕〉〈顏淵〉〈衛靈公〉、「言忠信」〈衛靈公〉等】；一對向所事之人、另一對向所關係或交際之人。【《論語》多次言「與朋友交，言而有信」〈學而〉、「朋友信之」〈公冶長〉，這時所言朋友，基本上是從一般關係言；

若更有特殊，實非只「信」，更有如「以友輔仁」〈顏淵〉或曾子與子張之「並為仁」〈子張〉。「友」故有廣狹二義可能】。

那何謂「忠信」？「忠」指盡為人之善致力、忠實於人之善。如「臣事君以忠」〈八佾〉，即「以道事君，不可則止」〈先進〉、或「陳力就列，不能者止」〈季氏〉；始終仍是從善或道之真實、非從人之喜好或所欲言，此為事中對人首先之道。至於「信」，「信」言真實；所以能致信任，因真實而已。事除所事之人外，亦多涉他人，故不能只為所事之人忠，亦必須對一切其他人有所真實，不能因所事之人而對他人損害。無論一己所交、抑事中所涉他人，故仍須以「信」作為基本。「忠信」二者故為孔子常強調，與人關係必有事在其中故。【見「主忠信」〈學而〉〈子罕〉〈顏淵〉、「言忠信」〈衛靈公〉、「子以四教：文、行、忠、信」〈述而〉、「十室之邑，必有忠信如丘者焉」〈公冶長〉等】。

從上可見，「忠信」所以如此重要，因一者即「善」、另一者即「真」，二者同為至基本價值。【「美」作為價值在二者後，近於事之理想狀態】。孔子言「忠信」而非「善」與「真」，因「善」與「真」作為價值只能思辨、較難具體定奪。「忠信」則無如此困難，可直從每人自身所知理解：或盡自己所知善、或盡事實真實，無隱瞞欺騙便是。縱使有誤，仍不失為「忠信」，此「忠信」作為德行較「善」與「真」更明確之原因。如是可見，「忠」「信」二者實一體，對人忠善只能從真實方面言（信），不能只求媚悅、「巧言令色」；真實亦然，只能從對人（人類或人作為人）言真實，不能從不善於人類人性時仍以為真。無論「忠」與「信」，其基本故與為事有關，此《論語》言「忠」與「信」時所有意思。

無論怎樣，人對人真實（信）極重要。故〈為政〉有關人類真實性說：「人而無信，不知其可也。大車無輗，小車無軏，其何以行之哉」。人之真實性如輗與軏；輗與軏為大車（牛車）小車（馬車）轅端橫木，以縛梔者。意謂縱使已有牛馬（動力）、亦有所須拉動物品，然若人類無所真實，無論大事小事均無以行。天縱使對人類賦予一切，若人自身無所信實，一切只將徒然而已。此真實性所以重要。

一如「專而習」，「忠信」作為道理本人人知曉，故：「十室之邑，必有忠信」〈公冶長〉。對所親之人，人既必為其善、亦無欺騙之虞。故若不忠不信，必從他人中求為利益，或因為他人事故不盡誠。「吾日三省吾身」故非指忠信作為道理，更是對向他人事時言：人非不知忠信，唯未必真實地行而已。

從句故可見，人與人關係實有深淺：必對家人朋友忠，但未必對一般人忠；必對師有信，然未必與人交而有信；一如人必然「習」（為事），然未必能「專」。如是對一者有誠，未必對另一者亦有，此「為人」所以困難，亦「吾日三省吾身」所教誨：為人謀而必忠？與人交而必信？能專始習？如是始困難所在，亦為事應有德行。

五、子曰：道千乘之國，敬事而信，節用而愛人，使民以時。

〔為事基本道理有六。二：居上者為事之道〕

為事之道雖在忠信，但事仍有上下份位及程度差異，這些在緊隨幾句中討論。

「道千乘之國」言在上統領人者。上位者為事之道有三面：其自身態度、其對事物、及其對人。因無需親力親為，故其道非在「謹」而在「敬」，即上位者必須敬重其事，由敬重而獲取信任。其對事物及對人則在「節用」及「愛人」。若「儉」為從用中言，那「節用」則從無需用之地方言。節用反面為浪費，儉反面為奢。財物之道，盡於「節用」與「儉」兩原則而已。而對人，居上者對下（百姓）應有「愛」。「愛人」一詞在《論語》中單就上位者對下言，非人與人一般關係。除〈學而〉外，「愛人」唯見於兩處：一：「樊遲問仁。子曰：愛人。問知。子曰：知人。樊遲未達。子曰：舉直錯諸枉，能使枉者直。樊遲退，見子夏曰：鄉也吾見於夫子而問知，子曰：舉直錯諸枉，能使枉者直。何謂也？子夏曰：富哉言乎。舜有天下，選於眾，舉皋陶，不仁者遠矣。湯有天下，選於眾，舉伊尹，不仁者遠矣」〈顏淵〉；另一：「子之武城。聞弦歌之聲。夫子莞爾而笑。曰：割雞焉用牛刀。子游對曰：昔者偃也聞諸夫子曰：君子學道則愛人，小人學道則易使也。子曰：二三子，偃之言是也。前言戲之耳」〈陽貨〉。兩處明從上位者對百姓言。人與人一般對待在仁、非在愛；連父母對子女亦唯用「慈」，非用「愛」【見〈為政〉：「孝慈則忠」】。此「愛人」意思。故不能因「樊遲問仁。子曰：愛人」而以為仁即愛人。

在物與人兩道理後，上位者因有權力，其行事亦需百姓協助（此「使民」意思），故應以百姓方便為先。「以時」者，古代農耕有待天時故。「使民以時」故喻權力行使應知限制：一切以民方便為先，非因權力而濫用。以上為上位者為事態度與原則。

六、子曰：弟子入則孝，出則弟。謹而信，汎愛眾而親仁，行有餘力則以學文。

〔為事基本道理有六。三：居下者為事之道〕

對反「道千乘之國」，「弟子」喻下位事人者，其道亦有三面：其在家、其在外、及其在為事之餘。

百姓因亦有家室奉養之事，故孝悌仍然基本，甚至首先。「入出」言其責任之有公與私，而

「孝弟」則仍以扶助為基本。【見前第二句】。此外，服務因須親力親為，故非只敬、更直接從行事之謹慎言。直接行事之道往往在「謹慎」而已。下位者由行事謹慎而得人信任；「謹而信」故為事情執行時之態度。

至於事情中所接觸之人，「眾」言一般大眾、而「仁」指同事友人。「汎愛眾而親仁」故言愛護眾人並親近與己共事之賢仁者【「友其士之仁者」〈衛靈公〉】。

至於事外工作之餘，仍應「學文」以增進學識素養、提高品格與生命。「行有餘力則以學文」非對「行」與「文」有輕重先後之別，孔子教育反以文為先【「子以四教：文、行、忠、信」〈述而〉】。句只言在「行有餘力」外，不應荒廢或好求逸樂，仍應盡力於自己之教育。以上為一般百姓為事之道與原則。

〈學而〉以上兩句，故把上位者與下位者之責任、為事態度及範圍、其處事物及處人之方法、其對他人之事所應有尊重與自身權力之克制、及其在事餘應盡努力，一一整理出來。此上位與下位者為事之道。

七、子夏曰：賢賢、易色。事父母能竭其力，事君能致其身，與朋友交，言而有信，雖曰未學，吾必謂之學矣。

〔為事基本道理有六。四：對人重視之程度〕

為事能力因有限，非能對人人無條件，必有程度差異，故對不同對象，應有不同付出。事父母應盡自己全部勞力，不應有所推辭；事君而遇百姓大事應不顧性命而為。對待朋友雖無需「竭力」「致身」，然仍須「言而有信」，在應允事情上盡力。如是不同程度，表達對人之重視，非「巧言令色」〈學而〉地表面。縱使僅如此，子夏仍以之為「學矣」。因「為事」不外「事人」，故知對人重視、知付出程度，如此已是德行。

除知分寸而盡力外，更重要是知對賢者尊敬重視及對下於自己者不給與難色。人多只諂媚富有與權貴，鮮對賢者尊敬。「賢賢」，這始對人真正敬重之始，亦所以置於句首。能敬重賢者，又能平易地對待下者，更知為人而竭力致身，此對人敬重重視之道。

從子夏句可感見，「賢賢、易色」、「事父母能竭其力，事君能致其身」、「與朋友交，言而有信」，如此與人關係，多麼是人性平淡之美。

八、子曰：君子不重則不威。學則不固。主忠信。毋友不如己者。過則勿憚改。

〔為事基本道理有六。五：對己重視〕

本句與前句對反，言人應如何重視自己。有如此道理已表示：人一般只任隨自我而妄為，非真在乎自己。能對己重視，此人之真實【句故以「君子」啟】，亦由是見其德行。

人一般都只重視自我，借由地位、聲名、富貴而感驕傲。觀人亦然。然有位者其對己真正重視或尊重，在責任承擔【如「仁以為己任，不亦重乎」〈泰伯〉】、及對根本事【根本價值，如「所重：民、食、喪、祭」〈堯曰〉】之重視，由此而穩重，非以自身地位或名利為先。句中「君子」因從「威」言，故指在位者。【「君子」除言真實之人外，亦可從在位或有位者言，見前「君子務本」、或：「子謂子賤：君子哉若人。魯無君子者，斯焉取斯」〈公冶長〉】。《論語》意思明白：人均以為地位即威望，然真正威望先在有位者對自身責任承擔及對價值重視。唯由有所「重」【重視：重視自己德行與責任、重視他人（見前句）、重視真正價值與事，如「民、食、喪、祭」等根本事】，人其威望始真實，非徒借地位而以為重。此「君子不重則不威」意思。

至於非有地位者，其所以受人尊重，實由人見己對「學」重視而已。好學是人對自身之真正重視，亦人對己重視之原因。由學，人始不自我凝固封閉，由此而向上上進；對己重視故先由此。此「學則不固」意思。

除二者外，於一般情況，對己重視多從人我間關係言，而此有三：於事、於人、及於自己。於事（他人事）時，仍即「主忠信」，重視對人善及誠信真實。於人我間，則視友如己【以「友」言，因人關係多種，未必能處處平視，亦有如「汎愛眾」等情況。「友」雖亦可泛，然確是從平等關係時言】，非只自我而我行我素、甚或對人吝嗇低貶，故「毋友不如己者」。而於自己，對自身過錯不畏難而盡力改正，非執持自我肯定、有過不改，此「過則勿憚改」。

對己重視，故實與自我肯定相反：非重視自身在他人前表面，而是重視自身之真實，如有位時之責任、自身由學而不固、對事而忠信、對友如己、甚至過錯缺點不畏難改正，此始對己重視。如不學而「固」、不忠不信、視友「不如己」、有過不改，如此種種自我，亦自欺而已，非重視。【有關本句，亦請參閱〈子罕〉同句解釋】。

九、曾子曰：慎終追遠，民德歸厚矣。

〔為事基本道理有六。六：為事方法總結：慎終追遠〕

曾子句為為事之道總結。「慎終追遠」明為言方法、對事之重視，而此為：一切行作、決定與決策，必須考慮事情結果而行，如此始妥善，非一時利益或欲望，行事由是始得以客觀真實。從這點言，「慎終追遠」故為為事之總方法，《論語》亦以此結束為事之道。確實，為事若能先從結果考慮，非只見眼前淺近而作為或反應，能深遠地行，始為事之善。利益往往即不長遠考慮事情後果而已。曾子之慮，既長遠亦謹慎，故〈泰伯〉記說：「曾子有疾，召門弟子曰：啟予足，啟予手。《詩》云：『戰戰兢兢，如臨深淵，如履薄冰』。而今而後，吾知免夫小子」。深遠地考慮事情，始為事正確並最終方法。〈衛靈公〉篇故言：「人無遠慮，必有近憂」。

「慎終追遠」非如孔安國解：「慎終者，喪盡其哀也。追遠者，祭盡其敬也」。見子張之「祭思敬，喪思哀」及子游之「喪致乎哀而止」〈子張〉。然二人所言未是，見後〈子張〉分析。《論語》從來沒有以「終」與「遠」解作「喪」與「祭」。二者更與「慎」「追」兩動詞無關。若是對故往者，《論語》唯有「故舊不遺」，非以「慎終追遠」言。而「追」一詞，如「往者不可諫，來者猶可追」〈微子〉，明從未來、非過去言。

〈學而〉這前半部既指出人基本道理：自我、人對人之扶助、人之善惡與虛偽，甚至父子、君臣、朋友、人民、大眾等關係；亦教人為事之基本：其對象、內容、態度、程度、及總體方法等。從「民德歸厚矣」可見，由百姓亦知行事深遠、非急功近利，如是人類存在德行始得以深厚、存在始客觀地真實，此為政更應致力者，非事事求為利益而已。

人類存在，既非只眼前、更非那超越時間之永恆。人類唯在時間中成長變化。無論「學」抑「慎終追遠」，都為人類彌補自身無知之方法，否則只注定錯誤。人若只知自我、只求為當下欲望、不顧事情真實、無視自身有限性、亦無視自身人性與人道，如是存在，只偽而已。人類必須在對道理之反省與學習中、在對事之真實中、在知覺自身人性中存在，此為其唯一德行與「智」之可能。

〈學而〉前半除首兩句論述人自我品格與人存在道義外，其他似顯淺。一因是百姓之道故平凡，另一因為道理根本故基礎。其深遠非在深奧，而在簡明扼要。若以問題提問，如：怎樣始是人真正品格？人類存在終極何在？人類怎樣始能達至人性美善存在？怎樣解決人類暴戾與惡？為事真實應怎樣？權力怎樣始正？人類對物態度應怎樣？生命應作甚麼？在他人心目中應是怎樣的人？為人其程度應如何？怎樣始算重視他人與自己？怎樣始能達致最終德行？……，若如是提問，始見〈學而〉前半思慮之深遠、其道理之非容易。〈學而〉能為道理總綱，正由於此。雖簡約平凡，然實真實而深遠。

*

自「子禽問」句始為〈學而〉下半部。繼平素基本道理後，下部份論說人類生存境況及理想，分三組：求取之道（句十與十一）、人類存在理想（句十二與十三）、及人類存在境況之正（句十四與十五）。雖僅六句，然實已涵攝人類存活至重要方面。

十、子禽問於子貢曰：夫子至於是邦也，必聞其政。求之與？抑與之與？子貢曰：夫子溫、良、恭、儉、讓，以得之。夫子之求之也，其諸異乎人之求之與。

〔求得之道有二。一：求取之德行：溫良恭儉讓〕

生存必有所求取、有所得。對此之道有二：或從「無」至「有」（求取）、或對「有」之繼承。【「無」與「有」為存有兩面。這裡道理故可視為人類面對「存有」應有態度：如何從無而有、及如何面對天所賦予。故不應與自然競爭、亦不應對天地視為人類私有而濫用】。

《論語》人名地名往往有所暗喻，子禽之「禽」暗喻獲取（擒）。其問於子貢，可能因子貢從商而有成。【除子禽外，〈學而〉不見非弟子言論，子禽為《論語》第一人，亦《論語》結束時最後一人（見〈子張〉篇）】。子禽問何以孔子每至一邦必能聞其政？其職能是自身求取、抑他人給予（「求之」「與之」）？子貢之回答是：孔子是自身求取而得；然其求取之道，與人一般求取之道不同：孔子非靠關係、遊說、手段取得其所欲，而是以「溫、良、恭、儉、讓」而得。求取於人人本必然，唯是否正當而已。正當求取之道即「溫、良、恭、儉、讓」五者：「溫」言求取過程溫和、手法循序漸進、非不擇手段。若能一切溫和地進行，所欲再非貪婪。「良」更明白指出，所用方法絲毫無不正當，是善良地達致。「恭」指求取過程中，對相關人物恭敬而無驕，如於比試之得與不得，均無對人不恭或忿疾。「儉」針對財物，指求取並非因揮霍浪費，是先節儉仍不足始求取，非由於無道地揮霍浪費。最後，「讓」言在求取中，若見人較自己更有所需、更為賢能而讓，如此求取，無論甚麼，始終為正；非為己佔有、擁有故。

「溫、良、恭、儉、讓」故言求取之態度、手法、對人、對物、及自己是否需要抑私有五者。能依據真實需要與道義求取、亦無佔有之心，無論甚麼，求取無不正當。求取故非在公平競爭或權利之擁有上，在「溫、良、恭、儉、讓」五者而已。此求取正確之道。

十一、子曰：父在觀其志，父沒觀其行：三年無改於父之道，可謂孝矣。

〔求得之道有二。二：擁有與繼承之道〕

對由繼承而得之擁有，仍不應視為私有佔有而任由個己自我裁決。「三年無改於父之道，可謂孝矣」於〈里仁〉重出，其前後言事父母道理，或於「父母在」時、或於父逝沒後之繼承，故「三年無改」。〈學而〉於此，故特針對繼承、言人面對所有時應有態度，故多見「父在觀其志，父沒觀其行」一語。

「三年無改」非如孔安國解釋：「孝子在喪，哀慕猶若父在，無所改於父之道也」，換言之，子居喪因心哀而無改。〈子張〉中曾子曾說：「吾聞諸夫子，孟莊子之孝也，其他可能也。其不改父之臣與父之政，是難能也」。「不改」所以為「難能」，因繼承者必對所繼承視為己有、由擁有而改變一切，如用自己之人（臣）、行自己之政，一切猶如己權力。能不如此而仍保有父之臣與父之政，故難能，心無視為己私有而佔有故。若僅因哀慕而致此，實無難不難問題，親情無從言「難能」、孝之難更非從情言。曾子句甚至明白從「父之臣與父之政」、非從生活居處言，故刻意對反繼承者之用人與行政、其「志」與「行」之私。【居喪之哀，更無從銜接於「父在觀其志，父沒觀其行」一語】。而這些，均與「猶若父在」無關。句所言故為對繼承應有態度：不應單純視繼承（所得）為佔有；除非出於需要、或在時日中因應改善而改變，否則無改。改變始終須有其理、非純憑一己權力或自我。「有」實本然存在，不應視如一己擁有。對「有」只單純繼承，並盡所能更善而為，這始面對所有時正確態度。

而在未切實擁有前，對「有」（將繼承者）之心態可從「志」見。此「父在觀其志，父沒觀其行」之意。「志」與「行」，一言未有、另一言擁有之時。無論是否擁有，故都可從「行」或「志」見所得者心態。

以上為求取與擁有之道。【有關求取與所得，亦請參考〈雍也〉句四與五、及〈述而〉句二十七】。

*

以下四句，為〈學而〉最終分組。雖僅四句，然已總結人類存在之道，分兩組：十二、十三句從存在之美（而此與「禮」有關）、十四、十五句從存在之善言（而此與「義」有關）；前者為存在理想、後者論存在境況（貧富）。此外，兩組各有一句從存在整體、一句從每人個體自己言：十二及十五句言「禮」與「義」之理想、而十三及十四句則從每人自己、言存在若非得達理想時，個體仍能怎樣即近「禮」與「義」。如是無論從人類整體抑從每人自己，都已對由「禮」與「義」構成之存在理想與境況作說明。從所論述問題之廣博深遠、涵蓋之完整性、用辭之精密，可見編者（有子）對道理之透徹明白與用心。

十二、有子曰：禮之用，和為貴。先王之道，斯為美。小大由之，有所不行。知和而和，不以禮節之，亦不可行也。

〔論存在理想之道有二。一：人類整體存在理想：禮〕

以「先王之道」名「禮」，因「禮」實人類存在理想：無論甚麼，都唯應「以禮」行。從個人之立、平素為事、君臣之道、上位者為政與為國、至對道實行實現時之至善狀態，均應「以禮」而行。禮樂之道所以至為美善，因由（基於）人性而已，此：「先王之道，斯為美」。【以上所言「以禮」，文獻如下。個人之立：「君子博學於文，約之以禮，亦可以弗畔矣夫」〈雍也〉〈子罕〉〈顏淵〉、「文之以禮樂，亦可以為成人矣」〈憲問〉。平素為事：「生事之以禮。死葬之以禮，祭之以禮」〈為政〉。君臣之道：「事君盡禮，人以為諂也」、「君使臣以禮，臣事君以忠」〈八佾〉。為政：「道之以政，齊之以刑，民免而無恥。道之以德，齊之以禮，有恥且格」〈為政〉。為國：「為國以禮」〈先進〉、「能以禮讓為國乎，何有。不能以禮讓為國，如禮何」〈里仁〉。道實現時之至善狀態：「知及之，仁能守之，莊以涖之，動之不以禮，未善也」〈衛靈公〉】。

禮從何言為存在理想？總體言，人類存在亦人與人、人與物兩方面，二者其道一在「禮」、一在「義」。無論物質境況怎樣，存在之惡始終唯在人與人之間，物質境況之未善始終非能視為惡，只如命而已。【貧富之惡始終由人、非由物】。若人類知和睦、互愛、互敬、不爭鬥、不自私、不恃勢、不傲慢，縱使有貧富差異或物質未善，存在仍美麗。存在是否理想，由人性不人性而已，故唯與人類自身、非與物質進步有關。禮所求為體現，即人性之敬、和、與愛三者。【有關禮，請參閱〈八佾〉篇】。唯由如此，人類存在始由人性而美而善。其他，如物欲發展、宗教向往、藝術創造、甚至知識真理，都無能取代禮而致存在理想，存在之惡歸根究柢在人性不人性而已，非其他。人性存在理想故在：「立於禮，成於樂」〈泰伯〉。〈學而〉十二句指出禮，而十五句指點樂。

有子句本已設定人對人性之為理想一事明白，而在這樣基礎上對禮與理想作進一步限制，有三：一、「禮之用，和為貴。先王之道，斯為美」；二、「小大由之，有所不行」；三、「知和而和，不以禮節之，亦不可行也」。所以如此，因禮對人性之落實是藉由行為甚至形式（如儀禮）達成，兩者始終非同一事，故禮可只形式而背離人性、而人性之求亦可能不顧人與人本然分際（如上下份位、男女親疏之別等）而體現，二者故須相互制約：禮不能不人性、而人性亦不能無視於禮、無視於人與人具體特殊，此二者相互限定之原因。此外，縱使一切唯以禮行，然畢竟仍有物事需要之大小，故禮亦不能無視於此。禮不能不人性，此第一點；禮亦不能無視於物事情況與需要，此第二點；至於人性本身，亦不能無視於禮（人關係之特殊），此第三點。禮與人性理想是從此言有所限制。唯由如此，存在始為真正理想，此禮對人性落實之意思。分別言為：

一、針對禮作為形式而限制（禮不能不人性）：「禮之用，和為貴。先王之道，斯為美」。禮雖為人性美善之落實，然畢竟是透過行為甚至形式。正因仍有被外在地運用可能，故禮可不人性、甚至不仁【見「人而不仁，如禮何？」〈八佾〉】，中國後來禮教便如此。【若連禮仍可被用為違逆人性，刑法制度更是】。事實上，季氏「八佾舞於庭」便利用禮樂而僭越。對此故首先須指出：禮不能違逆人性之本始為禮。人性理想有三：「和」、「敬」、與「情」。

「和」最一般、「敬」與「情」較特殊，【或因賢長而敬、或因親愛而有情】，句故以「和」為代表。有子所言故是：禮仍須為人性實現始為美，否則只形式、甚至可被利用為違逆人性時之方式。此對禮第一種訴求或限制。

二、針對禮之行作限制（禮不能無視於物事情況與需要）：「小大由之，有所不行」。禮雖為人性體現媒介，然人類存在仍有物事需要與必須（「義」），縱使事仍須言禮，然若遇有大事（迫切緊急事，如災難），不能因禮而耽誤；至於平素小事，如盥漱等事，實仍無須處處言禮。禮故仍須有鑒於事而行，無須絕對化。危急或與人無關微小之事，都無須執持禮而行。此禮執行時之真實性，禮第二點訴求。

三、針對人性理想本身作限制（人性本身不能無視於禮——人倫關係之特殊）：「知和而和，不以禮節之，亦不可行也」。人性「和」、「敬」與「情」雖為人與人理想，然不能因為理想而視如無條件或無所限制。人與人本有特殊關係，君臣、親人便非朋友，不能因為人性理想（為致和）而無差異地踰越。一切理想關係，故仍須以禮節制，此「知和而和，不以禮節之，亦不可行也」意思。禮之為節主要有兩方面：一、對己克制，「禮讓」「居後」意思屬此，亦禮主要意思；【見「約之以禮」〈雍也〉〈子罕〉〈顏淵〉、「克己復禮」「非禮勿…」〈顏淵〉、

「樂節禮樂」〈季氏〉】；二、依份位差異而行，不得過分；【見「恭而無禮，則勞」〈泰伯〉、「長幼之節，不可廢也」〈微子〉等】。本句所言屬後者。不過，「節」雖為分際，然非禁限、更非為法制對民之規範，如此又違逆前所言第一點。

如是人性理想、事情大小、人區別性關係三者，實相互制約，以達存在真正理想：禮須有人性真實、事與禮宜恰當、人性理想仍須為禮分際落實，三者為禮作為存在理想所必須。

十三、有子曰：信近於義，言可復也。恭近於禮，遠恥辱也。因不失其親，亦可宗也。

〔論存在理想之道有二。二：個體之即近禮〕

本句亦有子語，明為前句補充。若人類未能「以禮」而理想，作為個人自己，仍能怎樣以近於義與禮？二者（義與禮）實為理想所必須。從個體言近於義與禮，即「信」與「恭」。「近」字意思是：縱使人類未為「義」與「禮」，個人自己之「信」與「恭」，幾近即「義」與「禮」之實行。如此問題重要：我們常認為，如現實之虛假與現實人只厭惡，自己實無以善待回應。然有子解法簡明：無論對方怎樣虛假或厭惡，自己實仍能信（真實）與恭。如恭，實只單純自己態度，與人無關，故其行無待。自己之信亦然。如此而行，既無待對方怎樣、而自己始終保有德行。此「近」之意思。世人無論是否「義禮」地真實，自己仍可自主地近此。「言可復也」及「遠恥辱也」是為回應現實以為人自身努力無用，故更言其意義：縱使無助「義禮」之行，人自身因此仍有得益：「信」使言可復，坦然無須遮掩掩飾，否則只如孟子所言「詖辭」「淫辭」「邪辭」「遁辭」（《孟子．公孫丑上》），無法理直而光明。「恭」雖個人事，然由恭始終不致受人侮辱。提及這樣意義，可見此時人世已非有禮義，故從人自己言而已。

因前句有「義」、「禮」、與「人性理想」（「和」）三層關係，故本句同樣。除「信」與「恭」外，對應人性理想之「和」，有子故言「因不失其親，亦可宗也」：以「和」若非再，個體仍可體現在自身身邊關係。「因」指「姻親」，意謂若不失自身父母奉養，亦可奉養或繼承姻親父母。奉養及繼承姻父母既是「禮」亦是「義」，更是「和」理想之具體落實。

前句若言存在理想，本句則言如何於人自己落實。縱使人類存在非如此，自己實仍可無待地實行，在身邊成就人與人理想。

繼存在理想之道，本二句則論存在境況，仍一從整體、一從個人言，唯差別在：理想所以從整體先行，因理想畢竟應為整體事，故整體先行於個體。境況不同。縱使為人類整體境況，實仍先賴每人自己對境況之態度，整體境況實由個體態度形成，故個體先於整體，此十四、十五句之編排。因為正確道理，此時個體故從君子言。

*

十四、子曰：君子食無求飽，居無求安。敏於事而慎於言，就有道而正焉。可謂好學也已。

〔論存在境況之道有二。一：個體存在境況之道〕

「君子食無求飽，居無求安」明白指點對境況態度。若對人性理想應有所追求，境況相反：境況因只舒適甚至逸樂之事，故有志於真實作為者，不應以此為目的。論現實之〈憲問〉，故劈頭便指出：「邦有道，穀。邦無道，穀，恥也」，又說：「士而懷居，不足以為士矣」。正因現實人人只求為飽食安居，【飽從身、安從心言，兩者均人基本欲求】，故人類唯知富有與物質先進，由此形成爭鬥對立，一反人性道與德行。「食無求飽，居無求安」故始為正。人類所以不真實，往往因求為存在境況之滿足而已。「食無求飽，居無求安」非刻意從清貧或宗教苦行言，《論語》所言只「無求」而已、不應以生命僅落於境況之追求上，而應：「敏於事而慎於言。就有道而正焉」，一者從事、另一者更從道言。二者（事與道）始人生命真正目的。更言「慎於言」，因「言」多只表面無實，為人虛假之原因，「慎言」故言對虛假性之自覺。《論語》所強調，故為人其真實性：或由為人為事、或由道；二者故顯存在境況追求之偽。從「好學」言，可見上述為人生命真實所在。句故針對個體，言真實生命之致力，非在境況之求索，而在為人為事及「就有道」而正。如此始為學而真實。

句所言真實性故有三：真實性之條件、人自身之真實、及其所向往價值之真實；一在不求飽安、二在「敏於事而慎於言」、而三在「就有道而正焉」。

十五、子貢曰：貧而無諂，富而無驕，何如？子曰：可也。未若貧而樂，富而好禮者也。子貢曰：《詩》云：『如切如磋，如琢如磨』，其斯之謂與？子曰：賜也，始可與言《詩》已矣。告諸往而知來者。

〔論存在境況之道有二。一：人類整體存在境況之道；義〕

前句從個體境況、本句則從人類整體境況作說明。人易認為，存在境況理想在財富均等。然言均等實已表示，所在乎非物質一定水平，只由不均等而受如歧視待遇等而已，換言之，仍實人與人間問題，非與物質本身境況必然有關。事實上，均等頂多只從基本足夠、非能從絕對言。從境況言理想，故非在財富，仍在人與人關係而已。此即子貢之問：人類對向其（貧富）境況應有怎樣態度，從境況言，怎樣始為理想？人類態度明白更重於境況本身。故有關人類境況，《論語》從兩面論述：一、人類對其存在境況應有態度；二、境況之改進問題。境況問題不外二者。

境況若簡言為貧與富，人一般必嫌貧愛富、以富貧為高卑。如此現實價值明顯不是。子貢求其正故說：「貧而無諂，富而無驕，何如？」。換言之，問題非在貧富，而在人對貧富之態度：由富而驕、因貧而卑。子貢所言故為心態之正：不因富而驕、亦不因貧而卑（由卑而諂）。而這表示：人們已有對存在境況之超拔，心在境況外保有人心態之獨立性，非屈居在物質或境況下。由於「無諂」「無驕」已顯示品格，故孔子回答「可也」。雖為正，然不能視為理想。對向境況而有之心態理想更應在人自身之正面：非只「無諂」「無驕」，更在「貧而樂，富而好禮」。「樂」與「好禮」所以更善於「無諂」「無驕」，因實如同富足均等那樣，既體現人超拔於境況時實在之「樂」、亦體現人超拔物質而知自身人性、其對人「好禮」，故為人與人德性體現。能無視物質境況而知「好禮」、及無受物質境況所限而能「樂」，這於人，為從境況問題言時之人性最高理想。孔子所言故非只正而已，更是理想。而此與物質先進落後無關，只人自身態度改變而已。

我們可看到，若前有子句（句十二）言人之存在理想，子貢句（句十五）則言物之境況理想，二者實互補：禮樂理想應有鑒於物義需要，而物質境況則應致力於禮樂之美善。存在「禮」與「義」兩面之致力，始為存在真正美善、其理想。

至於境況改進問題，仍非以物質豐腴為必然，《論語》故借《詩》「如切如磋，如琢如磨」回答，亦句提及工匠或工藝（「切磋琢磨」）之意。從物事之進步言，其道理有二：一唯應切磋琢磨地改善而已，不應汲汲有所圖；二為進步不應只從物事、更應從人文素養言。【此「始可與言《詩》已矣」用意】。存在之一步一步改善，如由「無諂」「無驕」至「好禮」而「樂」，其為改變已是「文」而非「物」欲望之姿態，如此始為境況改善真正所在。縱使只境況，人之一面，如知禮而樂，實仍較物質一面為重要、為另一義之境況：人超拔於物質時之更懿美存在，此子貢引《詩》而孔子回應「賜也，始可與言《詩》已矣。告諸往而知來者」所含意思。《詩》所代表為「文」之素養，境況之改變改善，故仍應朝人一面，以禮樂、以「文」為終極；孔子所言「貧而樂，富而好禮」實已是這樣向度。

一如「君子食無求飽，居無求安」，存在境況故非以去除境況差距、更應從超拔於境況言（「貧而樂，富而好禮」）。人類能超拔於存在境況，這是人類之美；個體能超拔於存在境況，這是其人之真實。

我們作一總結如下：

一、存在非以去除貧富貴賤始為理想，理想亦非如伊甸樂園完美境地。物質境況非人力能完全改變，更與人類自身德行無關。人類存在之不善故非先由境況，更先在面對境況之態度。「諂」與「驕」所反映，只人對物之崇尚與依賴、人以外於人之價值為價值，故因所無而諂、因所有而驕。存在理想、其至善，因而也只人類回歸以禮樂為美善、回歸至人類自己超拔於存在境況時之真實：由好禮而樂。

二、存在之改善也只一步一步向善努力，非物欲汲汲圖索。

三、縱使從境況言，詩或文始真正價值所在，非物質富有。從詩，人始明白存在以如詩之美善為本，由是而人性，非現實物質或富有。詩藉由草木之美，教人見人性與人倫情感，為人性心懷之養成，亦孔子言「始可與言《詩》」之原因，為人類真正存在境況理想故。人類存在，故以「文」（人性所感美善）為依歸。若連工藝亦有求其「切磋琢磨」之美，那何況人類自身存在。

四、最後，禮作為存在理想，純只人性之體現，非宗教、亦非道德規範。無論時代以何方式規劃存活，仍應以禮為先。禮使存活人性而美，如有過，禮只言不知禮而已，非人格之不道德、亦非因刑法而罪惡。若不先有此人性，如「禮樂不興則刑罰不中」〈子路〉所言，講求道德與刑法無以為真實。始終，禮由人性而內在於每人自己，非如道德或制度外來而強制。

存在理想與境況雖重大問題，然《論語》之回答簡明：在人類自身對禮與義之態度而已、人類是否行其人性而已。

十六、子曰：不患人之不己知，患不知人也。*

〔存在之道其根本：再論個體無己與真實〕

〈學而〉本句與〈里仁〉：「不患無位，患所以立。不患莫己知，求為可知也」及〈憲問〉：「不患人之不己知，患其不能也」其差異在：〈里仁〉與〈憲問〉句重點在人實質真實性，而〈學而〉句則更強調人其無執自我，故問題非在「患其不能」，而在「不己知」與「知人」上。

從〈學而〉以此為終句，可見「人不知而不慍」一道理多麼重要而根本。一因為真實人格之本、二因為人去其自我之始。人格從獨立於現實言；而由去自我，人始能回歸人性而〔作為人〕客觀真實。無論世人怎樣看待自己，自己仍能默然努力，如此之人，其人格始真正、其作為亦必然客觀地真實，非求為自我。若非如此，人只會投眾好，或視道義為不實、甚至只隨波逐流或譁眾取寵求為聞望。人類存在是否真實，先以人其自我是否真實為根本。

因深明「不患人之不己知」之感受，故孔子更說：「患不知人也」。對人及對人心之明白，故亦多麼重要而基本。然人由自我或我執，往往非如此，自大至目中無人而已。【「知人」之道，亦二而已：省其私下（「退而省其私」）、及明白其心（「視其所以，觀其所由，察其所安」），二者見於〈為政〉】。

因孔子所重在人，故這裡從「知人」言。然「知人」一道理實可引申致「知」本身，如此，「患不知」所言，即人對事情之真實應有所知，由是而客觀，不應無知於真實而自我蒙蔽；雖不在乎一己，然仍重視一己所知是否真實。此亦「患不知」所含意思。不知人或因不知而無知，始終無以為真實、亦無以為道義。

有關〈學而〉道之總綱，我們討論至此。

公元二零二零年八月三日修訂

為政

論人與真實性

由於真實性問題至為重要，故在〈學而〉後，緊接以〈為政〉論述人與真實性（「正」）問題，借政必須真實起言而已。【見〈顏淵〉：「政者，正也」】。人類若非真實，一切將徒然。〈為政〉所教，故為真實性基本向度，分六主題：

一、存在向度之真實性：向度言人存在之基本方面，主要有四：作為上位者、作為百姓、人對向人、及人對向自身生命。〈為政〉所論，故為四者之正，其何以為真實。

二、「為事」之正：真實性往往與「事」有關。「為事」之道雖見於〈學而〉，然〈為政〉所強調為「為事」之真實性，特別從「事人」言。以孝為例，因「事父母」為人人必然、亦「事人」之本。【《論語》論孝有兩處，〈為政〉這裡從孝所需真實性言，而〈里仁〉則從孝之具體行作言】。

三、「知人」之真實：「知人」重要，【見〈學而〉：「不患人之不己知，患不知人也」】，故〈為政〉於「事人」後，即論「知人」之道。由是亦明「知」之必須真實。

四、人作為個體之真實性：這裡所言，非如君子或「人作為人」之道，只人人作為「個體自己」時所應有真實性，而此有四：心胸心懷、行為、對向真偽價值、及對向自身真偽四方面。四者構成人作為個體時之真實。

五、論存在中至真實者：於人類存在中，甚麼至為根本、至為真實？這是一切真理所求問題。儒學之回答有三：人性心、人民、及人倫三者，三者為真實性之本，亦中國思想所以獨特而真實。若如西方始終對人性否定，如是思想無法有真理定向。

六、「真理」行廢問題：而此有三：一、成就真實性之本在人類自身；二、道之行廢問題；三、人（現實）不行道義之原因。【〈為政〉最後兩組問題，實對等西方之真理論】。

有關「人與真實性」一問題，〈為政〉確然窮盡。若明白西方言真實性唯從人性外之「其他真理」言，中國思想將形獨特：非但以人（可以）為真實，甚至：唯獨人始為真理對象。此以人性、人民、及人倫為至真實之意思。唯如此，人始能正面地肯定人性，並由此對人類存在肯定。

〈為政〉之分組主題如下：

一、人存在向度之真實性（一至四句）

二、為事（事人）之正（五至八句）

三、知人（知）之真實（九與十句）

四、人作為個體之真實性（十一至十八句）

五、論至真實者：人性、人民、與人倫（十九至二十一句）

六、論真理之行廢（二十二至二十四句）

＊

從人言存在向度有四：作為上位者、作為百姓、人對向他人、及人對向自身。四者之真（正），為人真實性之本。

有關存在向度，中國與西方不同：中國唯以「人」其存在向度為真，西方則以天地萬物之存有向度為真，故言「天・地・神・人」或「神・自我・物」。西方如此存有向度，只從一切存有者角度言，不以人為真實。然若沒有以「人」為本，「天・地・神」再無意義，只虛構而已。這樣存有向度，反只掩蓋人之真實，無法使人自覺人應有真實性。類如「天・地・神・人」這樣向度非孔子不知，〈述而〉末故列孔子面對「神靈・物・世界・人」四終極存有之態度。一方面使我們見四者較其他存有維度更完整，【像「天・地・神・人」這樣維度明顯非系統性，而「神・人・物」因沒有區別「世界」與「物」非同一事，故顯得任意，《論語》「神靈・物・世界・人」始完整而必然】，但另一方面，《論語》非視四者為實在物，只視為人所對向而已，非必為真理。存在真理唯在人類自身，非在其他存有上。

而作為存在向度，人之真實性非必與狹義德行有關。故如百姓之「思無邪」只一種心態、個體對向自身生命只為欲望之正，嚴格言都非德行。因從「正」（真實性）言，道理故非只道德，而德行亦只與行為有關而已。

人此四種存在向度，反顯以下四者之終極真實性：一、德行（行之真實）；二、無邪心思；三、人與人之齊平；四、人自己之「心」（對反自我欲望之「心」）。以上真理維度，都收納於四句中。能對人類存在維度如此深刻明白，可見編者對真實性（真理）問題之透徹。

一、子曰：為政以德。譬如北辰，居其所而眾星共之。

〔人存在向度之真實有四。一：上位者之真實〕

「為政以德」四字決斷，「政」與「德」本相反，一指權力、政令、制度，另一指德行與自覺性，為人所以為人之崇高。【見下「道之以政」與「道之以德」之對反】。對為政之「以德」言「譬如北辰，居其所而眾星共之」，所喻有三：一、真正作為，應如北辰之靜止，非刻求自我〔作為〕。上位者故不應從權力、而應從德行行，如舜「恭己正南面」、「無為而治」〈衛靈公〉，但求事情真實〔治〕、無我而順承人性〔恭己〕、對向百姓而正〔正南面〕，此北辰之「無為而治」。一如真實百姓應淳樸，上位者其真實亦應安靜無造作，此始人類及存在之美，絲毫自我意識，如我們今日自我意識高漲、存在價值唯在自我，非其他，如是人類存在與時代，實只虛無而已、只以自我〔自由〕為價值而已，非上位者或人民應有真實。「譬如北辰，居其所」寓意故深遠。二、北辰所示為方向〔之正〕。人多以「上」代表權力，然「上」唯應指示方向，從「正己」「正身」示人以「正」，始如北辰之引領。百姓由見正、由知方向而行，承輔者亦然，此「眾星共之」意思。法律統治相反：但求人民依法而已，非由覺知正道而行，如是治理只禁限。「正」與「法」之差異，唯以對象是否為人性而已；人性由立言、法唯從禁言，故如牧人與羊羣，兩者無人性之共通。三、所以為光明〔北辰與眾星〕與「共之」，言治理所求，為人人之主動自主，由明白而自立，此「共之」之意，亦領導之真實。若只言禁限，實言自己之未能引領而已。由德行而導，使人上下一心，非但求力量處處對立，此「以德」與「以政」之根本差異。以德為政故是心之領導，非刑罰對身體之壓迫。政令之意義只為保障私有而已，非對人性啟導。然對人，唯德行始能覺醒。若非視為相互提升、共同主動自主，治理無能光明、無能有所方向，此所以言「共之」：但求為人人之事、求為人人自覺而行而已。

上位者之正、其「以德」，故為無為、以自身示方向之正、及視人人為主動自主與共者三點。此「為政以德」意思。【有關為政，見下〈子路〉篇】。

二、子曰：《詩》三百，一言以蔽之，曰：思無邪。

〔人存在向度之真實有四。二：百姓之真實〕

若上位者之真在「以德」，百姓之真則在「思無邪」。之所以單從心思言，因百姓沒有上位者權力或主導性，故如「父在觀其志」〈學而〉，其真實唯從心思、非從作為言。言「思無邪」為百姓心之真實表示：百姓若非淳樸而處處有所邪曲表現，實都由上或社會風氣造成，非人民或人性心本然。故「上失其道，民散久矣」〈子張〉。百姓心思若非淳樸而似有所外在狡詐，都只由社會及居上者心況造成而已，非百姓自己。孔子所以舉《詩》為例，因《詩》所反映，實百姓心思之真實。《詩》作為古代經典，所示亦百姓心思之正、人其人性真實。【「思無邪」雖見於〈魯頌・駉〉，然孔子明白針對《詩》三百言，其意故不宜受限於〈駉〉詩意思】。所謂「無邪」，非無所怨歎。【對無道上位者，人民無以不怨】。「無邪」唯指百姓自身作為百姓之思或心，本無所邪曲偏僻。若有所自我、貪婪、狡詐、欺騙、嫉妒、敵意、投機、作亂、暴戾等意圖，如是邪僻心況，亦多由於上位者現實造成而已。百姓之真實，唯在踏實、真實地活、不圖虛妄享逸上；如此百姓，始淳樸而真實。「無邪」與「淳樸」實一致，言不因現實利益或欲望而邪惡。用「無邪」而不用「淳樸」，因「淳樸」較是存在狀態，「無邪」更是人心況，然二者基本同一。人民之美善，故非在其聰明才智、其宗教虔敬、其守法與追求正義權益等方面。由《詩》中百姓所見，唯「無邪」之心而已。事實上，《詩》於人類歷史，唯一地反映不同階層人民之美善：〈風〉言百姓、〈小雅〉言士、〈大雅〉與〈頌〉言諸侯、君王、先祖與先王。對人民之教導，除上行下效外，故亦可取百姓自身之美善者教導其不善者。此舉《詩》之原因，亦「興於《詩》」〈泰伯〉意思。句所言，故為百姓心況向度「無邪」之真實與美麗。「以德」若為上位者之主動，「思無邪」則為百姓心之本然，二者為人上下向度、及為「行」與「心」之真實。「心」（心思）其本然懿美、百姓其真實，故在此：無邪而已。由是可見：無論百姓抑上位者，都應安靜無妄：或由「居其所」、或由「思無邪」，此居上居下之美。

孔子鮮以一言總結一切，唯二處：〈為政〉「一言以蔽之」及〈里仁〉「一以貫之」（忠恕）。【亦參考〈衛靈公〉：「子貢問曰：有一言而可以終身行之者乎？子曰：其恕乎。己所不欲，勿施於人」】。「一以貫之」從行為作為之基本、而「思無邪」則從心之基本真實言，二者非至高真實。若為至高，則一在「以德」、另一在「志於道」〈述而〉之志。無邪之心只基本本然而已。「忠恕」與「無邪」，故一從身、一從心言人人應有真實。人心之真實故非從外在真理之追尋見，從人自己心之「無邪」見而已，後者較前者更為真實、更為重要。

百姓之美善，如是由兩原因成就：一由上位者德行、另一由《詩》人性美善興發：「興於《詩》」〈泰伯〉。縱使百姓，故仍應「行有餘力則以學文」〈學而〉。此亦孔子之教為「文、行、忠、信」之原因。【「子以四教：文、行、忠、信」〈述而〉。亦參考：「《詩》、《書》、執禮，皆雅言也」〈述而〉】。

三、子曰：道之以政，齊之以刑，民免而無恥。道之以德，齊之以禮，有恥且格。

〔人存在向度之真實有四。三：對向他人之真實〕

除上位與百姓外，亦有人對向人、及人對向自身這兩種存在向度。本句言前者。

人對向人基本有二：或上下、或平對關係。句中「導之」「齊之」分別言此。若「道之以政」「道之以德」為上對下，那「民免而無恥」「有恥且格」則明白言下對上（反應）。無論上下抑平對，人必然在「面對面」這樣向度中存活。人對人之影響、社會對人之改變，由是而生。在人性外，決定人者，故為「面對面」。

若歸納現實中人與人對向，主要亦三：一、上對下以權力力量；二、下對上或屈從或諂媚，屈從時無恥而怨懟，諂媚時心已敗壞；三、縱使本齊平（平對關係），仍求為超越而居上、或敵對對立。「對立性」與「超越性」如是均人與人對向基本，無論齊平抑上下均然。現實如此人與人對向，所闕如正是對向之人性，後者其體現因而亦有三：一、上對下以德；二、下對上心服而敬；三、齊平時，人與人以禮對待。三者實對向中之人性、人與人對向之真實。

然無論平對抑上下，更根本地，人與人均以齊平意識（齊平之心）為先。此《論語》所以以「道之以政，齊之以刑，民免而無恥。道之以德，齊之以禮，有恥且格」指點出這一切關係之原因，因正由於齊平意識，故始有「民免而無恥」這樣態度。讓我們先從齊平意識言起。

在人性之本然外，人更有視對方為齊等這樣意識，均是人而已。【《孟子．滕文公上》：「彼丈夫也，我丈夫也，吾何畏彼哉？（⋯）舜何人也，予何人也，有為者亦若是」均齊平意識之表述】。正因人性本然，故齊平意識自然要求對方以人性方式對待，自身亦視乎此而反應：對方人性，自己亦人性；對方不人性，自己將報以不人性；所見故為齊平之要求，縱使對方為上位者仍然。故若上位者「以德」而人性，人民將「有恥且格」，若只「道之以政，齊之以刑」地非由於人性，人民縱使「免」仍「無恥」。上下關係因而實仍有着齊平意識在，如此基礎更有着人性作為依據。人若非超然獨立，存在中齊平關係、人對齊平之要求或意識，將為人與人間影響力之產生：齊平性只如反響般、使人對不善者報以不善，如人民對上位者政刑報以「免而無恥」那樣。此人(民)善與不善往往所由，由外或更由上引致而已。

然從恥或無恥所反映，在齊平要求外，實有着人性「心」之本然存在。齊平性於人故非僅反應，更是一種心之意識感受；如「民免而無恥」及「有恥且格」所言善惡對錯意識，實是由此而言。善惡對錯意識故順承齊平意識而起，亦人性須從人與人關係言之原因：於齊平中所要求，首先是對方之人性與善故。「人或人性應為善」故為齊平意識之根本要求，人均喜好善而惡不善故。在相反情況時、如在不得已之刑罰下，人性齊平性故反使身心對反：身雖不為然心無恥；換言之，非由於心悅誠服、非由心真實地喜愛；身心唯在禮或人性對待前始一致。恥與無恥故是心對善惡覺識之差異：「無恥」因他人為惡、「恥」因自身不善。由恥與無恥，故仍見人性為本。「道之以政」與「道之以德」其後果故嚴重，亦治理不能無視人性之原因。縱使為對向，人仍是以心為先在真實，人民百姓之對向更是。「道之以政，齊之以刑」最大害故由使人再無本心、再無善惡對錯，只知順承制度與利害而偽。【「無恥」故同是說：人民已無是非對錯，一切只依據利害而已】。相反，「道之以德，齊之以禮」所以為人與人真實，因居上者之德使齊平由禮而人性，人相互和睦、敬重及愛護，非以財物之公平平等為先。為政故非對人民要求以責任承擔、以人先為獨立自由意志，而更先應考慮其齊平意識與人性。《論語》「導」與「齊」故總言人與人間關係：其上下或相互超越、及，人與人齊平之根本性。「人對向人」這一存在向度、其是否真實，全繫於二者。【由是可見，縱使為上下，齊平始終為根本。人類一切，故須立於此：或以德、或以禮而已】。

上位者因對人有所超越，其對向他人之正，也唯「以德」而已，再無其他可能。若以「政」，實只一種權力箝制、只行為之守與犯，非在乎人之齊平意識及人性真實。「人與人之面對」故唯從人性真實言而已，是不能只求為功利目的之達成，如只為國家治理那樣。縱使「民免」，其背後仍可「無恥」，非「有恥且格」地人性。真實治理故應以人民之作為人，非只求為國家而已。此居上或人超越他人時唯一正道所在。

至於人與人一般對向，仍須人性地以禮而行。人非物，仍須從人作為人時之關係與人性感受言。人性或從性向感受【見〈陽貨〉之「性相近」】、或從人與人關係之齊平言。若只求為利益之公平平等，始終只「齊之以刑」而已。刑罰之齊等固然是一種平等，然始終無以為人性。人不能只言平等而已，齊平意識所要求，更是人性禮之真實。平等於人故始終仍外在，唯禮始在乎人性之齊平感受、始在乎人之為人之真實。「人對向人」如此存在向度之真實，由此。【平權之爭仍只權利、只〔社會〕地位之爭而已，非人面對面、非與人性禮之實有關】。

四、子曰：吾十有五而志于學。三十而立。四十而不惑。五十而知天命。六十而耳順。七十而從心所欲，不踰矩。

〔人存在向度之真實有四。四：人對向自身〔生命〕之真實〕

存在除對向他人，亦有對向自己。句故藉孔子言人對向自身時之真實。人之「自己」，單純從面對自身生命而來；面對他人，多只「自我」而已，唯生命始純是自己事。【有關「自我」，請參閱〈子罕〉篇】。而此，主要從自己生命心志與努力言，亦句從「吾十有五而志于學」至「七十而從心所欲」原因。從「從心所欲」可見，生命實有兩面：「心」與「欲」。縱使孔子，仍只於生命終結時始能「心」與「欲」一致。而這是說，心始為生命之正、欲非是。對向自身而正，故應從心一面言。

生命於人必有所階段，人多以為三分：少年、中壯年、老年。【《易・屯》卦甚至對此作五分：生命初生、生命初長（青春之年）、青壯年、盛年、及終老年。初生時磐桓無所進展；青春之年方向不定，男女有愛慕之欲；青壯年欲求多方面，《易》以「即鹿」形容；成年則以成家為主（「求婚媾」），對積累甚至富有有所求索（「屯其膏」）；晚年因老、病、死故而「泣血漣如」】。像這樣人生，明顯以工作及所欲為重心；晚年因必倒退、而中年亦有命運在，故無以為生命真實。欲望確實為每人生命背後動力，孔子便曾說：「少之時，血氣未定，戒之在色；及其壯也，血氣方剛，戒之在鬬；及其老也，血氣既衰，戒之在得」〈季氏〉。從欲望言，生命之少、壯、老對應色欲、爭鬥、與所得，三者為欲望之總歸納。以欲望為重心，生命只能被動，故言「血氣」之未定、方剛、既衰等身體使人被動狀態；欲望由此迫不得已，故無以言真實。如是，生命真實應從何言？

孔子之回答是，生命真實應依據「心」其所有可能，而此有六階段，均為生命應有主動性、為人對向自身時之真實，與欲望被動性相反：「志于學」、「立」、「不惑」、「知天命」、「耳順」、「從心所欲不踰矩」。此六階段，為心之階段。心雖自己，然仍須面對自身欲望，而此從不順隨欲望而言真實。心之六階段由心三方面構成：「志于學」與「立」屬「志」；「不惑」與「知天命」

屬「知」；而「耳順」與「從心所欲」屬「感受」。少時須意志，壯時須明了，老時多感受。【或：志純然自主，知有待外在對象，而感受更需認知以深刻，此三者先後】。生命之真實，故與三者之真實性有關。

十五為由孩提至成人之時。青春因無定向【「血氣未定」〈季氏〉】，似有無限可能。從欲望言，若非好色，則多為求玩樂；只好刺激新奇、只知外表與怪誕，甚至由自大而鮮有立志之心，更遑論志於學。若從這樣生命階段言，其真實無疑在「志于學」而已，再無其他。由學，心始回收於內，成就生命未來真實。心此階段之真實故為志，特別在「志于學」。所以從「志」言，因真實之學唯在學為人而已。這樣之「學」故須從「志」言，否則只一般求為外在所得之知識，與「立己」無關。生命首先真實，故與好學之志有關。

三十時，生命已涉他人，亦因家室及經濟故求為生活與工作之自立。然真正之立應從道義言，特別在生命對向現實時；故唯由「立己」或「立於禮」、【「立己」見「己欲立而立人，己欲達而達人」〈雍也〉、「立於禮」見〈泰伯〉：「立於禮」及〈陽貨〉：「不學禮，無以立」】、生命由能「人不知而不慍」〈學而〉地人格獨立，否則無以言真實。「立」故仍為志之事，為「志於道」〈述而〉時生命之真實，非經濟獨立而已。能因「立」而不隨波逐流，並知為人而真實，如此始生命「立」之真實，亦「三十而立」意思。此人對向自身生命時第二階段。

年四十可事業有成而生命見穩定，最低限度於人世涉獵較多，所知識更可促成所欲。又因正值壯年，故對自身好惡多有求實現之心。如此生命階段，故與欲望及現實性有關。這一切，均可造成「惑」。「惑」是從人於現實及於欲望前言。【見「子張問崇德、辨惑。子曰：主忠信，徙義，崇德也。愛之欲其生，惡之欲其死。既欲其生，又欲其死，是惑也。誠不以富，亦祇以異」、「樊遲從遊於舞雩之下。曰：敢問崇德、脩慝、辨惑。子曰：善哉問。先事後得，非崇德與？攻其惡，無攻人之惡，非脩慝與？一朝之忿，忘其身以及其親，非惑與？」〈顏淵〉】。「知者不惑」〈子罕〉亦唯從欲望之現實性解。【見下〈顏淵〉篇解釋。亦參考〈憲問〉同句】。能「不惑」而「知」（智）、相對自身現實欲望或現實性而不惑，如此為此時生命之真實：生命由對現實明了而得以獨立於自身欲望。壯年生命之真實，故在其智：對向自身現實性而言之智；故不惑於自身好惡與現實性，此生命於四十而有之真實，否則也只「年四十而見惡焉，其終也已」〈陽貨〉。「不惑」之真實，故是生命擺脫現實侷限時、視野與心懷更進一步昇進，由是在個人主觀性外，能繼而「知天命」。

在擺脫現實之惑而智、及在生命經歷相當歲月後，人一生所曾作努力，應顯著而明白：生命能為者已為、生命不能成就者亦一目了然。然生命真實之知，非唯在自身成就，更應在其對人類之客觀意義，換言之，其從「道」言之意義與真實。所謂「知天命」，既知天客觀之道、亦知一己生命（於此）所致力真實，故在自身成就（命）外（對自身成就之知外），更有對「天命」之知：對人類存在應有真實之知。唯如此，人始知自己生命成就之究竟。【由是，故亦知「天」對自身性命之安排】。人若終結一生而無知人類生命、無知自己生命之客觀意義與真實，換言之，無知於客觀真實本身，只知自身所得獲，如此生命只徒然而已。「五十而知天命」故言生命近於終結時對自己及人類生命之徹底明白、對存在應有真實（道）之知，換言之，在知現實後繼而對天命之知。五十其生命真實在此。

至六十，生命已近終結，心再非從志或知言，其真實唯在感受。「順」一詞於《論語》唯見於二處：一即「耳順」、另一即「名不正則言不順」〈子路〉。言所以能順，因依循道及事情整體總覽之正而行（如此「順」從「作為」言）；然耳所以能順，因歷久對道之思與學後、特別對一己天命及世人現實有所透徹後，如是對道之通達通透（「聞道」〈里仁〉），如「洋洋乎盈耳哉」〈泰伯〉般，無所滯礙而自得於心。一如「加我數年，五十以學，亦可以無大過矣」〈述而〉，能對道明白至無所過失，如此對道之依循即近，實心於道之一種歡快，無外亦無礙地對道深明之喜悅，如是自己般那樣。人晚年一般所求，唯對外來存在感受順而無逆之順境；然生命更真實之感受非應在處境之順，更在心對道致力所有之順。對道之聞故同如「聞〈韶〉」〈述而〉，其樂至如「三月不知肉味」地步，為心至大自得之樂，其為生命感受之致在此。對道之「耳順」故既言通達、亦言樂。如是心對外來之接受，亦必能因無固、無執、無我而能寬廣，包容一切，致如平常、自然地步。因一切能客觀真實地接受、絲毫再無自我，故生命灑脫而自在、平和而坦然，如孔子之「恭而安」〈述而〉。從對道理通透通達如此，人於此晚年，始得其真正獨立快樂，如「聞樂」而樂那樣。以「順」言，故既指對道理思學所得而順，亦指心由悅樂而順，此為從個己言之「成於樂」〈泰伯〉。人唯得其快樂，始生命最終有成；顏淵之樂如是、孔子「樂以忘憂」〈述而〉亦如是，其樂均由心之光明而致故（「皦如也。繹如也，以成」〈八佾〉）。

自十五心始其誠而志於學，之後心於人世志於人格真實與禮之立，其對現實明了致不惑於自身現實欲望與愛惡，至五十而明白天所賦人（自己與人類）之生命，由此而心對道知見無滯礙而廣遠，致能承受而無所對逆，如此生命及心懷之真實與終樂，是人其生命之懿美；人如是由欲望回歸於心之淳一，故於七十能「從心所欲不踰矩」。非心隨欲如得償所願，相反，是欲純然隨心而不踰矩。心唯在道而已、在對美善之祈盼而已。此時自己，由無我而不踰，為人生命可有最高真實。事必有矩，矩故非言限制，唯人能致與道一心一體、心無踰越事物之客觀而欲望，如是始有「不踰矩」之可能。若「耳順」對道之明白無礙，七十則為心所欲作為之無礙，二者之無礙使生命感受淳一。心生命如是努力，成就人生命最終美與真實。生命至七十而止，非七十後再無其誠可能，唯致力於道之生命非無窮無止，人生命之誠亦莫過於此而已。

從一般言，生命歷程因衰老而多負面，唯孔子始見其正。若只從欲而不知從心而觀，生命必因歲月而衰老，是無以見其由歲月而宏大懿美者。孔子「思」與「生命」之更高真實，於此可見其一。

以上四句，總言人存在向度之真實性：作為上位者、作為人民百姓、在面對人之間、及在面對自己生命中。這些向度，涵攝行作（德行）、心思（無邪而正）、人與人（人性與禮）、及人自身生命（心而非欲）之真實。從「導」「齊」之事至「矩」之事；從人民之心至個體之心；從德行之無為至有恥且格之不為……，人存在向度之真實性，盡於此。

*

在存在向度後，即「為事」之真實性問題，「事」與人最有關。【「為事」之道已見於〈學而〉、〈為政〉所論，只其真實性方面】。「事」從「事人」言，一由於「事人」確「為事」之實，二由於「事人」（侍人）

最易見虛假，人多自我故。舉孝（奉養）為例，因「事父母」於人人必然。〈里仁〉（句十八至二十一）所論為「事父母」之具體行作，〈為政〉則純從真偽言。而此有四：一、事之真實性以「義」與「禮」為基本；二、人有心，侍人故須「解憂」；三、雖已竭力，然仍須有「敬」（敬事）；四、事中相處，不能「難色」。一為事之客觀、二為心之主觀、三為對事態度、四為對人態度。為事非唯事而已，更有真實性問題。

五、孟懿子問孝。子曰：無違。樊遲御。子告之曰：孟孫問孝於我。我對曰：無違。樊遲曰：何謂也？子曰：生事之以禮。死葬之以禮，祭之以禮。

〔為事或事人之真實有四。一：事之客觀面：義與禮〕

存在之道有「義」與「禮」兩面，【見〈學而〉十二至十五句】，事之道故亦以「義」與「禮」為客觀。義涉「物」（事情）之必需、禮涉（事中）「人」（人性）之必須。無論從所事之人、抑從社會整體，義與禮均為事必然、甚至其客觀基本。正因如此，孔子故以「無違」回答。「無違」非言無違父母或國家法令，無違於「義與禮」而已。「生事之」「死葬之」「祭之」三者屬事「義」一面，喻存活事之全部，而於三者重複言「以禮」，明見「禮」於事之必須。事或事人故須全面地盡「義與禮」，一因事情有其物事需要之必然，另一因與人有關故始終須人性地進行。【有關禮，請參閱〈八佾〉篇】。「無違」所言，故為「義」與「禮」兩總原則：無違於事情必須、及無違於人性必須（敬和態度與情感）。句特對樊遲言，因樊遲為弟子中最不以事人為務者，或於勉強事人時，最不知以禮行。【見「樊遲問知。子曰：務民之義」〈雍也〉、「樊遲問仁。子曰：愛人。問知。子曰：知人」〈顏淵〉、「小人哉樊須也。上好禮則民莫敢不敬，上好義則民莫敢不服，（…）焉用稼」、「樊遲問仁。子曰：居處恭，執事敬，與人忠。雖之夷狄，不可棄也」〈子路〉】。

六、孟武伯問孝。子曰：父母唯其疾之憂。

〔為事或事人之真實有四。二：事之主觀面：心〕

事人除「義與禮」之客觀必須外，亦有主觀一面，如於孝（事父母）須對父母心解憂。心於「事」雖似主觀，然於人類仍然根本。故使人心安，亦為事之必須與真實。所以從「父母唯其疾之憂」

言，已喻憂懼若非如「疾」般外來突發、無可防範，否則早已為子者所謹慎，不致使父母憂慮。此為事者對人主觀面盡力時之真實：對人心之顧慮或顧及，如對憂慮心況之安慰。

七、子游問孝。子曰：今之孝者，是謂能養。至於犬馬，皆能有養，不敬，何以別乎。

〔為事或事人之真實有四。三：對事態度：敬〕

事除客觀與主觀面外，亦有大小。因有大小，故涉態度：或對事不敬、或對人難色。如孝以為已盡「養」，故多不敬。所以與犬馬之養相較，明見「養」敬與否之可能，非因盡養而必敬。人多以「養」為孝，然因受養者有所依賴故多無敬。舉犬馬之養為例，為見同一事仍有大小，故須敬以別。事非必如臣事君，亦可居上而事下，其是否真實，仍須從「敬」言。故「道千乘之國」〈學而〉者，唯由「敬事而信」。此「為事」能真實之原因。若養而不敬，只施捨而已。

八、子夏問孝。子曰：色難。有事弟子服其勞，有酒食先生饌，曾是以為孝乎？

〔為事或事人之真實有四。四：對人態度：色〕

事除敬事外，亦有對人態度（色）一面。一如事有大小，事亦有如養與勞持久與短暫一面。若養須敬事，勞亦不能有難色。縱使弟子已「服其勞」，甚至更有「有酒食先生饌」「侍」之舉，然始終仍可因「難色」而偽。事雖一時短暫，仍有心之真實見於色與態度。若勞而有難色，亦怨與不滿而已。對師言孝，取其侍側與扶助之義。「孝」故非唯養，更有侍之可能；非唯父母，亦可從師言。

為事始終非只事而已，更須有其真實：既為義亦為禮、既對事亦對心、既敬事亦怡悅。雖只事，其真實仍須從事至人、從人至一己言。

*

若「事」須真實，「知」（知識）亦然。有關「知」，〈為政〉雖從「知人」言【「患不知人也」〈學而〉】，然實可引申至一切認知。「知人」其道有二：一從其私下、另一從其心志手段等，二者均在表面外、見人自身所是。【若為一般認知，前者對等事物之本質與分析，後者則對等事情內裡來龍去脈或前因後果之認知、一種對對象之總覽。前者在表面外而精確，後者則為明白之通達透徹】。

九、子曰：吾與回言終日，不違如愚。退而省其私，亦足以發。回也不愚。

〔知人（知）之真實有二。一：觀其私下〕

人多從人與己關係、從表面好惡、甚或從自己主觀認定定奪他人，非真切對人明白。顏淵跟隨孔子，對孔子所教絲毫無違逆之意。本來人都喜好順從自己者，然孔子仍「退而省其私」，從其私下時觀見並反省，非只從與己關係表面定論。《論語》借此言對人真實之明白，不應在於一時、或其非能完全自己者。故孔子「退而省其私」，由此而明白：顏淵之不違，非因愚或奉承，而確實如此。「知人」之道，故應從人自身內裡（私下時）觀，否則多只表面而不是。

十、子曰：視其所以，觀其所由，察其所安。人焉廋哉，人焉廋哉。

〔知人(知)之真實有二。二：觀其心志與手段〕

除私自外，觀人更須從其心志與所用手段觀。人多以事判人，非從人衡量其事；然事情往往非如表面所見，其發生亦難盡知其實，對人判斷故多有誤。知人故不應單從其事、甚至不應止於事之前因後果；人始終較事為本、應為明白之首先依據。知人故應從其人自身明白，特別觀其心意與所用方法手段等，此始從人心知人之真實，非從事之表面而已。

「視其所以」、「觀其所由」、「察其所安」三者即方法手段(所以)、其原因與理由(所由)、及其欲達至何程度(所安)。當下直接為「視」，非當下直接始言「觀」與「察」。事由「視」，始往溯其原因(觀)、及其心所求目的(察)。三者所反映，為人自己，非只事而已。事雖對當，仍可有手段之非；縱使發生時多麼不善，仍有本心善之可能。事故未必與人一致，仍須於事情外見人之「所以」、「所由」、與「所安」。能如此，始「人焉廋哉，人焉廋哉」。【「廋」通「搜」，解藏匿。《毛傳》說：「搜，眾意也」，言能如是觀人，又何需隨眾意妄下判斷】。

孟子說：「存乎人者，莫良於眸子，眸子不能掩其惡。胸中正，則眸子瞭焉。胸中不正，則眸子眊焉。聽其言也，觀其眸子，人焉廋哉」〈離婁上〉。孟子由重視人平素修養氣質，故直從眸觀人，眸所顯為心。然如是觀人始終只大略，非能具體。觀人故仍須如孔子，由人私下及其心志手段等明白。孔子喜好問人之志，亦求為知其心而已。

*

本組論個體真實性問題。個體真實性不同於如「君子」真實性等問題。君子或作為人之真實性，是從如「食無求飽，居無求安。敏於事而慎於言，就有道而正焉」〈學而〉等品格言。【有關君子，見〈里仁〉下半部】。〈為政〉這裡所論，非「作為人」，而是個體對向自身（作為個體）真實性時之反省與態度，因直與每人作為個體有關，故為一切個體所首先。問題因而在「個體之真實性」、在人對向「真實性」，非在「作為人」。個體其是否真實，有以下四方面：一、心胸心懷；二、行為作為；三、對真偽之態度；四、對自身真偽之態度。四者與人對「自身與真實性」之自覺有關。如是亦顯「真實性」問題重要：縱使非從道或人性德行言，人作為個體始終必須真實，此即個體真實性問題。【句若有從君子言，只借其真實性言而已】。

十一、子曰：溫故而知新，可以為師矣。

〔論個體之真實有八。一：心胸心懷之真實一〕

本句意思表面清楚，細想不然。問題出在「可以為師矣」一語。為師一般應從知識之博覽言；縱使孔子對「多識」「多能」未為肯定，【見「子曰：賜也，女以予為多學而識之者與？對曰：然。非與？曰：非也。予一以貫之」〈衛靈公〉、「大宰問於子貢曰：夫子聖者與？何其多能也？子貢曰：固天縱之將聖，又多能也。子聞之，曰：大宰知我乎？吾少也賤，故多能鄙事。君子多乎哉？不多也」、「吾有知乎哉？無知也」〈子罕〉】，然始終，人確以孔子為博學：「大哉孔子，博學而無所成名」〈子罕〉、「君子博學於文，約之以禮，亦可以弗畔矣夫」〈雍也〉。孔子自己亦沒有完全排斥「多聞」「多見」「多識」，故說：「蓋有不知而作之者，我無是也。多聞擇其善者而從之。多見而識之，知之次也」〈述而〉、「友多聞，益矣」〈季氏〉、「多識於鳥獸草木之名」〈陽貨〉。事實上，如「專」、「博學」、「多識」等，明為《論語》常提及，如是何以「為師」非從此，而從「溫故而知新」言？【此實《論語》本意，因「為師」一語於《論語》僅只一次，其道理故應實說、非虛說】。之所以如此，因博學多識而專固然為「為師」之條件，然對孔子言，就算人如此，仍不能算作真正之「師」。「溫故而知新，可以為師矣」正針對此而發。

真正「為師」之道何在？怎樣特質使人「可以為師」？「師」不能單從博學言，因教學所涉為另一對象、為一師徒關係。無論教者抑學者，都須有對對方之靈活與變通性，由此始能緊貼對方而引領或跟隨。換言之，在知識多少外，心胸對對方之包容力或涵攝力，始真正「師徒」特質。顏淵便對孔子之「為師」如下形容：「仰之彌高，鑽之彌堅。瞻之在前，忽焉在後。夫子循循然善誘人。博我以文，約我以禮。欲罷不能，既竭吾才。如有所立卓爾，雖欲從之，末由也已」〈子罕〉。顏淵之形容：「仰之彌高」、「鑽之彌堅」、「瞻之在前」、「忽焉在後」、「循循然善誘人」、「博我以文」、「約我以禮」，都明見孔子為師之靈活性，是這樣特質為「為師」真正所在，非僅學問。同樣，當《論語》記：「子曰：三人行必有我師焉。擇其善者而從之，其不善者而改之」〈述而〉及「衛公孫朝問於子貢曰：仲尼焉學？子貢曰：文武之道，未墜於地，在人。賢者識其大者，不賢者識其小者，莫不有文武之道焉。夫子焉不學，而亦何常師之有？」〈子張〉時，都反映出孔子作為學者之彈性與靈活性，因而始能緊貼對方引導與跟隨。是這樣特質使人成為真正之「師」「徒」，「為師」之道故應從此言。

《論語》編者以「為師」這樣特質，說明個體應有真實性，個體畢竟首先亦在學而已。「溫故而知新」所言真實，正是能涵攝或同時包容「故」與「新」而不自我地排斥時、人心胸之闊大。

由是其學識始為真正學問，非只一味求「專」而已。如此心胸之相反故為心之狹吝。【《易》故以「吝」為人類錯誤之根本原因：一切錯誤與虛假，由心胸狹吝而起】。由「為師」真實所顯，個體之真實故亦首先應如此：在心胸是否闊大而已。狹隘使人觀見限定、亦對自身所是執着，故多所偏狹偏見，未能客觀地見人與物或價值之究竟。狹隘亦使人無能客觀而全面，如在學問上，只主觀地喜好一者而貶抑另一者，如喜好自己時代而貶抑似較落後之古代，都非由於深入明白始有之論斷。「為師」故非唯在學問所知，更在心胸心懷之真實上。「溫故而知新」故非只學習問題，文句所強調，更是「而」字之涵攝性，其能「故」、亦能「新」，既不受時代環境價值所限、亦非只知趨慕時代潮流，如此心懷與見識，始能為（「可以為」）「為師」之真實。若從學問言，如此廣闊心懷，故有學問之歷史向度：既知一切來龍去脈、亦達通透明白地步，從故而知今、從今而明古，如此明白，始「為師」真實之明，亦人作為個體時心胸心懷所以真實之根本原因。〈為政〉緊接於此故更言「君子不器」及「君子周而不比」等有關道理，可見人其真實性多麼與此心懷闊大不狹不吝首先有關。

人可能質疑，何以個體真實性應從師言？若明白師實與所知或聞見有關，人越是有所認知，其自我之是非心越強，越是自視。孟子故特指出「好為人師」〈離婁上〉一現象，並稱之為「人之患」。事實確如此。「師」因而非必實言，更可是人個體求為自身代表真實時（真實之發言人）之表現，而此正是其自我自視時狹隘所在。《論語》「可以為」三字，故非必指師之實、其博學，而是指認其真實性之本、其心胸包涵而闊大如此條件，亦人或為師者多所未能，其為真實性故較學問更為根本、更為困難。言「溫故而知新」，只為指點出此而已。如是可明白，除為師之道外，句意更在其所以真實之特點，亦一切個體能真實之首先原因，由學問見識人易心胸狹隘故。由是「可以為」三字始得其充足意義，亦句借師言之原因。【孔子句故可視為孟子句之回答】。

十二、子曰：君子不器。

〔論個體之真實有八。二：心胸心懷之真實二〕

除心胸包涵而闊大外，真實之人亦不應為實用價值（因而現實性）所受限。縱使為仕，孔子所重視唯人之人文素養，非其物事能力。「成人」故只從「文之以禮樂」〈憲問〉、而「君子」則從「文質彬彬」〈雍也〉言。對「樊遲請學稼」「請學為圃」，孔子之回答故是：「吾不如老農」、「吾不如老圃」〈子路〉。「器」一如「工欲善其事，必先利其器」〈衛靈公〉，指事物之特殊功能作用，非作為人時人性普泛之素質。縱使子貢善言語〈先進〉，孔子仍唯視為「瑚璉」之器〈公冶長〉，致使子貢對「文」特殊重視。【見「子貢曰：夫子之文章，可得而聞也。夫子之言性與天道，不可得而聞也」、「子貢問曰：孔文子何以謂之文也？」〈公冶長〉、「棘子成曰：君子質而已矣，何以文為？子貢曰：惜乎，夫子之說君子也，駟不及舌。文猶質也，質猶文也。虎豹之鞟，猶犬羊之鞟」〈顏淵〉】。「君子不器」故是說：真實之人不應受限於物事或物事價值，不會只知依從現實功利、追慕如科技技術等效率與工具實用性，甚至把生命只用於事物研究與開發，而不知人、人性及人文之重要。事實上，「器」作為實用價值，往往為現實性之本。使用性非必實用性，使用性單純從人需要與使用言，然實用性則更從物功能優劣之比較言，故有對物利益之求索，為現實及現實心形成之因素。然人始終應為人、非為物。並非說人於物不應實用，而是，實用性不應過於追求，如以為唯一甚至根本價值，並因而用於人類自身上，定奪一切。「君子不器」故言真實之人不以追尋物器價值為自身生命，生命始終在作為人之立與人性道義之致力上，非受限於物事價值。此人（人類）作為個體時心態應有真實。

「溫故而知新」及「君子不器」故一言人心自身之自限、另一言人心受現實及物性價值之限制。無論是心自偏之主觀性、抑對現實價值之執着，均使人心胸限制或狹窄，亦個體心懷未能真實之原因。

十三、子貢問君子。子曰：先行其言，而後從之。

〔論個體之真實有八。三：行為作為之真實一〕

在心懷胸襟真實性後，即行為作為之真實性：「心」與「行」明為個體之兩面故。本來，若問君子之真實性應從「就有道而正」〈學而〉等回答，孔子之「先行其言，而後從之」，故只就人人個體言，與「作為人」之道理無關，故單就「言行」言。本來，若是「言行」之真實性，應從「君子恥其言而過其行」〈憲問〉、「言必信，行必果」〈子路〉等言，今特言「先行其言」，究有何義？何以行之真實性非從言行一致，而從「先行其言」言？言行一致者因無所欺騙確已為真實。然孔子所求非僅如此，更是「先行」、「其言而後從之」。「言行一致」其真實性因明顯，故可只由於社會一般習慣，如人人知「言而有信」那樣，未必為自身對自身真實性之反省與自覺、未必由自覺反省而致。「先行其言，而後從之」不同：一能先行而後言之之人，實已對真實性及自身真實性更有先在反省，始在「言」之前，先「行」。這樣先後所顯故為人對自身行為其真實性之要求，故非只社會一般習慣而已。由是顯示，其人已對自身真實性十分在乎，其真實性故非只社會一般。《論語》故借此言人之真實性，非只一般所謂信實可靠而已，更是對真實性有所自覺者。若把「先行其言，而後從之」視為一種品格：先做到而後始言，那其人對事情必然敬重與謹慎，亦對己嚴格，其對自身真實性之要求，可從此言。

十四、子曰：君子周而不比，小人比而不周。

〔論個體之真實有八。四：行為作為之真實二〕

除「先行其言」對〔自身〕真實性自覺外，於客觀行事方面，亦須有對真實性之自覺。一般行事只行其事而已，非更對「行」其真實性在乎。「周而不比」所言相反。「周」，遍也、密也；言人周詳周慮地、對事情其整體真實性有所自覺而行，如對一事情，從整體全面觀見、對其背後總體總覽，由此謹慎而行。如是為事，故見人對事之真實性在乎，亦由是顯其為人真實，此有關個體其從作為言之真實性、其對真實性自覺之另一面。真實性於人，故除人自己一面外，亦有事客觀一面，均與行作有關。所以言「周」，因事非只一面，其真實性往往須取決於背後所涵蘊之「整體」。如孔子「正名」中：「事不成則禮樂不興，禮樂不興則刑罰不中，刑罰不中則民無所錯手足」〈子路〉，刑罰是否中，實取決於是否已有禮樂教育、人民生活是否充足安定，否則刑罰之執行無以為真實。事情整體必有連鎖關係，刑罰故非只有據而已，更須鑒於民生及禮樂教化之達成，否則仍只一意孤行，非合理而真實。事情之整全總覽故重要，亦事所以能為真實之根本。一切行事故須視乎整體，否則必然片面而未能為客觀。能對事背後、其整體背景自覺，考慮周全地為，如此實亦個體之真實性：對為事真實性之自覺，此「君子周而不比」意思。相反，「比」指近聯或親鄰者，雖可如皇侃解為「親狎之法」(厚其親狎者)，然「比」【如「義之與比」〈里仁〉】更應從事物之「鄰近」言，因而喻片面性或偏狹性、非周詳地遍及一切。人一般只在乎身邊、甚至只偏向親近者或一時，如用人便往往如此：非在乎賢良，只在乎熟識不熟識、只主觀地好惡，故未能真實。「周而不比」雖困難，然若非如此，事情無以為真實。能先見整體真實所需、長遠並遍及地觀見考慮，非只見眼前短淺事實、只利益自己親近或偏愛之人，如是作為，始個體其從作為言之真實性。人多執着眼前、多只侷限而表面，如人難跳脫對立立場，從更高觀點觀見那樣。然若非如此，始終無以為真實。孔子「周而不比」，於為事或作為實發人深省。

十五、子曰：學而不思則罔，思而不學則殆。

〔論個體之真實有八。五：論對向真實〕

除從「心」與「行」兩面言外，人真實與否，明顯更應從其對向（面對）真與偽之態度見。如見真實者（如道理）而不學、或學而不思，如此態度，無以為真實。「學而不思則罔，思而不學則殆」明顯以「道」之學與思為背景；一般對象，就算只「學而不思」或「思而不學」，都不致於「罔」或「殆」。「罔」指人明知錯誤（非正）而仍行；「殆」則指因未盡其實（真實），故而可危而有害。一般事情之學不會明知錯誤仍行，唯因現實或利益，人始明知為「正道」仍不行、或不盡其真實地行。故篇末有關現實一般面對道真偽時之態度即說：「非其鬼而祭之，諂也。見義不為，無勇也」。由於「道」與存在整體有關，其道理故須透徹深入地反省明白，此「思」之需要，因而「學而不思則罔」。又因「道」以人性為本、其於人世間須由實行始有所體悟，故更須「學」以行，此所以「思而不學則殆」。對如此真實性甚至真理性事情，故須「學」「思」並行。面對至真實者，真實之人其誠懇故至於「學而思」、「思而學」地步。就算為哲學般真理，往往也只須「思」而已，是無以言「學」者。相反，若只學而不思，只會盲目地接納，甚至只流於信奉權威而不能自身真實地反省、細微具體並切身地明白。如是多只妄求一種虛假證據以為客觀，不能對道理之深邃真實得以通透通達，此孔子對人面對至真實者時之要求。盡思而不學只自我自大而已，盡學而不思只不明「道」於人類之深遠深邃而已；「思」使人獨立而真實，「學」使人切實熟練其事、使「思」平實而不再自我。在聽聞道理時，我們有多少次只避而不見不聞，在真實道理前只視如虛假而不理會，隨便以借口迴避。故若人平素思而不學、或學而不思，甚至不思不學，如是人絲毫無以能言真實、其生命再與真實性無關。特別當人世多只虛假虛偽，人若不思不學，無論怎樣，是難於保有真實性而不落為虛假者。

今人以知識為文明，所強調只事物之「思」；若明白人性始為真實，是無法單純從「思」甚至「物之思」而不「學」。西方「思而不學」式「思辨」，故始終無以為真實，思想之虛構性指此。人生命若非立於思與學，始終無以言真實。

又對道，一般只言學或行而已，如老子也只言「上士聞道，勤而行之」。孔子能特殊地指出「學而不思則罔」，此見其對道多麼真誠，故縱使「吾嘗終日不食，終夜不寢，以思，無益，不如學也」〈衛靈公〉，然始終反映，孔子對道之思必曾多麼地認真，「學而不思則罔」故實仍重要道理。

十六、子曰：攻乎異端，斯害也已。

〔論個體之真實有八。六：論對向虛假〕

本句與前句對反，言人對向「異端」（虛假）時應有態度。人多認為「異端」應攻而改之。之所以用「攻」，因所涉為真理立場，難於妥協，相互間故必引致對立而互攻，然此正為對向虛假時所有虛假。問題非僅出於對方是否虛假，而是出於自身是否亦同樣虛假。虛假所以為虛假若因有害，那一切造成傷害者均同然虛假，無論以何名義均然。攻乎「異端」者由「攻」而虛假，此「斯害也矣」意思。【「斯」指「攻」本身之為害】。害無論原因為何，仍然為害，故實無以言正義之攻，均只害而已、只使虛假性瀰漫一切而已。人類虛假性往往如此：以正義為名，行至大傷害或罪惡。「正義」始終只名而已，「道」故非能單純從正義言。【世人多以「正義」各稱己是。然道非錯誤（惡）之反面，更須對善另有正面明白。對惡披露易，說明正道難。（人所言道，多離不開私自利益，言正義仍然，故無以為道，此道之難）。指出錯誤故非必為善，善另須有自身真實。舜因而只求為「舉直錯諸枉」〈顏淵〉，純從致力於善而正、非由指責而正】。

「攻乎異端」仍有另一種害：相互攻擊反只突顯對方之重要性，非「隱惡揚善」。對惡之突顯，只使人人由覺識而越受其影響，此惡之潛移默化。如是之「攻」，故非消滅而實助長而已。

以「攻」行事者，故本身再無真實性。非言錯誤或異端無須改正，縱使行動帶有危險仍可。【見「邦有道，危言危行；邦無道，危行言孫」、「見危授命」〈憲問〉】。然這只從個人所能改變言、非從更造成他人之害言。故「公山弗擾以費畔，召，子欲往」、「佛肸召，子欲往」〈陽貨〉，所求為只個體對向虛假時之所能，非處處以「攻」而行。

十七、子曰：由，誨女知之乎？知之為知之，不知為不知，是知也。

〔論個體之真實有八。七：對向自身是與不是之態度：誠實〕

人本為一有過（有限）存有，其為善無能不從改過言。子貢故說：「君子之過也，如日月之食焉。過也，人皆見之；更也，人皆仰之」〈子張〉。除對向真偽態度外，人如何面對與自身有關之真偽，亦為個體真實性之根本。而此可有兩方面：人自身之是與不是、及人生命所求之真偽；前者《論語》從「知」、而後者從「祿」之所欲言。

「知之為知之，不知為不知」，換言之，人對向自身是與不是（知與不知），明與誠實有關。人誠實與否，本只對向他人問題，因事多涉利害故而說謊或虛假。對這樣虛假性，盧梭便曾說：謊言非單純虛假，仍須考慮是否對人有害、是否要緊；因謊言可出於靦腆之人性脆弱，為在人前失去自我主體始撒謊。這樣謊言多難免，故對盧梭言非嚴重。【見盧梭《孤獨漫步者之遐想》第四章】。然孔子所見相反。孔子所舉例子雖亦誠實問題，然所顯是人之虛偽。「不知以為知」與謊言無關、亦無須在他人前，故與靦腆脆弱或是否損人均無關，故不能歸咎於人失去自我主體，反而更是其人自我虛偽之問題；換言之，非與利益、而單純與自我有關。「〔明知〕不知以為知」，【或因有點成就地位便以為自身面面均是均能，因而自大】，實由人自我而已、因自我而不承認或不正視自己之不知與有限而已，此始其自欺所在，而此實更深藏地嚴重。人不誠實，故非如盧梭所說，為人失去自我主體，反而是求為自我自尊，故始如此。此時之虛假，可與他人無關，純只人自我事、只對向自身自我言，為自我對自己之虛假，故明不知不是（或未知未是），仍不承認。因而若不擺開自我，誠實地對己對人，無論怎樣，人無以真實。就算當下無損人，「自我」如此虛假，於己不能無損，已使自身虛假故。有關誠實或真實，孔子故非如一般，以人之誠實或真實為對向他人之事，而更先實是人自己事，為人其自我之虛假。人自視自大等等，均由這樣虛假而致。孔子所見故較盧梭更深：人是否真實，先在其「自我」，非在事情或他人前，因而與撒謊等無關。是否真實地知曉，沒有誰較自己更為清楚明白，只自己是否承認而已，與知識本身無關。如此虛假性，故只承認問題：人是否願意承認自身之缺點、自身之無知、自身之過失、自身之有限等等，這些都先與自我有關、與人與事（利害）無關。縱使不知而孔子仍說「是知也」，因由去自我，人始能回歸事之客觀真實，由知不知而致知，因而改變。人唯由此始能真實、始近於真實，否則只蒙蔽於自我之虛假內，再無長進可能。去自我故為人真實性之本。人是否真實，故先繫於其怎樣面對自身自我：仍因自我而虛假虛偽、抑知去其自我而真實誠實（承認自身一切有限），此人之首先真實性所在，其對向自身（自我）時之真偽。

句中所言「不知」，非從一般知識言。知識不知便不知，無以言知。「不知」故應從自以為知之方面言，或常識道理、或是專業、甚或因一面成就而自視一切均所能，後者其「不知以為知」將是一種自大、一種自以為是。至於句何以對子路言，因子路行多偽，亦往往求為虛假不實事情，前者如：「子疾病，子路使門人為臣。病閒，曰：久矣哉，由之行詐也。無臣而為有臣。吾誰欺？欺天乎？」〈子罕〉、「子路問事君。子曰：勿欺也，而犯之」〈憲問〉；後者如：「子疾病。子路請禱。子曰：有諸？子路對曰：有之。〈誄〉曰：禱爾于上下神祇」〈述而〉、「季路問事鬼神」〈先進〉。

十八、子張學干祿。子曰：多聞闕疑，慎言其餘，則寡尤。多見闕殆，慎行其餘，則寡悔。言寡尤，行寡悔，祿在其中矣。

〔論個體之真實有八。八：對向自身生命所求之真偽〕

除自我外，人生命所求亦多虛假。人往往以現實為由，生命求為福祿，甚至以為如此始能對生活保障，行其生活享受；這一切，實仍自我地虛假。縱使存在常見困難，求為福祿之心始終未是：人不會因福祿而免去危殆。甚至，求為福祿本身更可能是危殆引發之原因，非必然為福祿。如是求索，故往往自欺。子張「學干祿」，以為藉由學而求得（「干」）職能位置，為對福祿之保障。縱使非為享樂而以為對生活憂患解除，始終仍非真實：憂患之解除非由外在保障，而更真實地在自身言行謹慎、在言行之不致引起怨悔上。對子張之求為福祿，孔子故回答說：對存在之疑惑與危殆，非由福祿、而應藉由多聞多見解去。【「聞」指對道理之多聞，故闕疑；「見」指對眼前現實不是之知曉，故闕殆。參考〈述而〉：「多聞擇其善者而從之。多見而識之，知之次也」句解釋】。若一己言行謹慎，真實地避免一切疑殆與困難，如此始為人生少怨悔之真正原因。生命若能無怨悔，此始生命之真正福祿，福祿非能外在地求取或求得。

人必須對向自身生命、及對向生活困境，無人能免；然人是否真實，由對生活所求見。所求真實即真實，所求虛假仍虛假。若能「言寡尤」、「行寡悔」無犯大過而生命平順安然，如此始真正幸福，非以為高官厚祿始是。人其真實性，故亦從其面對自身生命所求之真偽見。

*

在個體真實性問題後，〈為政〉直以「真實性」問題（甚麼是真理）告終。西方若以物世界為真實，由此引申至對神靈及超越者真理（如存有、實體、他者）之肯定，中國不同：中國始終唯以人為真理真實，其主要方面有三：人性、人民、及人倫。三者作為真理立場，是唯一正確者。對人及人性否定之思想，始終無以正面而正確。

十九、哀公問曰：何為則民服？孔子對曰：舉直錯諸枉，則民服。舉枉錯諸直，則民不服。

〔論「至真實者」有三。一：人性心〕

本句表面言人民之服與不服，然因回答簡約，沒有篇首「道之以政，齊之以刑」句詳盡，故可疑其目的。然正因如此，問題焦點反更明朗：若以「直枉」為「真偽」之代詞，【我們為全書一致性用「真偽」一詞，但從人民百姓或人心一般言，「直枉」更接近事實：「真偽」仍帶有客觀認知味，「直枉」則直從人心之真偽言，故屬人本然所是，與對象認知無關】，那民服與不服所反映，正是民心對〔上位者〕真偽之感受。若人民其心之真實得以定奪，而「人民」作為「大多數」又是人類之基本存在形態，那人類心之本然，實可由此而明白。又由於人性實即心之本然、其性向感受，故人性所有真實，可由人心所是而彰顯；換言之，人性之真實，可借由人民心之真實而定奪。

所謂人性，指人共同「性向感受」，故與「心」而非與「行為作為」有關。【見〈陽貨〉「性相近也」句】。服與不服所見真實，故實亦人性感受之真實。人性其真實，故由民服與不服之真實見。孟子同樣，人性亦從心服言起。【見〈公孫丑上〉第三章】。又本句因單純從「舉直錯諸枉，則民服」言，故與〈顏淵〉樊遲「問知」時孔子回答：「舉直錯諸枉，能使枉者直」意義不同：後者若與知人及「能使枉者直」一治理目的有關，那前者則單純言民心感受而已，再無其他目的。

有關人民或人性心，孔子之分析如下：若人民見上位者真實（「舉直錯諸枉」）而服、見其虛假（「舉枉錯諸直」）而不服，這代表人民其本心既正直並真實。若人民此時之心實即人性心，【因人民對向上位者言再無其他】，那其心之單純真實，實亦人性心之真實。由人民作為人類（人）存在之基本向度，故見人類其人性之本然、其真實。孔子這由「人民」至「人類」、由「人類」至「人性」之推論實精闢，既見人民之為人類（人）基本存在樣態、亦突出人民其本質真實所在，即唯由對向上位者時，人民始作為人民（因而人性心）而本然，否則，人民也只種種個體而已、為個別主動行為者而已，其時再非人性心之代表或反映，故可作為個體而行惡。人性故唯由人民對向上位者時之心感受顯，即由人心之純然而顯，亦此句所以單純從「民服」與「民不服」言之原因：唯在如此無自我中，人民始為人性感受之反映。句所得結論故為：人性心本然之真實由人民心之真實而顯，真實（存在所有真實）故亦首先應以人性心為主體，非以其他。

正因所求只為人民或人心之本然真實，故句沒有更言其反面，如人民受壓迫而「民免而無恥」等反應。人民於其自己時，【即對向上位者而作為人民時】，都依據人性心而直接（服與不服），其本心本性故唯真實而已。又從「不服」可見，人民對上位者絲毫沒有崇拜或諂媚，故非如對向神靈那樣，由崇拜之心而偽。縱使為上位者，作為人民之感受始終獨立，並純由人性而真實。若非受騙，人民對真偽始終有所辨別。人民心如是本然知善惡，直依據自身人性故。人性心亦可由是斷言為善而真實。人之偽故只由於外來、由於誘惑而蒙蔽，而此非作為人民，而是作為欲望個體。「民」故不同於「眾」、不同於社會中所謂市民階層，後者由社會時代而自我、或由國家現實而為欲望個體，秉持着特殊國家意識或思想形態，與單純百姓人性無關。此所以句特從心服一情況言，因人一般心況未必反映其本性，唯心服直與人心之真實性有關。而之所以從「舉直錯諸枉」「舉枉錯諸直」言，因二者所顯單純是從政者自身之真偽，未如「道之以政，齊之以刑」那樣已有對向百姓之作為，因而在其心感受外，更有反應上之「無恥」。【「服」與「不服」所反映，直是人性感受之本然，非「道之」「齊之」時「無恥」之反應】。人性故不應從人自我各自自私、各自自利、或因上位者虛假施壓時言，唯應單純從民心（對上位者）服與不服見而已。

仍須一提，「服」「不服」與「道之以政，齊之以刑」句中「有恥」「無恥」其差異在：「服」「不服」所顯直是心感受，因而與人性性向及價值有關；「有恥」「無恥」不同：「有恥」雖仍由人性，然「無恥」始終是人自己之未是（因過失而恥），唯因對方不以人性對待、由齊平意識而以「無恥」表示而已。始終，「服」「不服」始單純針對對方，「有恥」「無恥」則仍有人自己一面（自我）在，二者差異在此。

本句故借由人民心，見「人性心」之本然真實，為存在中從性向價值言首先真實所在。若言價值之真實性，故應以人性為先，因為「人作為人」（人民）之首先真實故。句從此言，亦銜接全篇有關真實性之討論，唯從人性其真實、及作為存在中至真實者言而已。【事實上，就算不從人民而單從上位者自身言，仍然是與真偽有關，即：上位者對真實肯定、藉之否定虛假者（「舉直錯諸枉」），抑藉由虛假而否定真實（「舉枉錯諸直」）；無論何者，仍是真實性問題。句故為人民對上位者其對真偽態度之真偽回應。句全然扣緊在真實性問題上，故與整篇真實性問題一致】。真實性之本，於人類故應由人性定奪，再無其他更根本者。此「人性」所以為存在首先真實者、首先真理所在。

讀者可能質疑，何以人性與人民心有關、須從民之對向上位者言？事實上，雖對向上位者，民心此時始終仍獨立，故有「不服」可能。故縱使從對向上位者言，然所指出仍然是民心自己之事實，非由上位者而致於民身上，故仍為人性本心可能。至於人性，如《詩・周南》之從人對人之思念言，甚至更有如〈卷耳〉於從政中對賢者之思念與期盼。人民對上位者真實性之期望故仍可為人性表達之一環，更舉其於民（人）之普遍性言而已。

二十、季康子問：使民敬忠以勸，如之何？子曰：臨之以莊則敬，孝慈則忠，舉善而教不能則勸。

〔論「至真實者」有三。二：人民〕

除人性為真實外，人民亦為存在中至真實者。前句雖已提及人民，然只借以表徵「人性心」而已。本句始從「人民」本身所是，言其為真實。

季康子問如何「使民敬忠以勸」？孔子這裡之回答，沒有如《論語》其他篇章，直針對季康子自己之無道教誨。【見「季康子問政於孔子。孔子對曰：政者，正也。子帥以正，孰敢不正？」〈顏淵〉、「季康子患盜，問於孔子。孔子對曰：苟子之不欲，雖賞之不竊」〈顏淵〉、「季康子問政於孔子曰：如殺無道以就有道，何如？孔子對曰：子為政，焉用殺？子欲善而民善矣」〈顏淵〉】。原因在於，季康子所問非人民不是之方面，如盜、無道，而是人民所以為人民之真實，故孔子單純正面回答。如句所言，百姓之真實由「敬、忠、勸」三面表示：對向上位者與價值敬、對人對事忠而真實、及於自身有過錯時改。三者故顯百姓之真實、其本然德行。因人民一切仍為上位者所主控左右，故其真實性，實仍以上位者為導向、由上位者引致：上位者真實，百姓始顯其真實；上位者若虛假，百姓即如虛假，無以見其本然真實性。百姓真實性之本然，始終仍由上位者是否真實引發。句所言三面，故單純為上位者自身之作為，非從百姓一面言。上位者唯需「臨之以莊」、（自身）「孝慈」及「舉善而教不能」，則百姓自然敬、忠、而勸（有過而改）。一切仍在上位者身上而已，百姓始終本然真實，唯上位者不使扭曲便是。對季康子之問如何「使民（⋯）」，【「使民」含百姓本然不是，故上位者須主動作為，對百姓進行改變。「使民」之由上至下，如「使民以時」〈學而〉、「使民戰栗」〈八佾〉、「其使民也義」〈公冶長〉、「使民如承大祭」〈顏淵〉等】，孔子之回答故絲毫非從百姓自身、亦非從上位者對人民之主動作為言，只其自身行為而已，甚至，其所須行，實只百姓一般德性而已，非其他。單純如此，百姓便足以回復其本然真實，是無須上位者更多作為。由如此回答可見，真實本在百姓自己、非由外致，此上述德性於百姓中所以為本然或根本之原因。孔子之回答是怎樣的？為使百姓能敬，上位者只需「臨之以莊」便是；為使百姓能忠，上位者只需自身「孝慈」便是，即對老弱者孝悌及對民如子女般慈愛，如是百姓便自然對人忠；為使百姓能改過其不善，上位者只需「舉善而教不能」便是，如是百姓自然得勸而改過其不善。三者均上位者自身之事，無須如「道之以政，齊之以刑」那樣以刑政等作用於人民身上。由是可見，百姓其德行實本然獨立、是其自身所有，非由外（上位者）而致，唯上位者行正便是、不因自身無道而扭曲百姓本然德性便是，是無須更作為者。百姓德行之一切，故本為其自身所有，由是而見人民於其自身實本然真實；換言之，人民之真實，實其本然者。使民「敬忠以勸」，故實由人民自身本然所是而已，即「莊敬」、「孝慈」、「善」三者而已：「莊敬」為百姓（對向上位與價值時）本然態度、「孝慈」為百姓本然人倫、而「善」為百姓本然心性。

正因百姓本然真實，故唯須以百姓自身真實對向百姓便是，無須其他刻意作為。

從上故可得兩點：一、百姓德性實由其自身自發，非外在地造成。其存有本然獨立，非靠外來其他真實；二、如「莊敬」、「孝慈」、「善」等，實是人類存在中至基本真實，再無真實較此為重要。因而若如此德性為百姓自發地具有、為百姓本然所是，那人民可稱為存在中（在一切存有者中）至為真實者，在他們身上所體現，即如此至基本德性而已。此所以百姓為存在中至真實者。縱使上帝或存有作為真實更高遠，仍無以如百姓之真實基本而廣大：上帝或存有始終不離智思之虛構而虛假故。如是百姓實為「真實者」之終極，為人性真實性之具體。連上位者，撇開其個人如「為政以德」或「無為而治」等德行外，實亦唯應以此為為政之道【見下句】、及自身亦如此行而已。對百姓中個別「不能者」，故也只需以百姓本然所是教導便是，無須其他（如刑法），故「舉善而教不能則勸」。「民本」思想實因人民為至真實者而有，其道故應以人民之道為道、以人民之真實為一切真實之本、以人民為唯一歸向。一般所言民主，故只虛說而已，始終仍只以國家或上位者為主，非以百姓所是為主。對季康子，孔子之教誨故是：若其自身能實行百姓之德行、明白百姓之真實而行為，如是百姓亦自然會以真實回應，是無須其他者。

從本句有關人民真實性更可見：無論為政或治理，實只上位者對向自身之事而已。從西方言法律起，治理全然扭曲為上對下權力之事。此時不是者，唯百姓本身，因而必須以刑法治理。

然事實上，在一共體中，能致亂而須治理者，反而應是上位者自身，因唯居上而具有特殊權力與影響力，始能真正致亂，一般百姓是無能如此。古代言「為國以禮」，所針對故實為上位者而已，非如法律針對人民。我們今日言「民主」，只以選舉為假象，以此以為「民主」。真實「民主」或「民本」，應如古代中國，不以法治，而給予人民純然獨立性。所有約束只對向上，非對向下，此禮之意義。如是政治，故根本無所謂獨裁與否，既不以法、一切亦只針對居上者而已，非針對人民。西方因唯以人性為惡，故以人民本亦為惡，故須以刑法對待。《論語》言人民為本然真實，於政治論中始為獨特，亦唯一言「禮」不言「法」之原因。從本句故可見：縱使涉及人民事，一切仍先以（甚至只以）上位者自身一面言，故上位者「臨之以莊」，則人民自然「敬」、上位者「孝慈」則人民自然「忠」等等。一切都上位者自身之事而已，非人民事。若人民有過錯，其改正仍只上位者自身事，故言「舉善而教不能則勸」。「勸」一詞所言意義故多重：既指出百姓如有過時、更以「勸」而非以「刑法」對待；而作如此勸導者，仍然只為上位者自身，其「舉善而教不能」之努力，非權力地只以刑法壓制，此治理之真實，亦「民本」或「民主」真正意思：人民始終完全獨立而自主自由，約制或要求唯對向上位者而已。此「為政以德」真正意思：能壓迫者唯上位者權力，對其德行要求【「克己復禮」〈顏淵〉】故在此。此古代政治所以真實，一切所要求在上位、人民始終獨立而自主，此真正民主意思。若仍以法，一旦由選舉而得勢者，所行為始終與獨裁專制無異：言法治故實已無民主可言，法唯針對下而已。本句所言三事，故重要：既言臨民、亦言人民如何能忠、更以民有過錯而教，三者實已囊括百姓一切情況面相：既言臨民以莊而非以法欺壓、又言如何使民真實善、更言民有過時應對之道（非以刑法禁制），三者均在上位者自身而已，非以法施壓於民，此民主應有真實，與我們今日以為民主遠矣。

二十一、或謂孔子曰：子奚不為政？子曰：《書》云：『孝乎惟孝，友于兄弟』，施於有政，是亦為政。奚其為為政？

〔論「至真實者」有三。三：人倫〕

若「人性」與「人民」之為真實一從本心性向、另一從存在者言，那更具體之真實，即人倫。人類存在或人與人必在一定關係中。所謂人倫，非指人與人關係而已，更指在這樣關係中，人為人致力為存在中至根本者。為人而事、事人或為人致力，故是人類存在活動中至真實努力，亦存在意義所在，其他探索、追尋、創造、發明、建設等等，都不能與人倫相較而言，人始為人首先對象故。質問孔子之「或人」，必以為為政始人至真實努力，可能因為政既是對民、亦是存在中至大事、甚至掌有至高權力。正因所問為為政事，故孔子引《書》回答，其回答亦明顯是對為政之反詰：人類存在，應以人倫為具體依歸，非求為大事大作為。若人人能為其身邊人盡力，如此始存在之真實。人倫故實是：「孝乎惟孝，友于兄弟」而已。一如「己欲立而立人，己欲達而達人」〈雍也〉，「能近取譬」地從切身人事做起，如此人倫之真實，實較為政更為根本，故「奚其為為政？」。

人倫作為終極故言：人既為人存在之對象，為人而致力故始為存在中至真實事，而這一切，應從切身之人做起，非妄求大事大作為。作為存在真實，人倫所指故即人應從與人關係立其存在之一切：父母與子女之親愛、君與臣之忠誠、君與民之信守、朋與友之輔助等；如此真實，故對反人與神之宗教崇拜、人作為自我之創造者、及人與物之開發與利益等存在面相；如此面相，非從人「作為人」言，故無以為終究意義，人倫始是。人倫之為真實，故是從人類於世一切活動作為中，其可能對向人付出而為至真實者。所謂人倫，故非只言人與人如父子、夫婦、兄弟、君臣、朋友等關係而已，而更是說：人活在世其首先，也唯盡其應有對上述關係之責任而已。對向「人」而致力，是人存在唯一真實所在；人故不應以為對向國家、社會等始為首先責任，失卻以人性道義直對向人。有父母而孝、有兄弟而友，此始人倫真實，為人類存在首先甚至唯一應致力者，其他非為必然道義。若非上述關係而是對向一般人，此時所應作為，即「仁」；仍不離立人（人之為人）而為善，始終仍以單純對向「人」為先、非對向朋黨或更高之國家等，失卻人性應有直道。

句雖似言為政，然之所以言為政，正因「或人」以為「為政」是存在作為之根本、為存在真實所在，故對求為真實作為之孔子言，始問「子奚不為政？」。孔子所以舉《書》言，因《書》正是古代代表政治最重要典籍，其所教導故為正道本身。「孝乎惟孝，友于兄弟」意明白指人倫之事。孔子意思故亦明白：若以人倫本身為為政目的、以為政止於人倫如此平凡但唯一真實事，能如此為政，實「是亦為政」，故「奚其為為政」？換言之，存在中一切作為，實應以人倫為本、為最終真實，故若必須言為政，仍須以達人倫真實為目的，使人人能以人性及作為人地對向人而致力，如此始為政之實。從人類作為言，故是沒有所謂「為政自身」之真實的。其他一切作為亦然。【孔子所以言不為政，正因為政本身實非真實事：政治若非為人倫，只權力之爭或人與人之對立，縱使以正義為名仍然，其為事本身虛假無真實性；純粹政治故只人類集體之虛妄而已、求為力量與權力時之虛妄而已，絲毫非為事而真實。真實唯在人倫、非在為政本身，此所以孔子回答：「奚其為為政」。為政之為最高活動故假象，其本身毫無真實、毫無終極意義，人倫存在始是】。句借為政一事，所說明反是：人倫之道始存在活動之終極真實；在人倫終極外，是再無其他能為存在活動之意義者。

《孟子・離婁上》亦言：仁、義、禮、智、樂從存在終極狀態言，實也只環繞「事親」與「從兄」二事而已：「仁之實，事親是也。義之實，從兄是也。智之實，知斯二者弗去是也。禮之實，節文斯二者是也。樂之實，樂斯二者」。而若從舜作為天子言，其於天下平之際，最終所作為，實也唯以「事親之道」為終極，非更有其他：「天下大悅而將歸己。視天下悅而歸己猶草芥也，惟舜為然。不得乎親，不可以為人；不順乎親，不可以為子。舜盡事親之道而瞽瞍厎豫；瞽瞍厎豫而天下化。瞽瞍厎豫而天下之為父子者定，此之謂大孝」。無論孔子抑孟子，所言正是人倫之事於人類存在中之終極性；人倫之為道、其為人類作為中一切事之本與終極，因而至為根本亦至為真實。

「人性」、「人民」與「人倫」三者，故為人類存在其真正真實或終極所在；一者從「人」性向價值之正、二者從一切存在者、而三從一切活動或作為致力方面言。存在真實故不應在神性或超越性、不應在物或神靈、亦不應在為政或經濟致富等活動上。存在真實與終極，唯在人類自身而已：在其人性價值與性向、對向人民百姓為至真實存在者、及在致力於人倫之事以成就存在最終意義三者上。為政若有所作為、作為若有所真實，應以三者為本。

我們可看到，以上三句同環繞政事為背景，因人往往以為政治為存在中至真實事。三句故以此為分組。此外，三句亦相互銜接地構成：首句「舉直錯諸枉」單純從人民對向從政者言，故顯其心之人性性向；次句「使民敬忠以勸」雖亦從上位者與人民之對向言，然已非單純民之對君、而是君之對向人民，後者始為從存在者言之真實；然除為至真正存在者外，次句仍可使人誤以為為政為真實事，故第三句「子奚不為政？」即對此作修正，教人為政如此事，非如人倫之事為真實。君對民之對向，故以人民人倫事為終。從首句民對向君、次句君對向民，二者之終結故唯單純在民之事而已、在人對向人之事而已，如是見人民及人倫事始為最終真實者：無論從心之人性、從存在者、及從事或作為言均如此。此以上三句編排。

*

二十二、子曰：人而無信，不知其可也。大車無輗，小車無軏，其何以行之哉。

〔論「真實性」之行廢有三。一：人為真實性之本〕

存在中真實者若唯人性、人民、與人倫，那能成就真實，始終在人自己而已，非在其他存有者。換言之，人若真實，存在即真實；人若虛假，存在即虛假。存在之真實性，其關鍵在人而已，非在任何其他事物上。句從「信」言，因唯真實始能有「信」。孔子之「人而無信，不知其可也」所言故嚴重：無信與真實性，人是不知其再能甚麼。

「大車無輗，小車無軏」：牛能拉重，故為大車；馬所拉者輕，故為小車。輗與軏為架在牛馬上之橫木，使拉動可能。句意是：縱使已有動力（牛馬）及貨物，若無連結兩者之輗與軏，一切拉動（行動）將不可能（「其何以行之哉」）。「行」既解行走、亦喻事情之行作實現。人類自身若無所真實，縱使天地有所賦予，一切仍無以成事、無能成行。一切作為在人類而已：其為真實即一切真實、其為虛假即一切虛假。否則縱使有大車小車及牛隻馬匹，仍無所成就。

人類故為事情真實性之本：或使一切為真、或使一切為假。既如輗軏駕馭在事物上、亦如輗軏傳達天地力量使萬物運行。人是否自覺努力於真實，因而為一切之本。

人類往往以在人外之事物為最高真實：物質真理、神靈超越性；如是既否定人性人倫、亦輕視人自身作為之真實性；這一切，只使人類存在更形虛妄而已。人是否有道、道是否能行，全繫於此。

二十三、子張問十世可知也？子曰：殷因於夏禮，所損益，可知也。周因於殷禮，所損益，可知也。其或繼周者，雖百世，可知也。

〔論「真實性」之行廢有三。二：道之承續問題〕

若存在真實其本在人類自身作為，那「道」之真實其於人類歷史命運將如何？是否會受人類作為而損益甚至消失？【句以「禮」言「道」，因禮始終由人制訂或執行，故與人類作為有關】。

道因只人性道，其存亡故即人性之存亡。人固然可虛妄至毫無人性，然因人始終是人、無以能蛻變，人性故始終存在：縱使現實不見有，其在仍然。子張之問「十世可知也？」其意故是：假設道（禮）眼前不再，於十世後仍可得知？孔子之回答是：殷承接夏禮、周承接殷禮，其中不無損益；縱使如此，禮始終仍可知，非受其中損益而喪失。故在周之後無論歷經多久，如百世，禮始終仍可知。雖舉夏、殷、周〔損益〕之偶然言，然道〔禮〕始終為道、非人類偶然之事，故實不受制於〔夏、殷、周等〕時代、亦不受制於人類創制之損益。人性因本然，縱使於時代偶然喪亡，始終仍恆存於人類身上，唯人是否有志求得而已。人似對道失落而不知，只因任意至無求真實之心而已，非真實不在。一切故仍在人自己、在其是否志向於真實。無論時世多虛假，人始終知曉自身之真偽。故若人真實地孝悌、真實地為師與為學、真實地為政與生活、真實地待人及為事……，如此一切，已是道之行。道之行，亦人行其自身人性而已。此先王努力之真實。為政故不應在人意創制，在回歸人性、人民與人倫如此真實而已，三者即三代所致力繼承禮樂之道而真實者。

二十四、子曰：非其鬼而祭之，諂也。見義不為，無勇也。

〔論「真實性」之行廢有三。三：道義不行之原因〕

最後，若人或現實不見對道之繼承，其原因唯二而已：或因利益、或因害怕。由「非其鬼而祭之，諂也」可見，縱使對象多麼不真實、多麼與一己先祖無關，人仍會因利益（利益之假象與想像）而視如真實地祭祀；無他，求為利益而諂媚而已。以「鬼」喻明白是說：縱使只超越地虛構而非真實事物，若與利攸關，人仍視如真實地祭拜。【見「事人」與「事鬼」之差異：「季路問事鬼神。子曰：未能事人，焉能事鬼」〈先進〉】。人之虛偽如此：對真實者視如不真、對虛假者視為真。「見義不為」中「見義」，明言見真實需要而不為時之虛假。此世俗心之虛偽甚至卑微：或求為利益、或是無勇（「見義不為，無勇也」）。後者明知人類現實為偽而仍不敢為真實。【「見義」，故非不見其為真實】。在力量前害怕，是人不真實另一原因。人對真實者不會害怕，唯害怕虛假者，因而在其威脅下屈從。雖明見真實之義，然因害怕故始終不為。此時之「無勇」，仍只另一種利益心：害怕受損而已。

由是可見，禮義或道之不行，實現實求為利益因而虛妄虛偽而已。若非求更多、便是害怕受損，此現實心對超越者及現實性依賴而不能真實之原因。對道，現實由於自身不真實，故只視如不見。西方雖表面求索真理，使人類崇高，然一旦返回人世，所求仍只為利益與虛妄，非禮義之人性真實。形上真實與現實利益，始終一體兩面，其所排斥，實人性與道義而已。

〈為政〉篇始於人存在向度之真實性，終於人於現實中之虛妄；如此虛妄，使人不再敢直對人性、人民與人倫，反只求為對鬼神，心在利益損益間而無義。能直對人而知禮、及能務實而義，如此禮與義，如〈學而〉指出，故始為存在中之真實。

公元二零二零年八月二十五日修訂

八佾

共體人文禮樂之道

在〈學而〉對基本德行、及〈為政〉對「真實性」論說後，【〈為政〉與〈陽貨〉，一對真實性、另一對虛假性論述】，《論語》繼而討論人類存在中維繫人與人共體存在之禮樂（「文」），及人類存在終極（仁與君子）；一為〈八佾〉、另一為〈里仁〉。「八佾」為天子舞者之數。「佾」為行列，八佾即八八六十四人之舞。「八佾」故喻禮、亦喻樂。「里仁」則喻人與人德性極致。禮樂與仁，均與共體或人與人存在終極攸關。〈八佾〉（或〈里仁〉）所以與〈學而〉〈為政〉不同，因後者立足在「個人」，非如〈八佾〉，以人與人「共體」為核心。

「共體」之成應在禮樂，非在刑法。道之「共體性」在禮；共體中一切，由禮始立，此「立於禮」〈泰伯〉意思。因「禮」實以人性為基本，故人類一切，唯應「以禮」行。無論是個人之立、平素為事、君臣之道、上位者為政、為國、至道實行時之至善狀態，莫不唯「以禮」。【文獻如下：「君子博學於文，約之以禮，亦可以弗畔矣夫」〈雍也〉〈子罕〉〈顏淵〉、「文之以禮樂，亦可以為成人矣」〈憲問〉。「生事之以禮。死葬之以禮，祭之以禮」〈為政〉。「事君盡禮，人以為諂也」、「君使臣以禮，臣事君以忠」〈八佾〉。「道之以政，齊之以刑，民免而無恥。道之以德，齊之以禮，有恥且格」〈為政〉。「為國以禮」〈先進〉、「能以禮讓為國乎，何有。

不能以禮讓為國，如禮何」〈里仁〉。「知及之，仁能守之，莊以涖之，動之不以禮，未善也」〈衛靈公〉】。不僅如此，連德性本身，亦須以禮始為正。【「恭而無禮，則勞。慎而無禮，則葸。勇而無禮，則亂。直而無禮，則絞」〈泰伯〉】。由禮，人類存在始成其為人性地美善，非如今日，存在唯由政治經濟、刑法、藝術、宗教、科技、思想主義等形成。禮之獨特與重要，鮮為人類正視。

禮所以重要，因為人性基礎與體現。人可能以為力量始根本，然若在同等強大列國對峙間、在強者面對面中，仍只能以禮相待而已。由此可見，禮始內在於人人間、為人性共同所本，力量始終只外在、不能為人心服或自然地接受。於勢力或力量均等時，故仍只能訴求於禮，否則只戰，再無其他可能。如是可明白，以禮為〔共體之〕道非過於理想，唯現實多強弱不等，故人以為力量始是，不知禮其對人之必須、為人與人間不能或缺者。因禮於人具體，故連道亦須借助禮以成。【「一日克己復禮，天下歸仁焉」〈顏淵〉】。若非回歸禮，共體無以有道。縱使於蠻貊之邦、於惡者前，故仍須以禮行。【「行篤敬，雖蠻貊之邦行矣」〈衛靈公〉】。

因人類存在必然為「共體性」，而「共體」又必有上下與強弱，人對人如此超越性故自然構成「壓迫」，為「共體之惡」。像這樣人與人壓迫性，是無以法制能去除，法制本身實為一種壓迫故。此禮之意義：共體唯以禮作為媒介、在人與人間以人性對待，一切立於此，否則壓迫性無以去除。禮故為共體真正並唯一基礎，使存在內化於人性、使人性實現。（禮之真偽亦由此而決）。由是，上下與強弱始回歸其正、始為真正善：如力量，也只「射不主皮，為力不同科」而已；而情感（情慾），也唯由「樂而不淫，哀而不傷」始美。否則，無論法律、國家、社會、以至世界，都以絕對性、權力之至上、及獨攬壟斷而致壓迫。這一切機制若外於人性，只為存在之惡。存在唯由「禮」人性地同一，始能無壓迫可言。此「齊之以禮」〈為政〉意思，亦中國所以以禮治國：共體能真實唯由此，再無其他可能。以為以理性，然理性只考量共體之利益而已，實仍可不人性。一切單純以共體為名者，如國家、政治、法律、社會、經濟，若缺少人性（禮），始終非是，其時之壓迫必然。

若共體由「禮」維繫，那共體之「人文建樹」則可統稱為「樂」。「樂」除言音樂或樂舞外（人文制作），更取其悅樂意思以為人類存在終極。快樂若是人性而非欲望自我，實為人類存在最終目標，此「成於樂」〈泰伯〉意思。禮與樂故一非創制性、另一為創制之「文」，二者所本同一，亦人性敬、和、與情感三種人性性向而已。人文制作故不應以個體創制為本，後者非必與人性有關，故亦無能有共體意義。共體意義唯在「文」，非在「藝」。

〈八佾〉因而有二主題：人與人間「禮」之文、及「樂」創制之人文，二者為共體其人性基礎與體現。禮樂之「文」，如是實「道」於存在中之具體彰顯。

〈八佾〉之分組主題如下：

一、禮樂之濫用（一與二句）
二、禮之本（三與四句）
三、禮之目的與意義（五至七句）
四、儀禮之真實（八與九句）
五、儀禮真偽問題（十至十四句）
六、平素對事之禮（十五至十七句）
七、平素對人之禮（十八至二十句）
八、禮之壞亂（二十一與二十二句）
九、論樂（二十三至二十五句）
十、禮之總結（二十六句）

*

一、孔子謂季氏：八佾舞於庭，是可忍也，孰不可忍也。

〔禮樂之濫用有二。一：僭越為私〕

八佾為天子舞。「佾」指行列，「八佾」為八八六十四人之舞；天子八佾，諸侯六佾，卿大夫四佾，士二佾。時季氏為卿，應唯四佾（十六人），然恃勢大，故為臣而僭用天子舞者數，並舞於自家庭內，無視禮與天子而驕橫。《論語》以此列於論禮樂之首，明為指出以下三點：一、禮樂為共體事，不應為私欲而用。季氏「八佾舞於庭」，以〔禮〕樂為私欲滿足，故公私不分。【如我們今日言自由，故仍須謹慎，不能因個己自由而無視公私應有分際】。二、禮本求為去上位者權勢，若用以示一己權力而僭越，實與禮本義相違。季氏求為個人自我突顯，「舞〔八佾〕於庭」，公諸人前以示勢力，無視天子，故孔子不能忍。三、禮樂由上位者立，其崩壞亦由上位者致。季氏對禮樂之敗壞，故嚴重。

禮因為人性道之體現、為共體所由立根據，其意義故重大。對禮樂破壞或扭曲故嚴重，此《論語》列本句於首之原因，戒人對禮意義警惕。【一切與共體有關事，均常被利用於權勢下。制度本為避免權力發生，然事實相反：往往只為權力利用、甚至為權力之「體現」而非「抑制」。儀禮作為形式雖亦可為權勢利用，然禮因求為人性，與法制只求為國家理性故仍然差異，後者與人性始終無關，甚至可背道而馳，無視人性真實與基本性，只求為共體利益】。無論禮抑法制，非因為治理之道便不會被扭曲濫用。禮樂之崩壞故非由於不被重視，反由濫用而致，如季氏。中國後來禮教傳統便以禮為法，視為如刑法規範。禮樂或制度之崩壞故非由於百姓，由上位者致而已，此所以孔子對季氏私用禮樂嚴厲批判。孔子鮮對百姓批評，唯對上位者而已；共體之有道無道，先由此。

《論語》置禮樂濫用於篇首，非從禮樂正道先言，可見共體之道其現實現象問題嚴重，須先明察。

二、三家者，以〈雍〉徹。子曰：『相維辟公，天子穆穆』，奚取於三家之堂。

〔禮樂之濫用有二。二：無實之偽〕

禮樂除濫用外，因為形式，故其執行仍可虛假無實。三家（仲孫、叔孫、季孫（季氏））本只家臣，於祭終用天子樂歌〈雍〉以徹，雖為祭，然因無實而偽。〈雍〉（《詩經．周頌．臣工之什．雝》）詩篇用於周王祭祀後撤去祭品祭器時之歌詠。首句「有來雍雍，至止肅肅。相維辟公，天子穆穆」形容助祭諸侯們之和睦（雍雍）敬重（肅肅）、及天子端莊恭敬之儀容（穆穆）。三家以勢力漠視天子，亦用〈雍〉徹，與應有執行違背，毫無禮之實，故偽。此所以孔子評說：「『相維辟公，天子穆穆』，奚取於三家之堂」，即三家明無「相維辟公，天子穆穆」（或雍雍、肅肅、穆穆）之實，故虛假。如此對禮之運用，亦禮樂崩壞之原因，不重視其執行時之真實故。

禮樂及一切共體制度之壞亂，原因因而有二：或為上位者僭越時自我欲望及權力之表現、一種利用共體公共事為個人手段；或為執行時之無實：只外表甚至扭曲地運用。〈八佾〉藉此指出禮其運用上之虛假，一切制度均然。

從禮先針對上位者一事實可見，禮非規範、非禮教、亦不應為上位者對人民操控之手段。禮本針對權力，求其力量之克制，故唯涉上位者與強者，如「克己復禮」〈顏淵〉對君王、或「富而好禮」〈學而〉對富者強者。禮之實行與破壞，因而都與上位者有關。編者恐人對禮誤解，故於篇首先列此兩句，教人見共體制度可有之偽與亂，因而不應以其偽誤以為禮本身真實，始終應辨明二者。

*

一般德行鮮言「本」，如「義」唯不義，無所謂「本」。「仁」雖有「本」在「孝」，【「孝弟也者，其為仁之本與」〈學而〉】，然所指只近遠關係：孝悌近而仁遠（及他人）。唯「禮」因有虛假實行可能，故須言「本」。禮之「本」有二：一在仁、另一在儉；前者恐失人性真實，而後者則因形式均涉物事，可奢侈驕態，故必須言「儉」。

三、子曰：人而不仁，如禮何？人而不仁，如樂何？

〔禮之本有二。一：仁〕

在人類存在中，至根本亦至終極真實，唯「仁」而已。無論是人其人性、抑個體之立，一切與人有關事，其真與偽，最終故在仁與不仁上，再無其他。【孝悌忠信都與具體人物需要有關，唯「仁」作為德行至為一般，故可普泛於一切人而為根本】。禮樂作為形式因可為權力不仁地濫用，故須言「仁」。由仁，禮故不能如刑法，但求規範而加諸人民身上，一切必須從人性考慮、並人性地實行，此

「人而不仁，如禮何」意思。

在仁義禮智四者間，「義」只涉生存物事需要，而「智」為人自己事，唯仁與禮於人與人性有關，故至為根本，二者亦至相關：禮以仁為本、而仁以禮為體現之道，【「一日克己復禮，天下歸仁焉」〈顏淵〉】，二者與人性之立攸關。仁所以由禮體現，因仁作為德行仍可只從個人言，【「為仁由己，而由人乎哉」〈顏淵〉】，故於人與人間之具體落實，仍須由禮。如是仁內而禮外，由「復禮」而「天下歸仁」。因為仁之落實，故禮非只外表禮貌教養、非社會階層之自我表現。禮必須是人與人和、敬、情感之落實（見後），與共體其人性有關，非只個人禮貌教養之事。

四、林放問禮之本。子曰：大哉問。禮，與其奢也，寧儉。喪，與其易也，寧戚。

〔禮之本有二。二：儉〕

禮樂因涉器物或物質因素，故亦須以「儉」為本。【除仁外，禮由儉問題故亦與義有關】。林放之問所以為「大哉問」，因禮與「文」之心意均在「居後」與「謙下」，【見下第八句解釋】，即孟子所言辭讓之心；若相反而驕奢，明違禮之真實。驕傲心態違禮，而奢侈又是驕傲之表示、亦有頂撞感，【「奢則不孫」〈述而〉】，故唯「儉」（儉約、節制而不妄費），否則禮之實行無以為真實，縱使財力富裕仍然。〈陽貨〉故有：「禮云禮云，玉帛云乎哉？樂云樂云，鐘鼓云乎哉？」。「喪，與其易也，寧戚」故相反說：於喪事因財力不足而見擔憂困難之態，較因財力充足而心露容易顏色更近禮不驕之心。喪而憂戚本人性情感，而人性情感實為禮之實，此所以「喪，與其易也，寧戚」。

一旦涉及物質因素，縱使為生活而求得，孔子仍唯以「儉」為道：「溫、良、恭、儉、讓，以得之」〈學而〉。甚至，於禮以麻為冕時，眾因求儉而改用絲純，孔子亦依從：「麻冕，禮也。今也純。儉。吾從眾」〈子罕〉。此「儉」作為道理所以重要。

因涉形式，禮故既不能違仁、亦不能有所奢華，此禮能真實之本。若從共體制訂言，一切制度形式，故均應以「仁」與「儉」為本；不仁與奢華，只制度與形式之虛假而已。

*

人與人所有惡，或出於粗野鄙劣、或由於強弱權勢、或由欲望愛惡而爭鬥，三者為人與人致害原因。故繼「禮之本」，即禮之意義目的，而此有三：一、國與人文教養之立；二、去權勢驕橫；三、去爭鬥傷害。人文教養、權力克制、及欲望節制，三者為禮目的。禮故以人性「情感」正粗野性情、以「敬」正權勢、以「和」正爭鬥。此禮之人性意義與目的，其重要性如此。

五、子曰：夷狄之有君，不如諸夏之亡也。

〔禮之目的有三。一：國家及人文教養之立〕

本句對比有二：一為夷狄與諸夏、二為有君與無君。從〈子罕〉：「子欲居九夷。或曰：陋，如之何？子曰：君子居之，何陋之有」可見，孔子從沒有因物質落後而低貶夷狄。舉夷狄為喻，故單純從有禮無禮（有無人文教育）、及國有君無君這樣對比言。孔子意思明白：有君之治理若非由禮，不如以禮為國而無君。換言之，無論「君」對治理多麼重要，始終仍不如禮治重要，此「為國以禮」意思，亦夷狄與諸夏對比之差異。【有關「為國以禮」〈先進〉，亦參考：「能以禮讓為國乎，何有。不能以禮讓為國，如禮何」〈里仁〉】。禮其首先意義故在：為國家治理之本、其所由立之根據，此亦一切共體作為共體之本。

句刻意對比夷狄更為指出：以禮而治實求為人文素養之立，唯如此，存在始復歸人性而美，非為權力與爭鬥、或強弱相傾與對立。無論有君無君，國家治理仍須以人文教養（禮）為先。所謂君，實言以禮而治者而已；「克己復禮」〈顏淵〉與「道之以德，齊之以禮」〈為政〉所言即此。由是可見，禮及人文對一共體言多麼重要。有君而無禮，實如「道之以政，齊之以刑」〈為政〉那樣，只知以刑政統治，不知人性治理之根本。如是更可明白，一切治理機制，無論國家、法律、警察、制度、宗教或黨派主義，若非「以禮」而求為人性教導，實仍只夷狄之治、只為求個人權力而已。禮其治理真實、與政治其虛假，在此。

若從我們今日言，孔子此「有君，不如諸夏之亡也」雖非有「無政府主義」味道，然對「君」一事實絲毫無所盲目。「君」若不從國家治理方面言，其本實為共體性之代表，一如「貨幣」為「價值」（交換價值）代表那樣。共體之有君，實為「共體所以為共體」（共體性）之象徵，否則共體無以落實地呈現。能「無君」因而表示：孔子沒有如今日政治以為共體性或公共性（如社會）為必然，相反，若真有所「共」，其基礎應在禮，換言之，在人人自內而發「人性」之共同性（共體性）上，是這樣「人性」構成共體，非共體由「君」或「國法」（之權力）構成。共體性故不應從外來之制約或規範性理解、非由「君」或「國法」代表而已，二者實無以言為真正共體性，唯禮（人性）始是。共體故非應被動、而應由每人之人性主動形成。孔子於共體性一問題，故實激進。如是道理，未為任何政治論敢言。句所言，實：由外在因素形成之共體，不如由人性內在而形成共體。此禮之真實與意義。

六、季氏旅於泰山。子謂冉有曰：女弗能救與？對曰：不能。子曰：嗚呼。曾謂泰山不如林放乎。

〔禮之目的有三。二：去權勢驕橫〕

禮第二目的或意義，在去上位者權勢之驕橫。句中「旅」字往往被解釋為祭，然在《論語》，「旅」唯與軍事有關，若為祭，仍須從軍事侵略解釋，非只對天子禮之僭越而已。【有關「旅」，見「千乘之國，攝乎大國之間，加之以師旅，因之以饑饉」〈先進〉、「王孫賈治軍旅」〈憲問〉、及「衛靈公問陳於孔子。孔子對曰：俎豆之事，則嘗聞之矣。軍旅之事，未之學也」〈衛靈公〉】。正因如此，而冉有又時為季氏宰，故孔子說：「汝弗能救與？」「救」字應言對攻伐之阻止，如「季氏將伐顓臾」一事那樣【見〈季氏〉】，非只對季氏僭禮行為之制止而已。竹添光鴻故亦以為「皆凶災之類耳」《論語會箋》。季氏必以其勢力專橫，欲舉攻伐而旅於泰山。對冉有回答「不能〔救〕」時，孔子之慨歎：「嗚呼。曾謂泰山不如林放乎」中「泰山」，其喻可有三：一喻天子、二喻季氏、三喻冉有。以「泰山」喻天子不可能：

天子不可能不如林放，而季氏亦從無對林放有所謙下，故不會「不如」。以「泰山」喻冉有亦不可能：除非林放能救而冉有不能，否則不會有所「不如」。「泰山」故只能比喻季氏，喻其自恃勢力之大。「泰山不如林放」故說：上位者若只知以權勢專橫，是不如一知禮但無權勢之百姓（林放）。句所言故是：上位者若以專橫行事，是不如一知禮而以禮行事者。權勢不如知禮。此禮第二意義：去上位者權勢之驕橫。行事故唯以禮為正而已。

以上兩句因涉強者或上位者，故均以「不如」比喻。

七、子曰：君子無所爭。必也射乎，揖讓而升，下而飲。其爭也君子。

〔禮之目的有三。三：去爭鬥〕

禮最後目的，在教人不爭。「君子無所爭」教人：真實為事之人無所爭。爭鬥也只人求為自我、求為私利而已。若心單純切實於事之真實，與人本無所爭；若有，唯求為職位時所難免而已，《論語》故從「射」言。「射」「御」在古代分別指統領人與服務人之職能，故「達巷黨人曰：大哉孔子，博學而無所成名。子聞之，謂門弟子曰：吾何執？執御乎？執射乎？吾執御矣」（子罕〉。縱使因求為職位而有所爭，真實之人仍盡對人禮，故「揖讓而升，下而飲」，不因事而對人無禮，故「其爭也君子」。禮其真實，故亦在教人相互和睦無爭。若治國與權勢均上位者之事，那爭鬥則屬人人；無爭所針對故非唯上位者，亦人民百姓間關係，此禮對一般人之意義。

從禮以上目的可見，禮對象主要亦三：禮為為國、為上位者約束克己、及為百姓立己之道。國家、上位者、百姓，此三者，即禮所有對象。禮故求為國家、上與下其人性「敬、愛、與和」三種關係而已，而此實人類存在其首先真實所在。作為共體意識或行為共識，無論是言行、相互對待、為事、抑為國，禮只求為人性真實而已。確實，若非以禮，人類無論以甚麼成就共體，如以政治、制度、刑法、甚至宗教等等，都只手段而已，與人性之立無關。此時，上與下只能為強弱、為權力對立關係，此存在對立性之所由。若非由禮，強者無以知克制、無以去其強勢與驕橫。甚至，若非由知禮，人相互間必因物質欲望而爭鬥傷害，不知復歸人性。禮從此言，實人類存在唯一真正基礎，既使國得以治、亦使上與下得其正，為人性情品格之轉化與教育。性情之溫和文雅、謙下而恭敬、禮讓而和睦，如是均禮文之美與善，為文明其真實所在。其他，連城邦法制，也只強弱之統治關係而已，非為禮而美善。作為為國之道，禮其真實，故往往為人們忽略：或不見人性、甚或以人性為惡而已。

*

在禮之本與目的後，即禮作為「文」問題。因為「文」，問題故有二：一、何為「文」之真實？二、文其「執行」何以為真實？【「文」可能只被視為外在或外表形式，其執行故多偽。此文「執行」時問題】。對禮作為「文」之討論重要，因除意義與目的外，作為人性（人文）價值彰顯，「文」其真實究竟為何？如何始為「文」？如此問題非僅與禮、實亦與一切人文創制（樂及藝術）有關。雖如此重要，然《論語》僅以一語討論而已。

八、子夏問曰：『巧笑倩兮，美目盼兮』。素以為絢兮，何謂也？子曰：繪事後素。曰：禮後乎？子曰：起予者商也。始可與言《詩》已矣。

〔儀禮之真實有二。一：「文作為文」之美〕

在討論「文」之真實前，必須對「文」問題定位清楚。

在物事及現實需要外（「質」），人類為其心靈仍求助於一定文明創制，如藝術。雖亦可寄懷於宗教，然心靈求索始終須實在地體現，不能只為純粹心靈事。自西方早期以至今日，文明創制故藉由「藝」、達成形象（觀感之美）之體現，從城市景觀、建築、風俗、以至物品、作品等均然。縱使其中可見如喜樂歡樂等人性向，然始終，文明創制仍以「藝」為基本，是由技藝之精細雕琢及其對心靈向往之落實而為文明價值，因而與人其智思（思想）甚至自我心況攸關，非由對人性德行之自覺而產生。原因在於：西方始終對人存在低貶，甚至不以人性為真實，人只性惡而已。如是而存在價值均由智思而導向物與超越性、以神性或物技藝性為崇尚。【由技藝塑成形象，由形象體現神性】。此西方文明創制之基本。對反這由「藝」而致之文明創制，中國所求為人文體現，非主在「藝」，而在人自身、在其對向存在時之德性態度。無論是文雅、古樸、靜謐等，均是人存在姿態、其存在態度上之德性。【技藝或形象所體現為物之美，而存在德性態度所體現則為人之美，二者所重視不一】。這從存在態度言之德性，即「文」。「文」故求為體現人由存在態度而有之德性、及如此德性之美。這既為人性亦為德行（存在態度）之美，在物事生存外，為人心懷所寄、為從心靈言之存在意義。「文」如是重要，因唯由「文」，存在創制始得其唯一正確人性價值與意義。一如禮成就人與人之懿美，【禮與文實一體，一從人與人、另一從存在整體言】，存在亦由「文」而懿美，無須物技藝與超越性。從「美」言，「文」與「藝」二者，故一為人性或人文素養之美、另一則為表象形象所表達技藝及超越性之美。前者本然正面，而後者多負面：越是負面，越顯得超越故。此人類對負面性求索之原因，求為超越故。【縱使為至善上帝之超越性，仍由其存在使人類落為原罪地負面】。故若求為人文創制能切實實在而人性，那唯「文」始能：因唯「文」始為人性德性之落實、為唯一真正者之價值，其他只能求助於智思對超越性價值之虛構，無能人性地平實。【縱使寫實，藝術仍只能描繪現實中如暴力與死亡等負面之超越感受而已，始終非能平實】。「文」之美，故與我們今日以美歸屬藝術或意念創造等無關。從美學根本言，「文」與「藝」故對反。人類縱使試圖超拔於現實或實用價值，然因只對「藝」崇尚，故始終不如「文」之向往對人作為人意義深遠：人由文與禮、非能由「藝」與刑政而立故。「文」作為美其意義在此。

中國世界從存在言，所力求體現即此。從祭祀儀禮、人相互對待、平居生活、人文創制、物事姿態、以致個人品格素養，存在中一切，莫不盡由「文」德性塑成。除「質」外，「文」故為存在之另一面；存在由「文質彬彬」始真實。存在之美，由是與「文」之美攸關，為從存在態度言之美與德性。「文」因為價值之正，創制是否真實，故由此定奪。

《論語》怎樣討論「文」如此重大問題？「文」其真實應如何？

子夏引《詩・衛風・碩人》「巧笑倩兮，美目盼兮」而問「素以為絢兮」意思。「素」為白色，「絢」七彩而絢爛奪目，喻美。孔子以為子夏所問為繪畫之事，故回答說：「繪事後素」。「繪事後素」解釋有二：一以素在眾色彩後粉色其間，使其他色彩分明簡潔，此「素功」之說；另一以「後素」指在繪畫前，先以素色為底色，始布以其他色彩，此時白色非「素功」而是「素地」。問題重點非在哪一解釋正確，而在這使其他色彩能呈現其繪文之美者，非在這些色彩自身，而在那非凸顯自身色彩性之素色或白色身上，是這素色在種種色彩後，使美得以成就。【素白因非凸顯性，故於美有「居後」之德】。當子夏提出「『巧笑倩兮，美目盼兮』。素以為絢兮」時，他想借由一般所言美或藝術美，對「文作為文」（文之本質與美）一問題作反省，藉二者對比，以見「文」所是。子夏所引「巧」「笑」「美」「目」四字，故可解讀為意指技藝、態度、美、及物事（如作品）四者：作品必本於技藝、由技藝而成；其外表表現力或形象性又如態度；其作為感受亦美、為美學性，【縱使為壯美或崇高仍然】；又因為作品，故與一定物性有關。四者為作品（一切藝術）之基本。此外，作品更有以對一定精神性之表達為目的，此即作品之靈魂，為作品精神意義或心靈意境之表象。然無論哪一元素，作品始終只由物性素材形成，因而對中國言，未如人自身為美，故《詩》所舉為美者【亦子夏引《詩》之意】，非物事、而是人中至美者：其「巧笑」與「美目」。【「笑」所體現態度，較任何外表表現力更為美麗、更人性；而「目」所反映為人內心，故較單純物事為深邃】。換言之，以人之「巧笑」高於技藝與外表表現力，而以「美目」高於一切物性美與作品之為物。確實，在物品作品中，無一物能較「目」（之為物）更美，亦無一作品其外表表現力能較「笑」為善，特別當「巧」（技藝）與「美」（物性美）更聯繫於「笑」與「目」而用時。萬物中（作品含內）確無一能與「巧笑」「美目」之美可相比，此子夏引《詩》之目的。而對作品背後之精神性（作品之靈魂目的），無論何種精神意境，終亦無以與「巧笑」「美目」背後之「倩」「盼」可比擬。巧笑而倩（善意）、美目而有盼之心與情，於萬物中，實為至人性而美者。【「倩」，發自心之善良；「盼」，心之期盼或向往。二者在事物背後呈露人心之善、其期盼、切願與向往。是這人心及其美善，使一切外在美麗提升為人德性之美，因而為美之極致】。物若有其美、美若有其可取之處，終應在人心與善、在人性上，一切物品或藝術應歸向於此。【一切美，終由善而致，文之美亦然，此「盡美矣，又盡善也」意思。見下第二十五句】。

孔子誤解子夏之問，以為只繪事中色與素先後技法問題。【子夏之問故是：若在「巧笑」「美目」背後之「倩」「盼」、或在「絢」背後之「素」，始為事物或繪事其真正美所在，那一切人事其美善之成就是否亦同樣，唯由禮其居後精神始致？編者故以此問同顯「文」與「禮」二者「後」「素」德性之真實，為二者本質精神所在】。子夏之「禮後乎？」始明白一切：若「巧笑」由心之倩、「美目」由心之盼【倩盼二者居後】始成其真正美，非單純由於自身，那事情與存在更是：均唯由禮與文始成其為真正美、甚至真正善，二者實即「禮後」及「後素」如此德性態度而已，此禮與文所以必須從「後」（居後之態）言之原因：居後為態度之德性故。文與禮之美，故由居後、非由倨於前。「居後」始美所以為美之真實，亦「文」其真實所在。「文」而為「文」實由此「居後」之意，其美所以真實亦由此，非如「藝」求為表現力（絢）而倨於前。子夏引《詩》之意故於美感中究極。無論是作品抑人之外表美，均無以與「文」之美可比擬。子夏所借，故以心之倩盼、心於事物（「巧笑」「美目」）背後之善與美（「倩兮」「盼兮」），作為「文」之表徵，此「素以為絢兮」及「禮後乎？」意思。無論笑多巧或目多美、無論色彩多絢，都無以與背後心之「倩」「盼」或素色之美可比，後者始（成）美真正所在，亦「文」所是。「文」故可以「後素」或「居後」（「禮後」）如此（存在）德性態度形容。語中「倩」「盼」「後素」、甚至「禮後」，所比喻即此。人對向存在之德性心態，故以「後」「素」為美，此「文」所是。「文」之美如是高於一切作品或物事（人含內），其所反映，實人自身存在德性。在「巧」（技巧）、「笑」（態度）、「美」（美之外表）、「目」（事物之美）四種美學向度外，更為重要及更真實地美者，故為「文」。子夏更明白指出，「文」此「居後」（在事物背後）姿態，即如繪事中素色殿後之美。「居後」與「素」，故為「文所以為文」所在。

「禮後乎」故是說：若如素使色成文，那禮同樣，為於人與事背後，使其為美麗者。禮故在人事背後，為人與人間謙下和睦相讓時之一種「下」與「後」，其精神在「後」(居於後)，如文之美在「素」那樣。由禮，人與事始成「文」，亦人性之體現。存在能為「心」與「文」之存在，如「人詩意地棲居在大地」，亦由禮而已、由「後」「素」而已。「文」故為禮於事物存在中之體現，而禮(禮後)實亦「文」之本，二者使人與事及人類存在，能人性德性地懿美者。

存在一般只求為自我突顯、求為超越，唯人性始知退讓並居後，其於天地間所以闊大、所以至美由此。美故非在美本身，而在那知退隱者。雅所以為雅，不圖表現而已。故在色彩豔麗外之素樸、在新穎及利益發展外之古樸、在奢華情欲外之淳樸、在複雜繁多外之簡潔、在刻意表現與造作外之自然、在物質多變奇突外之平淡、在使心外馳形形色色外之親近、在宏大突出外之幽隱、在一切聲色表現過後之意韻……，這一切「後」「素」，始文所以美所在。求表現只欲望而已，非心。心唯在欲望與表現外、安於自身而誠之美與真實。縱使有所期盼，仍只居後或靜待地切願。如此期盼，始溫和而善良。心與「文」之美也就在這溫和善良中，如「倩兮」之笑、或「盼兮」之目。「文」「後素」之美故在心而非在欲，後者可為藝術動力，然無以為「文」。中國美學中素雅、淡樸等，因而均為「文」之美學。

《易》論及文飾與文化時，所用意象亦均與「素白」有關：「賁如皤白，白馬翰如(…)」、「賁于丘園，束帛戔戔」、

「白賁」。見〈賁〉最後三爻。意為：「文化之化若達老耆白髮所顯智慧，又如白馬奔馳生命力量姿態之美（⋯）」、「文化至於如自然般文飾，實只以素樸素雅布帛修飾而已」、「如白素無文之文飾」。

對子夏之啟發，孔子故說：「起予者商也。始可與言《詩》已矣」。《詩》興發人心美善，亦實為「文」之基礎。【「興於《詩》，立於禮，成於樂」〈泰伯〉】。子夏對《詩》字義深思地運用，使文本更為深刻豐富。對文句如是體認，是不能以「斷章取義」批評，沒有違背文字原本心意故。若子夏對孔子有所啟發，那孔子對子貢而說：「賜也，始可與言《詩》已矣。告諸往而知來者」〈學而〉是因為：子貢對孔子所言能進一步推敲。討論之善故或在啟發、或在推繹上，若非如此，也只爭辯而已。討論其禮讓在此，亦討論其為「文」之美。孔子於子夏前，故亦居後而已。

九、子曰：夏禮吾能言之，杞不足徵也。殷禮吾能言之，宋不足徵也。文獻不足故也。足，則吾能徵之矣。

〔儀禮之真實有二。二：禮文執行時〔文獻〕之真實〕

藝術因作品與實現同一，故只有作品之偽、沒有執行時之偽。禮不同。儀文可被表面化為只是形式，故有執行時真偽問題。禮本身執行時之真偽，非指主祭者之誠或虛偽，【如季氏「八佾舞於庭」】，而是其執行是否達致「文」應有之美。我們可舉閱兵為例：能達致軍武之威儀，一切都必須嚴格整齊，不能苟且，否則只反效果。禮執行時問題指此。孔子故以執行時「文獻」之真實性作為說明。「文」指禮進行時之形式、儀式與音樂等；「獻」則指儀式及祭獻時所需禮器及物品，如〈鄉黨〉「鄉人獻」所言。「文獻」合而言之，即禮儀執行中形式與物質因素兩面，二者單純與執行、非與人有關。孔子意思故是：縱使道理上可知，然若缺少真正「文獻」，禮儀仍無以如實地執行。「吾能言之」與「不足徵也」或「文獻不足故也」所對反即此：縱使可知，【甚至其能言之者為孔子自身，換言之，真實地而非虛假地】，然始終，因執行時之「文獻不足」，故無能真實地實行。此見實行時之真實性對禮與文多麼重要，否則只虛假而已，無法成就禮之意義。「杞」「宋」兩地一為夏、另一為殷後代。若連兩地再無相關「文獻」，夏殷禮其執行無能為真實。「徵」，包咸解為「成」而朱熹解為「證」，然《論語》已有「成」「證」兩字，不宜重複。「徵」唯見於本句；然《孟子・告子下》有「徵於色、發於聲而後喻」，「徵」於此指表露或呈露，「徵於色」即表露於神色態度中。「象徵」之「徵」亦取此意。「徵」故不應解為成或證。孔子意故是：在缺乏文獻這情況下，對夏殷禮縱使可說明，仍是無法重現或呈現其所有真實、其本有美麗。禮之執行故非靠外表，作為「文」仍須實質地進行，否則無以使人有所體悟。一切事情（如政制、教育、學問研究等）均然。

句末之「足，則吾能徵之矣」是說：夏殷禮雖不再，然並非說，其為禮本身不真實。能實現與否並非事情自身真實性之條件。若「文獻」齊備，雖久遠，事情仍可真實地重現。實現與否故與其事本身之真實性無關：非因本身真實便必能實現，亦非凡能實現者本身必然真實；「執行」始終獨立，其是否真實故仍須另行考慮。我們往往對真實事物高估，以為凡是真實必能實現、不能當下實現必不真實或無真實價值。然真實事物與一般事物同樣，其實行仍須條件始成。越是真實價值，其所需條件越多。故非不能實現便本身不真實，全視乎條件與努力而已。文無論多理想（非現實），若能真實地實行，其真實性仍然，與是否理想或過去無關。若真實地實行，文與禮其意義對人類始終深遠。此文與禮其執行時之真實性問題。

*

禮有儀禮與非儀禮之別。而從祭祀言儀禮，主要亦禘與郊二者：一祭祀先祖、另一祭拜天地。儀禮因為儀文，故體現為純粹禮本身，與日常生活中人與人或人與事之禮不同。無論先祖抑天地，因對象非真實地存在，儀禮故往往被利用為其他目的而有偽，其意義多受人質疑。

〈八佾〉故以此分組四句，既說明禘禮（句十與十一）郊禮（句十二與十三）、亦藉由四句說明儀禮所有後設問題，而此有四：一為執行者對儀禮利用之偽（句十）、二為人對純粹儀文意義之質疑（句十一）、三為參與者因對象不存在而有不誠之偽（句十二）、而四為現實心對禮（儀禮）之質疑（句十三）。儀禮之虛假因而有二：或為執行者、或為參與者；對儀禮質疑亦有二：或質疑其意義、或質疑其現實性。《論語》藉由這樣反省，揭示儀禮之真實意義。

因為純粹儀文，禘郊二禮所反映，故單純為人存在心境心態。面對先祖傳統及天地，若非為人「存在心境心態」之表示，再無其他具體意義。正因為心境之表達，故以純粹儀文顯示，為人遠去眼前現實性而有之作為。人借由對過去及超越在上者之禮，正視自身面對存在之心。又因對象不在，故如此祭祀近似宗教，為孔子對宗教之看法。古代中國若有所宗教，純從人內心心境言而已。其中超越者唯對人心言，非如神聖法律為在世機制，始終仍現實。此宗教之正：教人去自我而以感謝之情對向存在一切而已。

作為存在態度之表達，禘與郊一表示在先祖傳統（人類）前人居後之心、另一表示在天地萬物前人居後之心，二者為禘郊本義。對向人類先祖及天地萬物居後並感謝，此禘郊心懷之美。非求為超越傳統、亦非求為戰勝自然，此禘郊作為存在心境之正：存在應居後並感謝而已。由禘郊，人故緬懷其生命所自出、及感謝那滋養其存在之天地。這對先祖與天地之情懷，為真實情感之本，情感本於生故。禘郊故實為「存在情感」之體現、其教導，此禘郊之意義。

若非心存敬懷感謝、非禮後而行，人於禘郊必偽而有所圖：或藉先祖以宣示自身權勢、或對天地（鬼神）求禱自身吉利福祉。四句故同論述祭祖與權力關係、及祭天與利益心此兩種存在虛假心態。又因禘郊為純粹儀文，故人易質疑其意義及其現實性。這一切較禘郊本身儀文之討論更為根本。儀文細節可時代不同（如夏殷周禮），然其意義始終如一。制禮者但依據其時代之文與獻，以文「後素」精神實行，其禮仍必真實而美麗。

十、子曰：禘自既灌而往者，吾不欲觀之矣。

〔儀禮真偽問題有五。一：執行者之偽（禘禮之一）〕

《儀禮．喪服傳》有：「都邑之士則知尊禰矣，大夫及學士則知尊祖矣。諸侯及其大祖，天子及其始祖之所自出」。種種階層之人各知尊其親。天子位至高，故其對先祖之祭祀，追祭其祖之所自出，此即禘禮。禘禮故為天子面對全民祖先、謙下地緬懷與感謝之禮，是在人民百姓前表示其承續先祖傳統之心。此故為王者禮後精神之表現，故「不王不禘」。於祭祀中，人以服裝扮演祖先形象，不言不動坐着，以接受祭獻，稱為「尸」。獻尸之禮即為「灌」。既灌後，則列尊卑序昭穆：「昭」為二世、四世，居左；「穆」為三世、五世，居右。魯時閔、僖相繼，祭者為諂媚僖公後代勢力，故說：「吾聞新鬼大，故鬼小」（皇侃疏），升僖於閔上，逆祀亂昭穆，此所以孔子不欲觀之原因。儀禮因為純儀文，故人可不真實地執行其禮本來目的與意義，把禮作為手段利用，以達個人目的，如個人權勢之炫耀，此儀文禮可有之偽。儀禮或一切儀式如是求為權力宣示之虛假性，既反禮後精神、更毀亂禘禮「居後」本義，此編者引「禘自既灌而往者，吾不欲觀之矣」意思，為指出儀禮其一偽在執行者之虛假上。【儀禮其另一偽則在參與者之無誠，見下第十二句】。

十一、或問禘之說。子曰：不知也。知其說者之於天下也，其如示諸斯乎。指其掌。

〔儀禮真偽問題有五。二：對儀文意義之質疑（禘禮之二）〕

對儀文（甚至「文」）如此形式性，人多質疑其意義，【如「棘子成曰：君子質而已矣，何以文為？」（顏淵》】，此本句「或問禘之說」之所由。對此（禘之意義），孔子之回答決斷：「不知也。知其說者之於天下也，其如示諸斯乎。指其掌」。孔子非不知，唯因其意義天下人皆知，故無須多說。禘意義深遠而重大：對先祖傳統感謝緬懷而居後，如此正確存在心境，還須怎樣解釋？對人而知居後，如此意義不正是普天下人所應明白？若對此仍有質疑，以為只儀文而無其意義或依據，不已是另一種偽：對平實道理或道理之美者刻意漠視之虛偽？禘禮之意義實人人心中所握，既發自人對先祖之情感、亦發自人謙下居後心之懿美，是無需更有其他目的或現實意義。人若無視自身心中真實而好求理論依據，如此實偽而已、求為學說理論考據不直於心感受時之偽而已。先祖雖不再，然居後之意義恆存於人心，其明白及普遍性在此。

十二、祭如在，祭神如神在。子曰：吾不與祭，如不祭。

〔儀禮真偽問題有五。三：參與者之不誠（郊禮之一）〕

若禘禮中先祖作為對象已非存在者，郊禮中天地更是。孔子故以〔不存在〕神靈比喻。嚴格言，郊祭天、社祭地；獨言郊，統言天地二者而已。於無確定對象前，人更易無誠。如郊之祭祀，故多見偽：非獨執行者、參與者亦然。孔子之「吾不與祭」正針對此而發。【「與祭」，言參與者】。如郊禮意義在人心，對祭祀之參與若無誠、無感謝心懷，如此與不與祭，再無差異。祭只求為心感謝感懷而已，若心「不與祭」，不如「不祭」。真誠之祭、祭其真實，故須「祭如在，祭神如神在」。非對神靈盲目、亦絲毫無強迫參與，唯祭意義在心，故須誠摯而對。此見祭與宗教差異，後者仍須奠基於神靈之存在（信仰），非如郊，單純求為人對存在感謝之心懷而已。若因神不在而不誠，故明白為偽。

十三、王孫賈問曰：與其媚於奧，寧媚於竈。何謂也？子曰：不然。獲罪於天，無所禱也。

〔儀禮真偽問題有五。四：現實對儀禮之質疑（郊禮之二）〕

除對儀文意義質疑外（見前句十一），現實心亦多對禮質疑。王孫賈仕於衛，為衛大夫。〈憲問〉有：「仲叔圉治賓客，祝鮀治宗廟，王孫賈治軍旅。夫如是，奚其喪」，句言衛靈公無道但仍不喪之原因。可想而知，王孫賈必權謀之人，其「與其媚於奧，寧媚於竈」，明為對現實利益諂媚之心。「奧」與「竈」，一為尊者起居處、另一為家中飲食地方。縱使仍求為現實，人性仍知向神靈求安而祭祀（王孫賈之「媚於奧」），此亦宗教或民間宗教之所由。王孫賈之「媚於竈」，短狹至只知圖眼前現實利益，連祭祀求安亦感無所利，此極端現實之偽。孔子之「獲罪於天，無所禱也」是說：求安本亦人性，此一般人誠心祭祀神靈之原因，否則「獲罪於天」，再無可禱。然神靈非當下存在、非眼前利益，故為平安而祭祀者已非單純現實，後者不再會對任何非直接利益之事（如祭祀）誠敬。縱使同似現實，求為心安者仍有人性（天）在，單純求眼前利益者連求安心亦闕如，故不再在乎「獲罪於天」，其虛偽至此。純因現實利益而對祭祀質疑，除不明禮文意義外，更無知於人性求安之心，只知當下現實，如王孫賈趨炎附勢地唯知求媚於權力，此單純以現實衡量禮文時之偽。孔子沒有對宗教求安之心否定，畢竟仍出於人性，故較單純現實心真誠，唯須「祭神如神在」而已。然求安始終只為個己，非郊禮對天地感謝時存在心懷之懿美。

儀文之禮所以偽，非在儀文本身，而在實踐及質疑者心之虛假上：或利用為個人目的、或心但求現實利益與價值，因而以「文」只文而已，不知其意義與真實。對只講求現實利益者，孔子故指出百姓求安此一仍真實之現實心。而對那唯知現實意義者，孔子則指出人倫對先祖傳統與天地之情懷，如是道理本為人人所明白而認同，非唯現實價值而已。

十四、子曰：周監於二代，郁郁乎文哉。吾從周。

〔儀禮真偽問題有五。五：儀禮大成：周禮〕

本句意思明白，為孔子對周禮之讚歎，其讚歎正在周禮作為「文」之美。從「周監於二代」言，亦見周禮作為禮之大成，為孔子所肯定並跟從之原因。禮之制定，故應盡集其至美善者，不宜時代自身臆度。《論語》本句，故為儀禮之總結，示人於禮可跟從者。唯我們目前未能對周禮作更深入討論，亦未知《周禮》、《儀禮》、《禮記》是否能反映周禮之真實。事實上，《禮記》成書明在孔子後，應在秦漢間。至於《周禮》與《儀禮》，其真實性仍有待探究，故於此不得不保留為闕文。

*

除儀禮外，若從平素言禮，主要有兩類：對事之禮、對人之禮。於〈學而〉已見，儒學以「人」

與「事」為存在基本面相，非如西方以「物事」為本。人在事情中之禮、及人面對他人之禮因而為平素禮之兩面。

所以先從為事之禮言，因事多有利害關係，使人與人更易不敬、不和。且若從人與人一般關係言，「恭」雖只「近於禮」〈學而〉，然於人與人間實已足夠，故《論語》唯以「恭」為人與人基本。【見「其行己也恭」〈公冶長〉、「恭而安」〈述而〉、「與人恭而有禮」〈顏淵〉、「居處恭」〈子路〉、「貌思恭」〈季氏〉等】。事不同。事非止於態度，更有怎樣為之問題，故須先行討論。

「事」與「人」之禮各分三句：一從下對上、二從上對下、而三為「事」與「人」其道之總結、為「事」與「人」『於禮』所應有美（十七與二十句）：十七句故把禮本身視為一「事」，而二十句則相反指出：在事情外，縱使已為人與人親愛關係，仍有禮之必須。

事禮之上下從強弱言，人禮之上下則從份位言。又因敬、和、與愛（情感）三者為人性基本性向，故事禮與人禮之各三句亦配合於此言：十五句言敬、十六言和、十七言愛；十八句言敬、十九言和、二十言愛。因而無論事禮抑人禮，均反映人性此三種美，三者亦為平素禮所以為禮之基礎。禮如是即人性敬、和、愛三者之體現而已，人與人關係之美由是而成。

十五、子入大廟，每事問。或曰：孰謂鄹人之子知禮乎？入大廟，每事問。子聞之，曰：是禮也。

〔平素對事之禮有三。一：「每事問」之敬〕

「子入大廟，每事問」。包咸解說：「大廟，周公廟。孔子仕魯，魯祭周公而助祭」《論語集解》。包咸解釋正確。孔子「每事問」非由不知而問，只因助祭對主祭者尊重，在執行前先得同意而後行。「每事問」故仍由「居後」敬重之心，非由無知。《論語》以此說明下對上之禮，亦居後而非自作主張。若能事事對人表示尊重，已實於事中對人之禮。甚至，對人尊重實只一「每事問」而已，非其他。大概孔子時一般儀禮均為人所熟知，助祭者再無「每事問」之敬意，故人對孔子「每事問」質疑，亦孔子回答「是禮也」原因。縱使只一「請問」之舉，雖非儀節，然已表示對人之敬意，亦為下對上禮之全部。平素禮故無須形式，居後態度已是。以「每事問」言，對禮故是多麼平實理解。禮只在一言一行間、在一意一問間。【若把或人之問理解為對儀禮中（非對孔子）「每事問」之質疑，孔子之回答是說：儀禮唯由敬意態度始為真實。失去敬意，儀文只落為形式，再無應有意義。儀禮所以為儀禮，實為體現人之敬意而有，若無敬，儀禮再無其真實。此「每事問」所以為「是禮也」之原因。不從這方向解，因句中有「孰謂鄹人之子知禮乎？」一語而已。然這樣解釋其道理亦是】。

我們不應低估「每事問」意義。若「大廟」暗示其事大，那以「每事問」言事禮之首，其意義深遠。「得對方同意」如此簡單行為，已實是禮。縱使為君，故亦須得人民同意而後行。若「事禮」之總原則在「每事問」，那「事禮」之根本實為敬而已（敬事與敬人）。

十六、子曰：射不主皮，為力不同科，古之道也。

〔平素對事之禮有三。二：「射不主皮，為力不同科」之和〕

「主皮」傳統有兩解：一為鄉射禮中中鵠之試；「射不主皮」言射禮所重唯其禮（如儀容和讓），非中的一目的。另一為中甲之革因為牛或為犀兕皮故質地堅厚；在中的外，人更以穿革力氣傲示於人；「射不主皮」故言射技比試應止於中的，不宜以強力勝人而失和睦；此「主皮」與中質差異。本句道理明白：縱使必須比試（生活難免之爭），仍應以和睦謙讓為主，不應為達目的而傷和氣。事應止於事，不應更對人求勝，此「射」（爭）之禮。在強弱間而和睦謙讓、能力只求為順應事、非心在勝人勝敗，如此即為事之禮。若真有過人能力，應各盡其所能、服務不同需要，不應於單一方面求比試，如此「為力不同科」之美，即為事之禮。事禮故非形式事，只其中人性對向而已。人性始終應寓於事中，如「每事問」或「為力不同科」。

十七、子貢欲去告朔之餼羊。子曰：賜也，爾愛其羊，我愛其禮。

〔平素對事之禮有三。三：「爾愛其羊，我愛其禮」之愛〕

若於事，下對上應「每事問」而上對下（強對弱或有能對未能）應「射不主皮，為力不同科」，那事禮道理應怎樣總結？「告朔」言每月天子把政事告於諸侯，諸侯視天子頒佈而行。所以在朔，取萬物革新之意。告朔畢則祭於太廟，以腥羊為獻，謂之餼羊。魯自文公始不再告朔，子貢見其禮廢，惜羊而欲去其獻之犧牲。孔子意則是：若連餼羊也不再，人將無以知告朔之禮；故寧犧牲羊之生命保存告朔禮之事實。孔子非不愛惜生命，唯獻仍如一般，最終用為食，【如「君賜食，必正席先嘗之。君賜腥，必熟而薦之。君賜牲，必畜之」〈鄉黨〉】，「祭肉」〈鄉黨〉只多出禮之意義，非平白殺生。告朔之禮有兩層意義：一為人君表示對政事之敬與重視、二言人事之更生再始。因政事與民有關，告朔之禮故反映人君對百姓事之重視、及自身努力之不斷更生。句借告朔之禮說明三道理：一、若事對人有特殊意義，那在事與物間，應重視其事多於其物，不應因物而失卻事，此事與物價值之先後。二、所謂事禮，所求首先是人對「事」之重視。國君行告朔之禮，亦其對政事重視之表示。因僅為禮，故行禮所透露實人自身態度，此禮所以重要、亦事禮之意義。廢告朔或惜羊而廢禮，故同廢人對事重視之心。若明白禮對人心之重要，【如「每事問」或「為力不同科」之禮，其重要性實不下於其事】，廢禮故如同廢人對事及人對人之重視，此所以反應視禮本身為一事，如事般不可廢，此保留餼羊之意義，求為對禮、對事之警惕故。對告朔之重視，故既是對事、更是對禮作為事之重視，由此見人對事根本態度。三、若「每事問」為敬而「射不主皮，為力不同科」為和，那對事之愛亦先體現在對（其）禮之愛而已。因禮作為事，所體現正是人性其真實，故對人對事之愛，直體現為對禮之愛，此「我愛其禮」涵義；其意思故多重：既愛告朔之禮、亦對禮本身有所愛；既愛人對事重視、亦愛由禮所體現人性。餼羊意義故重大。愛有多重，多只對單一事物。然對禮之愛，非只一物，更是對人及人性之愛。由於禮，事始真實地人性而美，故對事之愛，必亦對其禮有所愛，此孔子「我愛其禮」更深意思。

以上三點可簡略為：一、應見物其為事之意義，非只見物而已；二、事禮所顯，為人對事對人重視之態度，此事禮意義；三、由於人性實為一事，禮本身故亦為事，其為事所體現，直是人性本身。對人性、對人、對事之愛，故亦同是對禮之愛、對禮之重視。

作為結論，有兩點：一、由物而事、由事而禮，因禮為人性體現，此於事言禮所以為美，【「禮之用，和為貴。先王之道，斯為美」〈學而〉】，亦事非只事、更為人性關鍵者。二、若愛本身為人性，那對禮及人性之愛，更是愛之真實，其為愛更美、更善。

愛唯有二：對人、對物。然愛始終應先在人、非在物。於事中所重視，故非只其事、更是其禮：那與人及人性懿美有關、並使事更為懿美者。

*

除事禮外，平素亦有對人之禮。對人之禮仍可環繞事而發生，唯其重點在人、非在事。【事禮必亦涉人，唯重點在事，如「入大廟」而「每事問」、「射」時「不主皮」、「為力」時「不同科」，故為事禮。對人之禮雖亦涉事，然重點在怎樣對人方面，非與事有關】。對人之禮亦從上下關係言：十八句言下對上、十九句言上對下，二十句則為人禮之總結。

十八、子曰：事君盡禮，人以為諂也。

〔平素對人之禮有三。一：「事君盡禮」之敬〕

無論「事君盡禮」抑下句「君使臣以禮」，兩語都沒有從具體怎樣行說明，這表示，對人之禮已非怎樣、而只程度或態度問題。人與人間若仍有禮形式上限定，如此再無真誠可言。而從真誠言，禮應致無條件地步，故「事君盡禮」，及，君亦須對臣「以禮」：「君使臣以禮」（見下句）。「人以為諂也」故明白說，「事君盡禮」是致何地步。不過，「以為」二字表示：一切只出於盡禮之心而已，非真有所諂媚、亦非與對方權勢地位有關。心誠於人與人之美，這是「盡禮」之真實；若只求為「諂」，其為禮是不會致「盡」地步。而對上「盡禮」，也只敬而已，其虛假反面故為「諂」。

十九、定公問：君使臣，臣事君，如之何？孔子對曰：君使臣以禮，臣事君以忠。

〔平素對人之禮有三。二：「君使臣以禮，臣事君以忠」之和〕

句所以保留「定公問」而非直言「君使臣以禮，臣事君以忠」一道理，並明見定公從「使臣」與「事君」言君臣關係，是為指出：定公必以君臣為上下不對等，因而臣事君必須盡禮而君使臣可不必。孔子之「臣事君以忠」故只針對上位者回應，非為言臣之道。孔子之回答故刻意：縱使有所上下，君仍須以禮使臣，（不應對臣要求其禮），此「臣事君以忠」所含意思：下對上盡忠便是，無須強調盡禮。居上者故仍應以禮使臣，不應因居上而以為可無禮。於上對下中，禮故求其和睦而非驕態。句中「臣事君以忠」故既言臣之道，亦為針對定公而反言；始終，臣事君仍應如前句所言「盡禮」。

以上兩句因而說明下對上、及上對下禮之程度。禮於人與人間，故是態度而非形式問題。於有上下時，人難人性地對待，那時，上唯命令、下唯諂媚而已，都非為對方而忠誠。禮其意義故重要：成人與人關係之真實（忠信），使去權力及利益心之虛假。

二十、子曰：〈關雎〉樂而不淫，哀而不傷。

〔平素對人之禮有三。三：「樂而不淫，哀而不傷」之愛〕

一如前「爾愛其羊，我愛其禮」為事禮總結，本句亦為對人禮之總結。所以舉男女情愛言，原因有三：一、已有情感似無須言禮，故從情感言禮，更見禮之必須；二、情感雖人至美關係，然若無禮仍無以真實，此見禮之必然；三、借由情感中哀樂事實，更見禮「不淫」「不傷」根本意義。

以禮維繫人與人，其道理自然，人相互間必有所困難故。然情感本已親近，於此仍言禮，因情感其哀樂可過度或傷害。〈關雎〉詩從情愛之不得，教人其中人性應有美善，亦孔子借以言情愛之禮之原因。情愛之過度（「淫」）不是、其所致傷害（「傷」）亦不善。能「不淫」「不傷」，此始情感之禮。【情愛中禮，〈關雎〉以「琴瑟友之」「鐘鼓樂之」表達】。禮故非止於事中爭鬥與不和而已，亦見於單純人性情感關係：人性仍可因自我而扭曲背離，故有「淫」「傷」可能。唯由禮，情感始能真正美善。一如對物之愛（「爾愛其羊」）仍須考慮其為事之意義，對人之愛亦須考慮其是否對人真正善，後者仍須由禮始成。

從「爾愛其羊，我愛其禮」及「〈關雎〉」句故可見，在物與事、及在自我與人性間，人由愛而致之欲望偏私，唯由禮始正。「不淫」「不傷」故無須限定在情感關係上，一切過度與傷害（淫與傷），無論是因爭鬥、野蠻、權力、不敬、不和、或自我所引致，都可視為「淫」「傷」，因而「不淫」「不傷」實可視為一切禮意義之簡明總結。

〈八佾〉有關事禮而終結於「我愛其禮」、於人禮而終結於情愛，可見「禮與愛」二者為人類最高真實：若「愛」為人性理想，【正確言應以仁為理想，但這是從天下之普及性言而已，若從人親密性言，愛程度更深，是從此言為理想】，那「禮」則為其落實，二者互為基礎：禮基於愛人、而愛亦由禮始美善。禮與情感之結合，為人性存在最終真實。此所以孔子讚歎：「師摯之始，〈關雎〉之亂，洋洋乎盈耳哉」〈泰伯〉。人性以愛【仁之更高程度】、而存在以禮為終極。沒有愛，個體無以得其存在充足意義；而若沒有禮，連愛亦可只相害，非真正美善。

「禮與愛」雖互為根本，然孔子之「我愛（其）禮」，一如「我欲仁」〈述而〉，更是「愛與禮」於個體之究極：若非由對禮之愛，禮與愛仍未必一致、禮未必必然落實。若把孔子「知之者不如好之者，好之者不如樂之者」〈雍也〉用於禮一事上，句十五同於言「知禮」（「是禮也」）、句十七言「我愛其禮」、而句二十（〈關雎〉詩）所言即樂於禮樂【「琴瑟友之」「鐘鼓樂之」】。於此可見，對禮一事，實仍有好與樂等模態可能。故非唯哀樂須禮，好與樂更使禮落實並成就。人之愛好與樂雖有無限層次與面相，然「樂節禮樂」〈季氏〉始終為真正快樂之根本：既由見禮之美善而樂（文後素之美及其人性），亦由自節約（不淫不傷）於禮樂而樂，非自我放縱。由禮，故始有樂之真實：愛好使禮更能成就、而樂則由禮更為真實。此禮於愛好與悅樂中特殊意義。人性所好所樂，故亦由禮而更真實美善。唯與禮結合，無論情愛抑愛樂，始為人性至美善時刻。〈關雎〉詩終所言，故非只「我愛其禮」而已，更是「樂於禮」時人性愛樂與禮結合之美。〈八佾〉以「〈關雎〉」句終結平素禮，所見實此。確實，禮除為「文」之美外，更是人性其美之根本，連情愛與好惡之美亦由此。事實上，人存在非必然悅樂，男女之情亦多有所哀；存在故都在貧富、愛惡、哀樂間。這一切確難去。然若能「富而好禮，貧而樂」〈學而〉、能在愛惡間仍仁、【「唯仁者，（能好人），能惡人」、「惡不仁者，其為仁矣，不使不仁者加乎其身」〈里仁〉】、及能在哀樂中仍有禮之「不淫」「不傷」，如此已是人性存在之美，非必至福而後止。人性存在，故既在如此負面事實、亦在此人性禮之正面上：貧而仍能樂、哀而仍不傷、惡而有仁。這一切，使存在更人性地美麗。貧非必不樂、哀非必傷、惡亦非必不仁，能如此，已多麼是人性（禮）之自覺與努力。如此自覺與努力，始是人真正之美。人性存在之美，故唯由禮而立。「興於《詩》，立於禮，成於樂」〈泰伯〉三者，故為「〈關雎〉」句所統言。禮其真實在此。

＊

〈八佾〉論禮最後部份，以禮破壞問題結束。

一如惡多由上位者（強者）造成，無禮亦然。惡行人人皆知，然無禮所致害其影響深遠。縱使似微不足道，其深入人心更是無知無覺。無禮因失卻人性，縱使只微言微行，其害不亞於為惡，以「養」成惡故。若非藉由禮教育，人故難知曉人性應有對待，相互傷害因而為常態。社會越緊密越是如此。對此，法律實無濟於事。社會中居上者因由有如教育般影響力，其責任故重大。居上而無禮，【不知禮或對禮敗壞】，實難辭其咎。居上者主要有三：知識份子、富人、及權勢者。禮之壞亂因而亦有三：知識、財富、與權力。知識造就強弱與虛假，亦往往為道理之扭曲；財富形成欲望爭鬥與不平等，為不義之源；而權力因標榜力量，更由欺壓與不仁而泯滅人性與德行。偽化、欲望化、強力化三者，實人性腐蝕原因。此居上者不講禮之根本惡。

《論語》借由宰我之曲解禮、管仲之不儉與僭禮，對禮敗壞作說明。所以分兩句，除為二人外，亦因知識為能力、而富有與權力則為擁有；權力與富有往往勾結為一故。

二十一、哀公問社於宰我。宰我對曰：夏后氏以松，殷人以柏，周人以栗，曰使民戰栗。子聞之曰：成事不說，遂事不諫，既往不咎。

〔禮之壞亂有二。一：知識〕

知識怎樣虛妄？「社」指國社，為建邦時土地之神（社主）之立。這為祭祀對象之社主，是依據土地所適宜種植之樹木選定，故「夏后氏以松，殷人以柏，周人以栗」。哀公為君時，勢力已在三桓之手。哀公雖欲收回失去之權勢，然因實力不足，只會造成更大混亂。其問社於宰我，宰我知其所圖，為迎合其逞威泄忿之意，故把「周人以栗」之「栗」，妄解為「使民戰栗」（戰慄恐懼）。《論語》以此說明知識份子之偽：只利用知識以討好或諂媚權位者，因而實仍虛偽；雖對向事實（現實），然始終不懷有善道價值，如為迎合哀公，對三桓不應奪取君主權勢一事，沒有考慮哀公能力，甚至偽做「使民戰栗」解釋以教唆，不顧傷害，此知識之不仁。縱使為事實，知識仍須基於德行，有其真正善意，如「知者利仁」所言。知識無論怎樣，仍須回歸心志之善良，非唯依據事實，甚或刻意妄言妄行。事實無論多真實，若無善，仍只偽而已。

對宰我之虛妄，孔子反應有三：「成事不說，遂事不諫，既往不咎」。「成事不說」：對事情真正美好之道理不說，即宰我沒有把周人以「栗」為社主之正面意義述說出來。「遂事不諫」：對勢在必行之事，若非為是，仍應盡力諫止；此指哀公討伐心意雖定、似志在必行，然若明知其非，仍應盡力諫止。「既往不咎」：事雖過去，若本不善，仍應追咎反省；此指哀公為惡已久【魯國政事敗壞】，雖似過去，然仍應盡力指正。知識之偽，故由毫無善意、不以道為真實：或虛假地說、或使事情醜化，只盡求負面、不教人見事應有之正面與善（忠），如宰我。對真實之成不說、對不善不諫、對過錯不咎，反妄言其負面以妖惑人心，這即知識所有偽、其於人中所致敗壞。

禮之壞亂非言百姓不行禮，而是上層階層對禮之根本破壞。如知識份子【於我們今日，傳播媒體同然】之惡意曲解、以事實為由傷害善意與事之正面性、甚至對道理否定，如此始對禮根本破壞。知識之惡先在此：對人性美善之可能盡其傷害而已。文明之轉向物及自然宇宙，必有曾對人及人性之否定、以人性為惡，只圖索新奇，遠去存在平凡真實，求為自我、求為表現。知識之禮故在：以人性正面性為本、求為明白事情正道，非如言「使民戰栗」，惟恐人有所安定而刻意製造不安。正而不求負面，此知識之禮、其應有美善。

傳統「成事不說，遂事不諫，既往不咎」解釋與我們不同：傳統以魯政事已成已遂，故不應復諫說；過往錯誤若不能追回，不應深咎。如此態度對小事可，對大事不可。孔子鮮教人對君主不諫，如「季氏將伐顓臾」〈季氏〉而孔子責冉有與子路不諫止便是一例；【亦參考：「季氏旅於泰山。子謂冉有曰：女弗能救與？對曰：不能。子曰：嗚呼。曾謂泰山不如林放乎」〈八佾〉】；「比干諫而死」與「微子去之」都同屬仁〈微子〉；又楚狂接輿之歌：「往者不可諫」〈微子〉乃楚狂接輿之言，非孔子所說。此外，「成」字在《論語》中均指正面事之成，如樂之「以成」〈為政〉、「成於樂」〈泰伯〉、「巍巍乎其有成功也」〈泰伯〉、「博學而無所成名」〈子罕〉、「名不正則言不順，言不順則事不成，事不成則禮樂不興。（…）」〈子路〉、「苟有用我者，期月而已可也。三年有成。」〈子路〉、「見小利則大事不成」〈子路〉、「有殺身以成仁」〈衛靈公〉、「信以成之」〈衛靈公〉等等；「成事」故不宜指魯無道既成其事。且「成事」與「遂事」所指應不同，不應重複、或解為事之初成與事之已竟。事唯有成與否，但無初成與已竟之別。「遂」字在《論語》中另有用為：「衛靈公問陳（軍旅戰陳之事）於孔子。孔子對曰：俎豆之事，則嘗聞之矣。軍旅之事，未之學也。明曰遂行。在陳絕糧，從者病，莫能興。（…）」〈衛靈公〉；「遂」明顯指孔子不應起行而起行、「不得已而行」。「遂事」故非指事之已竟，而應是其事本不應為而不得不為之情況，即哀公討伐三桓之不應為而哀公仍一意孤行時之情況。孔子認為，縱使如此，仍應諫止。「遂事」與「成事」所指故非一，不宜為重複。傳統所言非是。知識所以真實，故或在言事之正以成、或在對錯過反省追咎、甚或對勢不能已之錯誤仍應盡力諫止。

二十二、子曰：管仲之器小哉。或曰：管仲儉乎？曰：管氏有三歸，官事不攝，焉得儉？然則管仲知禮乎？曰：邦君樹塞門，管氏亦樹塞門。邦君為兩君之好，有反坫，管氏亦有反坫。管氏而知禮，孰不知禮？

〔禮之壞亂有二。二：財富、權力〕

除知識外，財富與權力亦禮壞亂之原因，此管仲句所言。「器」不應如傳統解為「氣量」。「器」在《論語》單純從能力言；子貢善言語故孔子稱為「器」：「賜也何如？子曰：女器也。曰：何器也？曰：瑚璉也」〈公冶長〉。「君子不器」〈為政〉、「君子（…）使人也，器之」〈子路〉、「工欲善其事，必先利其器」〈衛靈公〉等均明顯指如器物般具體能力或技能。若解為「氣量」，「君子不器」則全然無解。「氣量」於《論語》應為「諒」。於人批評管仲「相桓公，霸諸侯」時，孔子反說管仲為「一匡天下，民到於今受其賜」，因而對評論者視為如匹夫匹婦之氣量淺狹：「豈若匹夫匹婦之為諒也，自經於溝瀆而莫之知也」〈憲問〉。「諒」始與人（由廣博識見而致之）心胸廣闊有關，由如此心胸，故能體諒、諒解。〈季氏〉中「友諒」亦指（通達事理而致〕能體諒之朋友。〈衛靈公〉：「君子貞而不諒」則說：真實之人應能自守於正，無必求人明白諒解。「諒」始心胸度量，「器」不應作如此解。管仲為有識見之人，編者引管仲句，只為討論管仲儉與知禮問題，與氣量無關。

有關管仲，除〈八佾〉本句，另見於〈憲問〉。〈八佾〉從管仲其個人，〈憲問〉則從其從政對人之影響，〈八佾〉中「器小」故與其從政德行無關。若從政，孔子「如其仁，如其仁」地讚美。〈八佾〉句對管仲之批評，只針對其作為上位者個人方面，其「器小」因其個人沒有特殊才幹技能，縱使於從政而仁，然孔子非有對管仲作為上位者個己之權勢或富有肯定。共體禮與義必自上而下；上位者不能如此，應受人批評，此人〔或人〕試圖替管仲辯解時，孔子之反應。

句始於「管仲之器小哉」似突兀。然若知本句與前句同屬一組，兩句所言：知識、才能〔器〕、儉、與知禮四方面，實社會對人評價之主要方面：知識與才能直從人之現實、儉與知禮則從其基本德性。四者中獨能力一事與禮〔之敗壞〕無關，純屬個人自己方面，於本句故只為引言、為指點管仲其人個己、非其從政方面，亦與禮討論無關。「或人」對孔子評管仲能力狹小不滿，故試圖從德性方面辯解，故提出「儉」與「知禮」。孔子之回答仍然否定。

財富所造成惡或敗壞主要亦三：一為財富貪婪多造成貧困與不義；二為對財富崇尚使真正

價值喪失；三即為財富多驕奢，對禮易造成敗壞，居上者尤甚。後一點即本句主旨。財富驕奢其反面為「儉」，儉故為一種德行：物質唯從需要（不浪費）及簡樸言，如「殷之輅」〈衛靈公〉。【殷輅以木質製造，只求堅實、素樸無飾、無金玉器之奢浮、無凸顯貴重之意】。對物珍愛仍見人心敬意，然對物浪費、以量示富有，則再無敬意在，故逆禮「敬」「和」之心。管仲即如此。「管氏有三歸」指管仲有家三處；「官事不攝」言其屬下官員繁多，事不統攝而人力浪費。無論內抑外、無論用人抑用物，管仲故極盡浪費，其奢侈不儉從此言。上位者奢侈耗費、無視事情需要，如此姿態態度，即對禮破壞，毫無居後之心。

除不儉外，「邦君樹塞門，管氏亦樹塞門。邦君為兩君之好，有反坫，管氏亦有反坫」。塞門即設屏於門內，藉蔽外以顯示尊卑之別；天子諸侯皆有屏。於友邦來訪時，主客均在堂中獻飲；在兩楹間有由土製之坫。飲畢，相互反空爵於坫上，然後拜，此天子諸侯之禮。管仲為示權勢，於諸侯朝齊私訪管仲時，管仲自視如天子，以同樣塞門及反坫顯示自身權力地位。句中「亦」字【「邦君樹塞門，管氏亦樹塞門。邦君為兩君之好，有反坫，管氏亦有反坫」】明見管仲心刻意對立，在人前示己權勢。對如此僭越行為，孔子故評為「不知禮」。居上而對禮破壞，後果嚴重：使存在失卻人性懿美態度與「禮後」此存在德性，共體其人性秩序由是不再。

以上兩句：知識對人性正面心之扭曲與虛偽化、財富驕奢對人性謙讓與平實性之破壞、權力僭越對自我突顯及人與人對立爭鬥之助長，如是自內而外對人心之敗壞，實非只個己問題而已，作為上位者更是從根本對共體其人性基礎破壞，此上位者對禮破壞所以嚴重。

禮雖為人性敬、和、愛之體現，然唯由此，人類共體始得以回復其真正基礎。禮非只表面，而是存在其唯一人性基礎，其破壞故嚴重。縱使有以法律彌補，始終無以能人性地內在而真實。

禮之破壞因而可歸結為三：對人心思之敗壞、【特別當借由想法教唆人對立他人、視他人為敵對、為不善者，如宰我「使民戰栗」想法上之邪惡、或如「人性惡」思想】、由奢華使人心欲望而喪失謙讓與平實性、及直由僭越與權力表示敵對與爭鬥；如是三者，直是由上位者引致對共體存在其道之破壞。心思由不善對人之「不愛」、心由驕奢對人之「不敬」、及心由對立爭鬥與人之「不和」，這都為自上而下地禮之崩壞。而失去禮，即失去一切人性基礎可能。禮從這點言，實存在之德行：既在心思之善意、亦在財物之儉樸、更在份位之居後不自我突顯上。禮故特與知識份子、富有者、及權勢上位者態度有關。禮故非只制定問題（更非從法律般制約言），而先與社會中上位者心態態度有關，是先針對知識、財富、及權力三者之心態言。禮雖維繫人與人而為共體基礎，然其立與否，全繫於上位者，無論儀文抑平素禮均然。禮其立與敗壞之關鍵由此。〈八佾〉始於論禮之本、其目的與意義、禮文之執行、及禮在平素之真實，至此禮之立與敗壞之原因，此禮其所有方面。之後，亦最後，即為對「樂」之討論。

*

社會共體存在，非只身體行為（禮之人對待人）、亦有心感受問題、有心對更美好之求。心感受具體化時在作品，其教育亦由作品達致（如音樂之潛移默化）。故除為心懷所寄外，教化亦創制所有意義。「樂」作為人文創制，其目的故先在存在之悅樂意義。禮樂兩者所求同一，均人性敬、和、愛之美善。心能見人性美善之體現、能以人性所悅教化人，由此達心真正養成，此「樂」之意義，亦共體甚至人類存在之真正完成。【孟子故說：「仁之實，事親是也。義之實，從兄是也。智之實，知斯二者弗去是也。禮之實，節文斯二者是也。樂之實，樂斯二者。樂則生矣，生則惡可已也。惡可已，則不知足之蹈之、手之舞之」《孟子・離婁上》、《尚書・堯典》亦有：「帝曰：夔，命汝典樂，教冑子：直而溫、寬而栗、剛而無虐、簡而無傲。詩言志，歌永言，聲依永，律和聲。八音克諧，無相奪倫，神人以和。夔曰：於。予擊石拊石，百獸率舞」】。如是可見，人類為其存在更美好而作之創制，不應如「藝術」從個人風格及內心世界、或從技藝形態，而應單純為成就人類生命喜悅與人性美善感受為目的。中國古代故稱此為「樂」，為存在心與生命所感喜悅之表達、為心（於人倫外）存在意義所寄。【作為人文創制其內容與方向本無定限，所以從「樂」言，因快樂畢竟為百姓存在意義，創制故無以不從「樂」言，亦古代所以以音樂樂舞表達之原因】。人性共體故由「禮」而立、由「樂」完成。「樂」由是統稱一切人文創為（百姓生活美樂）。

「禮」「樂」作為共體之「立」與「成」，其行或制訂刻意而主動，所參照為一「人性存在」整體，非如今日文明，雖由智思成就，然始終形態地分散【如宗教、政治、經濟、藝術等】。這些形態由人類智思價值（現實價值）、非由人性，故始終無以對人言真實：宗教因只他世信仰故而虛構、政治因只力量對立性故始終現實地虛假、經濟（政治經濟）因只求為富強故與存活美好無關、知識教育因實用導向故只侷限於物事科技、藝術因始終只基於個體自我之意想與向往故無以為人人價值、哲學式思惟因只理性推理故其真理始終思辨地虛構構造性……，如是文明形態無以返回單純人性存在、亦與人性真實無關。若撇開存活（經濟與物事：義）不談，存在實只「人與人」及「人與人文創制」（禮樂）兩面而已。「樂」因以人性而非以智思為價值方向，作為人文制作，始使存在歸正，非落為虛假價值形態。人文應由人性、非由智術欲望成就。一如「禮」涵蓋政治、教育、藝術以致道德宗教，「樂」作為教化，亦涵蓋教育與藝術，為存在終極意義所本。此「成於樂」意思。

從「興於《詩》，立於禮，成於樂」〈泰伯〉可見，人文之三層次為《詩》、禮、樂。《詩》（文教）興發心其人性美善；禮使存在（人與人）立於人性上；而樂為存在悅樂終極、為存在意義之體現。《詩》（學文）若為個體事，禮則直為共體基礎、在人與人間；而樂更是心對存在整體感受之表達。詩若體現心志，樂則為存在最終心境。

〈八佾〉論「樂」三句故為對人文創制之道之總括：句二十三直言樂之本質，其所反映之心境境界；句二十四言創制作為「文」之意義與真實；而句二十五則論作品創制本身原則。三句從樂（人文）之境界、至文落實意義、及至作品本身制作之具體（美學），使見人文中「樂、文、美善」之關係：人文創制之本在存在心境感受，句二十三即言其境界；創制之落實為「文」，句二十四故言其真實對象與意義；而創制必終以作品為體現，句二十五故言作品其美學原則。從至廣之存在心境基礎至作品之具體，「存在心境、人文、作品」三者（三者即一切人文創制面向），可說為即「樂、文、美」三方面。一切人文創制應以三者為目的：以百姓悅樂為終極、其本身為「文」形態、其為作品以「美善」【簡稱為美】為原則。悅樂、文、與美三者故應為人類創制之價值準則；三者在事物使用或實用價值外，其作為人文物事時之人性價值。能同時具有此三種價值，是人類「創制」（制造）事物所可有之最高意義與真實。

〈八佾〉論「樂」三句所以重要，由其所指出，始為人文制作其人性價值之真實。始終，人性悅樂、性情之文雅素養、及美善合體之美學，始為制作價值之極致，從萬物存在至人類創制均然。正因為極致價值與理想，三句故都有一種極致味：論樂句從「始作」至「成」；木鐸句有「天將以」這樣極致形容【「天下之無道也久矣」之「喪」亦一極致情況，從負面言而已】；而論〈韶〉〈武〉句則更有「盡美又盡善」這樣究極。事實上，在平素行作外，人類之刻意創為，應為終極者。對人文創制作討論，故應從其究極真實而立論，而此即在平素需要外，事物所能有之最高價值。悅樂、文、與美這三種極致價值，故為從人自己、從客體存在、及從事物這三面言；三者故總言存在（共體存在）之終極真實。雖只三句，然其問題層面既究極亦複雜。

在西方，人類創制基本上以物、非以人為導向。而隨着物形態及種類，都分化為不同技藝專業、功能差異、或特殊對象內容，事物因而各有其自身不同價值標準與存在意義。當藝術從技巧、風格、時代精神、理念觀法等作為評斷及創造目的時，這已反映，其背後價值非根據於人或人性，而是順從物價值而訂定。【人心因會隨物轉移，從中亦見悅樂、似為心之創造及美之表象，故易誤解已為人性】。縱使為「存有」或「世界存在」如此形上價值，始終非如「人性」真實。若明白存在畢竟是人（為人）之存在，那人文或人性價值始終較物性價值為基本。

二十三、子語魯大師樂。曰：樂其可知也。始作，翕如也。從之，純如也，皦如也。繹如也，以成。

〔論樂有三。一：樂之本質（存在心境）與境界〕

樂之翕如、純如、皦如、繹如，非如傳統解釋，以為為樂曲之四階段：樂曲不應只有單一形式，魯音樂太師亦不應於音樂事需受教於孔子。「子語魯大師樂」單舉「樂」一詞是因為：孔子與魯太師所論，應為音樂本質、其境界、其所體現悅樂層次與形態等；換言之，音樂及人存在感受之正道。這有關音樂境界之討論，為藝術境界論中最早。一般所言境界是與大自然景物（如高山流水）互相呼應時所有心靈狀態，為心超拔於世間現實而有之本真懿美。這與自然一體之境界，可說為源自老莊傳統。中國藝術往往從此言優劣，非與技藝難度、獨特性、或突破性有關。【原創性只物物觀法上之超越，非境界高低，後者在人氣度與德行，非在聰穎創新】。《論語》所言境界不同。與自然景象呼應之境界仍只一種遠人心境，非能與人一體。孔子所言境界，其為悅樂既更正面、亦人人可致力，故無孤離之未善。能教百姓致力於此，實境界更真實意義：非隱於山林而孤寂，更是人性一體而悅樂。【人性一體非古希臘酒神精神之一體，前者人性而後者仍自我】。孤寂心境不能認同大眾所樂虛妄，此其美，然更善者應先從正、從樂之正教人。【故孔子「自衛反魯，然後樂正。〈雅〉〈頌〉各得其所」〈子罕〉】。如此化成始與德行一致，亦孔子所求境界之真實。人之境界實亦心境之層次，而心境畢竟以所樂為依歸。境界故應為人心境所樂之層次。而言悅樂亦有境界，是為教人心境努力無須違背悅樂之人性、而快樂亦非必低俗或慾望性質；人皆可從修己提升其悅樂心境，其創制亦自然隨心境之轉變呈現出更真實感受與視野，非只自然景象、更是人心之懿美。此境界更真實所本：在人心、非在景物境界上。

作為心境之直接反映，先唯音樂。中國古代期盼於樂，故為心境正面悅樂之體現。「音樂」與「悅樂」因而同有四層次，即孔子與魯太師所言。

【孔子雖非樂師，但如藝術境界與意義等問題非必專業於技藝者所能。除非有對人類存在反省，否則無以對藝術真正明白至此。編者保留「子語魯大師」一語故為指出：對藝術之明白非必由於技藝、更應由人對人文之關懷，如孔子。此所以孔子晚年歸魯「然後樂正。〈雅〉〈頌〉各得其所」〈子罕〉】。

「樂」心境境界四層次：「翕如」所指為聲音物性層面。在音樂創制始作中，人多先求聲音變幻茂盛之美，從聲色變化得滿足。此「翕如」階段。「翕」故指聲色變化之豐富性。人求快樂亦然：初只從一己欲望滿足，故求索新奇物事及感官形色，此人一般悅樂之初始形態。

「純如」反此。「純如」言對淳樸平淡真實有所自覺，心由向往純然簡單而得其快慰，此「純如」階段。於音聲，在極盡聲色表現力與變化滿足後，人始體會聲外、聲後素樸恬淡音韻之美，此「純如」階段。「純如」如絲般儉簡平靜，或如鐘鼓後素琴之美，為生命內在無待時之心境。作為悅樂與音樂，「純如」故較「翕如」內在而真誠。

然無論「翕如」抑「純如」，都因相關於物（聲色）或相關於存在心境（心況）而未為心之獨立。故唯心知求其自身光明正面、無絲毫晦暗，其喜悅始真實。悅樂若非光明，始終外在。光明之悅樂故與人性懿美有關，從人之美善而體會，此「皦如」。於音樂意境，唯當音聲所表達情感或心境直是人性地正面、如歌地舒展，既文雅亦大度、絲毫無所晦暗哀怨、並能純然正面地感動人心，否則未為「皦如」。從明白言，「皦如」深切了悟一切，無所遺漏：無一音調非心所關注、無一意義非如言說般清楚明白深刻、無一意象非明朗清澈、無一樂句樂字失其頓挫歎息之舒展……；這一切，無不體現心光明明白之透徹。非只媒體素質之簡樸，更是由對內在理路之明白，於純簡充實中，見光明意義之喜悅：如玉石之明亮皎然、如心之不惑。「皦如」之樂故是人心光明明白時之心境。如此心境，無論於創作抑平素生活，都由人之正直、無求無怨、無所貪圖逃避而得、由心知行人性與仁善而致。光明與正面故唯由人性美善而有，不光明，亦由不見人性美善而已。心志若無能人性而獨立、始終對外在世界有所繫，如此無能「皦如」。「皦如」之樂故必越過現實、對現實透徹了解，並能返回人性之美、對其意義與感受了然。「皦如」之境故須以人心正面性為依歸。若仍求為物質、求為悲哀傷感情愫而非雅正，如此無以為光明。歌詠故應為心向往美善時之說話，非只自我語言；甚至只為言說（parlando）、非聲響。【〈幽蘭〉譜：「不當從聲音中求文字，當從文字中求聲音」；故聲音如文字、非文字如聲音。亦參考劉勰《文心雕龍・聲律》】。如此（作為語言）之「詠」，始為心體現之本。「皦如」故以「純如」先行，人由無待物而淡樸後，始能回收於心而對人性向往。見人性美善而光明，此心「皦如」境界。其為樂，已進於善。

最後，「繹如」之「繹」本意為相續不絕，一種聯合為一心一體狀態。【「繹」另一次運用：「法語之言，能無從乎？改之為貴。巽與之言，能無說乎？繹之為貴。說而不繹，從而不改，吾末如之何也已矣」〈子罕〉。意為：對外來法令般糾正能不依從？然能真實地改過始為貴；對人讚美恭順之言能不喜悅？然能於行中確有其實始為貴。非只求人逢迎而已，自己仍求有所真實。「繹」於此故指對人所讚美能心與行、內與外一致一體而貫徹】。引申為人與人無所對逆時一體之真實，為存在中至大悅樂。西方則以為酒神精神【見尼采】。人類所有不安、人自己大部份作為與心態，都以對立為根本。然人都清楚，縱然有勝，對逆之心始終無以有真實快樂。對逆所揭示為自身之未能，勝只不得已而已，非解決之圓善。人類唯由一心一體始真正喜悅，再無所私、亦無所懼。能心與人一起，始自己更大真實、亦人性深藏之期望。「繹如」境界故非只復歸人性而已，更是人與人之實在一體。悅樂若能共享、一體無間、無所自私對逆，如此始悅樂中最高境界。「繹如」故由返回人性始可能；若仍只物質欲望、或僅只自身安逸，都無能達「繹如」之樂。能見人人一體一心、萬物一體和諧，這始悅樂極致。如是景象，多在共舞中體現。

音樂如是境界有四，亦相對悅樂四種形態：或為聲色本身之快感與美感（「翕如」）；或為心境平靜、寧靜甚至存在柔和之愉悅（「純如」）；或為人性【對敬、愛、和之歌頌】之美麗光明（「皦如」）；或最後如在旋律主次與相互交織中、在音與音、句與句既獨立亦相互聯結中，所呈露無我而樂他、一體和諧之景象（「繹如」）。孔子「與人歌而善，必使反之，而後和之」〈述而〉即此後者：非獨主旋律、更是輔旋律難以言傳之美；其美再非物自身，而是一體共和。《書》稱此境界為：「八音克諧，無相奪倫，神人以和」〈舜典〉。夔故讚歎說：「於！予擊石拊石，百獸率舞」。詠與詠和、人與人和、神與人和、禽與獸和……，萬物皆和於此音樂悅樂中，此「繹如」境界。無論歌舞抑人與人，真正悅樂最終必為心與心之連繫，結合着人與人之一體，如「琴瑟友之」、「鐘鼓樂之」〈關雎〉，「鼓瑟鼓琴，和樂且湛」〈鹿鳴〉，「妻子好合，如鼓琴瑟。兄弟既翕，和樂且湛」〈常棣〉；

此《詩》對樂之深切明白。古代能體現「繹如」之樂舞，應〈韶〉而已，故孔子「在齊聞〈韶〉，三月不知肉味。曰：不圖為樂之至於斯也」〈述而〉。〈韶〉所體現為人與天地間和諧喜悅、一體懿美與德行，故「如天之無不幬，如地之無不載」《左傳．襄公》二十九年。

樂這四種境界，既為人存在心境之極致、亦為創制應致力價值與方向，既本於人性、亦同為境界。「禮」若結合人與人，「樂」即結合心與心（「繹」）。此文明應有方向與目的。悅樂故非在物質享受或自我孤高心境，更在復歸人性光明喜悅時存在之美、人與人無所對逆時之善。其他悅樂只逃避或無奈而已、只無知任性而已，非終極。

二十四、儀封人請見。曰：君子之至於斯也，吾未嘗不得見也。從者見之。出曰：二三子何患於喪乎？天下之無道也久矣，天將以夫子為木鐸。

〔論樂有三。二：人文（「文」）意義與真實〕

若論樂句言存在心境境界，「儀封人」句則論人文創制其客觀意義與目的。若悅樂為人存在主觀意義，那人文則為人類存在客觀意義。儀封人與孔子談論甚麼雖無法得知，然從儀封人離去時與弟子所言，可知他們必曾討論「文」或禮樂問題。《論語》於名字往往有所暗示：儀封人「儀」字似暗示儀文教養，可能因此而欲與孔子相見。孔子弟子之感慨、其所患「喪」，必亦與禮樂「文」之喪有關。有關「文」之喪，〈子罕〉有：「子畏於匡，曰：文王既沒，文不在茲乎。天之將喪斯文也，後死者不得與於斯文也。天之未喪斯文也，匡人其如予何？」意為：文王雖逝，然文始終仍在；天若有意喪文，人們今日對文將無以得知；天若無意喪文，縱使匡人置我（孔子）於死地，文不會因我之死而喪失。意思是：文不會因任何個體之存喪而存喪；因是人性本然，文故非任何個體（作品）制作。故於孔子說：「文莫吾猶人也」〈述而〉時，除孔子謙下外，更因「文」本身非任何人創制之事。個體與文之間，只是否覺識而已，故子貢說：「文武之道，未墜於地，在人。賢者識其大者，不賢者識其小者。莫不有文武之道焉」〈子張〉。換言之，文作為人性本然之事，非只形式而已；形式可無窮改易，然文之本「在人」，故不會隨時代而改變，更非任何個人創制之事。個體與文關係，只識不識而已。【「賢者識其大者，不賢者識其小者」】。文作為形式若可喪失，如儀封人所指出：「天下之無道也久矣」，因而孔子弟子有所感慨而患，然如同人類無論多無道人性本性仍不會因此而盡喪，文同樣，始終「在人」。【一如人可再無悅樂，然悅樂始終為人本性，唯是否知致力而已】。對文之覺識，正儀封人與孔子交談後，對孔子所作評語：「天將以夫子為木鐸」，即孔子由其對文淵博了解，將為喚醒人類對「文」覺識之木鐸。【古代行文教前以「木鐸」振鳴。武教用銅鐵為舌，文教用木為舌，故稱「木鐸」】。儀封人必已聽聞孔子對文之淵博，故於孔子至其地而特請見。儀封人所以聽聞孔子，與子貢說：「夫子之文章，可得而聞也」〈公冶長〉可能有關。「文章」非指德容威儀之類，而應指禮樂「文」之發於言論，即孔子對禮樂人文之討論。「文章」：文之彰顯，非從實現、而從解說言，教人見其意義與真實，使「文」得以光大。孔子晚年正樂：「子曰：吾自衛反魯，然後樂正」〈子罕〉、達巷黨人曰：「大哉孔子，博學而無所成名」〈子罕〉、顏淵之讚歎：「仰之彌高，鑽之彌堅」〈子罕〉，都與孔子對「文」廣博高深見識有關。【「仰之彌高，鑽之彌堅」形容孔子文之博學，對應「博我以文」；「瞻之在前，忽焉在後」形容孔子執禮之教育，對應「約我以禮」】。「天將以夫子為木鐸」故非言「文」由孔子實現，而是：孔子可喚醒人對「文」意義與真實之明白；由孔子，人文意義與真實可得以彰顯。木鐸所教及振醒者，乃人對「文」之覺醒。

若人類存在主觀面之極致在悅樂（見前句），那本句則教人：人類存在其客體面之極致在「道」，而此唯由人對「文」之覺識而達致。「天下之無道也久矣。天將以夫子為木鐸」：道、天下之道，由人對「文」之覺醒而覺醒，「道」由「文」之建立而建立；此「文」於人類存在之特殊意義。

「文」一詞主要有兩意思：一文章學問；【如「行有餘力則以學文」〈學而〉、「君子博學於文」〈雍也〉、「子以四教：文、行、忠、信」〈述而〉、「君子以文會友」〈顏淵〉等】；二事情實現時之表現樣態、呈露在事物中之外表，禮樂作為文屬此。【禮為行為與事情之表現樣態，樂則為人類在生存需要外之創制】。文這第二義，故主要指禮樂，亦往往對比於「質」。若道由文成就，【「一日克己復禮，天下歸仁焉」〈顏淵〉】，這是因為：在單純「事義」外，一切因與「人」有關，故須人性禮文以體現，非以為只事而已。事因由人始產生，故無法去人性不談。事情正確之法（道），故須從其體現時之樣態（文）言，事之是非對錯，往往繫於此。只以事為事，不知其對錯更在體現時之人性態度與樣態，這只漠視其中人之感受、以人較事更不重要而已。擴大而言，社會之有道無道，往往繫於其一切是否以禮樂為基礎、是否以「文」為價值。若不以禮行、其樂又淫亂不正，這已是社會之無道。對共體存在言，道與禮樂之文（文教）故是同一事：「克己復禮為仁。一日克己復禮，天下歸仁焉」〈顏淵〉、「天下有道，則禮樂征伐自天子出。天下無道，則禮樂征伐自諸侯出」〈季氏〉。天下之是否「歸仁」，實唯與「復禮」相關；而其有道無道，亦不離禮樂征伐等事。【若征伐只負面事，那為國正面之事，在禮樂而已】。故「道」除解作「導」與「說」外，主要所指亦二：一、事情執行時正確之法；【如「三年無改於父之道」〈學而〉、「吾道一以貫之」〈里仁〉、「有君子之道四焉」〈公冶長〉、「雖小道必有可觀者焉」〈子張〉等】；

二、終極而真實之道理（正道本身），【如「先王之道」〈學而〉、「朝聞道，夕死可矣」〈里仁〉、「士志於道」〈里仁〉、「魯一變至於道」〈雍也〉、「人能弘道，非道弘人」〈衛靈公〉等】，仁作為道之實現屬此，【〈學而〉：「君子務本，本立而道生。孝弟也者，其為仁之本與」】，有道無道亦往往指此。終極之道，故實仁與禮樂二者。非言「義」（生存需要）不重要，而是：正因其必須，如飢者必食、渴者必飲地無二途，故道不道，唯在此必須性外，是否本於仁及合乎禮而已。道從此言，故為事情執行時之「正」；而此，實不外仁與禮樂兩者。故連孝，亦「以禮」而已。【「孟懿子問孝。（…）子曰：生事之以禮。死葬之以禮，祭之以禮」〈為政〉】。一切事情其終極依據，實仁與禮二者而已。而在一般情況下，仁實由禮體現並達致；故遠去禮之文德，實如同遠去道，此禮文與道之關係、其一致同一。

「文教」故為天下歸道之唯一方法，亦「天將以夫子為木鐸」意思。文其客觀，故非唯在創制之必須人性，其意義更在成人之教育，使天下有道。【見「子路問成人。子曰：若臧武仲之知，公綽之不欲，卞莊子之勇，冉求之藝，文之以禮樂，亦可以為成人矣」〈憲問〉】。道之存廢、人之有道無道，全繫於此。

若「道」之行廢非個人力量之事，那從個人言，致力於「文」之興發、教人覺識「文」之真實，此亦一切制作其人性之本。至於道之行廢，始終與個人無關。故對公伯寮憑個人力量求對道改變，孔子說：「道之將行也與，命也。道之將廢也與，命也。公伯寮其如命何」〈憲問〉。人可致力於「文」，然道則非個人能力之事。致力於「文」故不應再有利益心、不應功利地衡量，以道之不能而不為。對文之努力，應獨立於道之行廢：「文」屬人自己事，道仍有天命在。人故不應患喪：縱使天下無道已久，人始終仍能覺識並更應致力於「文」及其教育。此「文」其意義與真實。【有關「文」本身意思，請參閱前第八句】。

二十五、子謂〈韶〉：盡美矣，又盡善也。謂〈武〉：盡美矣，未盡善也。

〔論樂有三。三：作品創制之美與原則〕

若「樂」為存在終極、「文」為道之具體體現，那更進一步，作品制作應遵循怎樣原則？其美應如何？此創制最終問題。「樂」（悅樂）與「文」因同為人性故美，然二者都與存在客觀有關，故須從善言。【悅樂雖主觀，然作為存在現象仍客觀，與人性有關故】。然單純作品制作其美何以必須從屬於善？此亦「為藝術而藝術」者所反對，以美不應從屬於道德。

除美外，因善亦為最高價值，故人易以為孔子必以美須從屬於善或道德，事實相反。從〈武〉樂之評為「盡美矣」可見，是否為美，其本身與善實無關。【故〈武〉雖「未盡善」，然仍可「盡美」】。美與善作為價值各自獨立，「盡美」無必亦「盡善」。不僅如此，若〈武〉與〈韶〉這極不相同作品仍同稱為「盡美」，那孔子對美實沒有以單一標準衡量。美始終可有不同：或源於人過往體驗與傳統、或更屬人個別心生命之努力，均顯向往之不同。如是差異，使美看似主觀，僅只各自喜好而已。故若作品之比較非從美，那唯從外於美之其他價值向度始可能；此時向度故須由於客觀、不能再是主觀。美若無可比較，那作品（同一作品）若從其他價值向度，是仍可比較者。此時價值（其他價值），至大亦終極者，莫過於「存在之善」；而這樣價值，明顯須回歸人性、銜接於「文」，否則無以為終極（見上討論）。物（作品）若非從美，那唯從善衡量與比較而已，後者作為價值與存在攸關：故從存在言，事物非只美、更須是善。從存在言，美作為價值，最終仍須從善言，考慮其於存在中意義與善之程度。若美能同時為善，其美將更美，非只美自身之求索而已，更有顧及存在，如人性之平和與懿美等。如是，美不再只表現力或表面，更為從存在言之美、其善，此即「里仁為美」〈里仁〉或「禮之用，和為貴。先王之道，斯為美」〈學而〉時美之意思：與存在之善相關故。〈韶〉樂作為作品即如此：在盡美外，「又盡善」，此「盡美矣，又盡善也」意思。

「美」於《論語》主要有三方面：一、盡「存在之善」時之美；二、單純事物本身之美：【如「美目盼兮」〈八佾〉、「宋朝之美」〈雍也〉、「周公之才之美」〈泰伯〉、「惡衣服而致美乎黻冕」〈泰伯〉、「有美玉於斯」〈子罕〉、「不見宗廟之美」〈子張〉等】；三、從人美德、德性言之美。【如「尊五美」中「君子惠而不費，勞而不怨，欲而不貪，泰而不驕，威而不猛」〈堯曰〉等】。若撇開德性美不言，孔子所肯定，唯與存在善有關之美，非美自身。禮如是、〈韶〉亦如是。【〈武〉為武王音樂，反映伐紂時心情，其氣勢始終失卻平和之善。〈韶〉所體現天地之大和，如《詩》「和樂且湛」，始美之極致，亦善故。〈武〉與〈韶〉之差異，故在一者只盡自身之美、為表現力之美（故「武」），另一更在存在關係中「又盡善」】。對作品，故非要求其美須體現（表象）善始為美，而是：在美外，實仍可對作品有其他價值向度要求。〈韶〉之善故與道德無關，只其美更有存在之人性考慮，非止於作品自身而已。如此更大更高之美（存在之美），使作品體現出存在之善、其人性，非只作為作品時之鑒賞性、非只想像力之自由遊戲而已，更是美之極致，其存在之美與善一如「里仁為美」，能於存在亦善，其為美故極致。善此一美感觀點，故更是存在、非只作品表現力而已。從存在言之善，作為景象，所呈現故亦可為美；〈韶〉所體現，正是如此。

作為感受，美本無須獨從作品表現力言、更無必為美自身而分割於存在；稱一物為美，故可非單純美學感受，更可訴說其他面相。純粹美學或藝術性只一抽象限定，非感受原本。作為人，人性地從存在言善與美一體之感受，實為美更大真實。非由於道德，直由人性感受而已。藝術由於與欲求有一定關係，故始終非為美之根本，其未盡善往往由此。若感受最終不能離人性，美亦不應只視為事物現象，更應見於人對人善之體現與景象，後者更是萬物中至美麗者。在盡事物之美外，能同時亦盡人之美，如此美之感動，始至為真實。作品若有其極致，應在此。〈八佾〉從創制言人性美之極致，故實已銜接於下篇「里仁為美」。以上為〈八佾〉對作品制作美感之討論。

人存在心境、禮文樣態與盡善作品三者，涵攝一切人文層面，亦人在存活必需外，從存在感受言之終極。三者以人性為本，亦「文」三種形態：心境之文（樂）以人性「皦如」「繹如」境界為極致；行為之文以禮文為極致；而創制（作品）之文以存在之善為極致。「文」故非物或藝之文明，其為文明，在求為人性而已。此一切文明應有真實。

*

二十六、子曰：居上不寬，為禮不敬，臨喪不哀，吾何以觀之哉。

〔禮之總結：上位者於禮之行〕

〈八佾〉在禮樂道理後，以上位者於禮之行作終結。原因明顯：禮樂其行與否，都與上位者有關。句故重申兩點：一為禮實行之本在上位者，【「天下有道，則禮樂征伐自天子出」〈季氏〉。上位者作為亦「以禮」而已，見「為國以禮」〈先進〉、「能以禮讓為國乎，何有〔不可〕？」〈里仁〉、「道之以德，齊之以禮」〈為政〉等】；二為禮即以人性「和、敬、情感」為本，對向人，始終無以單純言刑法規範，一切仍須以「和、敬、愛」成其事。此本句主旨。

孔子沒有對上位者過份要求，句所舉例子，只最基本情況而已。首先為「和」。「居上不寬」似與和無關。然因已居上，本無與人爭或不和需要，故其和更應從寬大言。事實相反：權力者只知欺壓而無和睦之心，故不以禮為真實，此孔子指出「居上不寬」之意。「和」於上位者故首先在是否寬大上，由寬而得眾。【「寬則得眾」，見〈陽貨〉與〈堯曰〉。於《論語》，寬幾近唯從「得眾」言，故為上位者事】。居上而不寬，此見心胸狹隘，因而只自我而非以禮（人性）行，故「何以觀之哉」。

「為禮不敬」中「為禮」一詞，非指平素行禮，所言為上位者祭祀之執行。【《論語》中「為禮」、「為仁」、「為政」、「為國」、「為邦」等詞，都從上位者言。「為」言主動作為，「為禮」故指禮之執行，如祭祀。見〈陽貨〉：「宰我問三年之喪。期已久矣。君子三年不為禮，禮必壞。三年不為樂，樂必崩」。因「三年不為禮，禮必壞」，故宰我所指，非一般而是君王或上位者三年之喪。由是三年不為禮、不為樂始引致禮樂崩壞。「為禮」於此仍明從上位者儀禮言】。「為禮不敬」故言行禮之心態。本來，「敬事」為「為事」之大原則，【見〈學而〉：「道千乘之國，敬事而信」】，然孔子甚至非從此平素道理，唯舉「為禮」時刻言。若連這樣重要時刻仍不知敬、其不敬又在人人眼前，如是實上位者對禮漠視之虛偽，其「何以觀之哉」由此。

最後，「臨喪不哀」中「臨」字明顯亦從上位者言。【見〈為政〉：「季康子問使民敬忠以勸，如之何？子曰：臨之以莊則敬，孝慈則忠，舉善而教不能則勸」及〈雍也〉：「仲弓問子桑伯子。子曰：可也。簡。仲弓曰：居敬而行簡，以臨其民，不亦可乎。居簡而行簡，無乃大簡乎」】。人若平素對人無所情感，這還可有原因在；然親人逝去仍無所哀慟，其人已絲毫無所情感、無所人性真實。作為上位者臨喪不哀，其人再無人性「愛人」可能。

人固然可從不同方面觀察與評價，如能力、善良、好學、是否剛直勇毅等，然這些都只其人自己，非與禮有關。於與人而無和、敬、情感（無禮）之心，作為上位者若如此，其對禮敗壞嚴重，此〈八佾〉以此總結禮之原因。禮之懿美，是人作為人首要真實。上位者若無此人性，無論能力怎樣，只偽而已。君故先以其人性懿美而為君。孔子有關禮樂之論述，故亦以對上位者其人性訴求而終。

在結束本篇前，讓我們對禮、及孔子有關文藝之評論法作一簡述。

＊

【附論一：禮之總述】

禮建基於人與人三種基本關係：親屬之內在（如父子兄弟）、君臣之上下、朋友或鄰里之平等。三者各孕育一種人性之美：情感（愛）、和睦、與敬。人與人人性之美，全繫於此。非言三者只與三種關係有關，只最為自然而已：上下而見敬重、鄰里而見和睦、親人而有情感，是其關係之自然者。三者於平素，即非儀文之禮。至於儀禮，只敬、和、與情之更高昇華，如對向天地、對向先祖傳統之緬懷與感謝，或用於君對人民、對政事之重視等，借由儀式而見於眾人前；然始終仍為禮其人性之體現。

禮雖求為人性體現，然用於共體之成就中，目的或意義仍有三：一為人文素養之基本教化、二去權勢之驕橫、而三教人不爭。三者為對存在現實負面習性之教化與改正。

禮除作為人性體現、及除為共體正道外，於人類存在中基本精神，為「居後」態度〈特別針對上位者〉。禮這「後」「素」精神，既為人性德行所在、亦為存在懿美之原因、更為「文」所以為「文」之真實。人類唯由「後」「素」精神，始能去其自我盲目欲求態度之虛妄，使能安守於存在，懷着感謝之心與天地及他人共生。事實上，從現今文明可見，人類存在多只自我、盲目求為自由任意而不知公私差異、以一己所欲涵蓋對方一切、更無知退讓居後之美與德行。存在故只求為表現與力量而已，絲毫不見為「文」。文之美有二：一在物之「素」、另一在人之「後」。二者均「文」之體現，文明其真實應由此，非由先進與突顯，後者始終只欲望之爭而已。

對人性、對共體、及對天地與存在，禮其意義與真實故重大，非只偶然創制而已，更是人類存在所必然者。禮這三方面：使共體以「文」教化、於存在態度居後、及體現人關係其人性之美，總括人類存在全部美之樣貌。舉「和」為例：「和」非只不爭而已，更是一種主動努力，如「子與人歌而善，必使反之，而後和之」〈述而〉那樣。除「與人歌而善」外，由「後」而「和之」，更見人與人可達至之美，非只處處求「同」而已，更在差異中而可能。【「小人同而不和」〈子路〉。「同」只如黨或盲目認同、只一種相互吹捧，故醜而非美】。

禮這三方面，故既成就人關係之真實、亦修正人類現實、更使存在因「文」而美麗。禮取代法律之嚴苛，使存在因「文」而如詩意般，更使人知「人」之真實，其「作為人」時人性之真實。

事實上，如「居後」精神，固然可由於禮，但亦可源自人在強暴者前因害怕而居下。孔子說「夷狄之有君」時明有此意。這樣居後固然虛假，但也反顯出：居後多麼是人與人根本事實。若非因恐懼而更由自覺而致，如此居後始是德行；用於居上者身上，即為王者之風。居後因而特別針對強者言。君之為君故不應從地位權勢、而應從自覺為人之典範言，是從這樣自覺而使王者為王而非為霸者，此所以舜「恭己正南面而已矣」〈衛靈公〉，亦「為政以德。（…）居其所而眾星共之」〈為政〉意思。故縱使無君而有禮，共體仍可如君主般存在，否則便只能如弱者般地居後而已。以為禮即吃人之禮教刑制、以為禮如法律般先針對人民百姓，這只對禮之無知與曲解，其對人性美之漠視。【仁必為禮之本：「人而不仁，如禮何」〈八佾〉。若非求為人之立，禮也只弱者對強者之卑躬屈膝、禮其虛假而已。禮故源起於王者之仁，由其立人之心始成就】。

因今日以自由民主為普世價值，我們於此亦稍作討論。「自由」與「民主」兩者實矛盾：若以人民為客觀主體，則自我無以言自由，一切應歸向人民。一如若以自我為絕對主體，是無以言上帝為最高真理那樣。【見笛卡爾《沉思集一》】。自由一概念實建基於自我主義，無以與任何客觀存有相合。正因為自我，故若同為居上者，其自由將等同獨裁，仍出於自我無視客觀存在時之虛假。若有此客觀必然性，個體是無以以自由為本。自由畢竟只相對自我言而已，離開自我，自由非能為真正訴求，人性始是。如是可明白，自由非無條件者，更不應從自我言。始終，自我或自由仍不得不承認或接受一外來客觀機制，如法律或神倫。然如此機制，因本身仍可如自我般任意而獨裁，故又循環地為民眾求為自由之原因，兩方因而始終同構。自由如是實與獨裁一體兩面，視乎位居上或居下而已。代表外來客觀機制者，始終只自由之對立面，而自由所對反，亦那代表客觀性之公權力（政府或國家機構）。由此可見，政府與民眾兩者自我實同只主觀而已，均非真正客觀。若非承認禮與人性，是無能言真正自由與客觀者。人性因人人共同，故而客觀；其亦為每人所是性向，故亦使人從己而自由。禮如是既客觀地真實、亦主觀地與人自己一致，既客觀而非自我、亦自由而非外來強制。唯如此，始有真正自由可言，非基於自我，而是本於與客體能一致之人性。此人性道之真實：既為人主觀、亦為人人客觀所是，自由唯從此言：非自我地、而是人性地。故「夷狄之有君，不如諸夏之亡也」〈八佾〉，有君（有國）而自我，不如無君（無國、無自我）而人性（人與人有禮）。此「共體」真正訴求及所應追求價值：非在自我而自由，在人人能人性而已。始終，無論自由抑人權，都無以代表或反映人民之實，其產生只為對反獨裁而已，非本身為正道。二者背後仍可只為自我之訴求，唯人性始屬百姓真實、始與自我無關。

*

【附論二：孔子對藝術之評論法】

從孔子對〈關雎〉詩之評語：「樂而不淫，哀而不傷」，實可見孔子對文學藝術之評斷法。

古代對事物價值之評斷，絕不以外表或形式為依據；美作為感受實存在於人與事物間，非單純物自身之事。對事物之美學判斷，因而只從其所傳達及體現對人其人性感受之美與善言。美故非快感，而是事物亦體現人性美善時之一種喜悅與感動。美故必然結合於德行，非單純物質形式或感官感受之事。非言藝術（內容）從屬道德善惡下，而是於事物所體現美中，亦見其作為德行時之美。舉〈關雎〉為例：其哀樂之「不淫」「不傷」，正是其哀樂之美於體現時之一種德行。美故不應只從哀樂表現力本身求，更應在其如「不淫」「不傷」之德性。古代美學之評斷法：「□□而□□」，正由此而產生：藉由「而」字體現德行之美而已；孔子亦然。【以「樂而不淫，哀而不傷」這種評斷法表述美，非獨孔子。《左傳》襄公二十九年公子札對《頌》之形容與讚美亦然：「至矣哉。直而不倨，曲而不屈，邇而不逼，遠而不攜，遷而不淫，復而不厭，哀而不愁，樂而不荒，用而不匱，廣而不宣，施而不費，取而不貪，處而不底，行而不流。五聲和，八風平，節有度，守有序，盛德之所同也」。這類對事物要求其中道之節制，正是事物德行所在】。對作品（所言、所表達）之評斷，故如人心或行為，以其德行之美為最高。作品之美與美學，與人或人心之美故一致，均本於德行而已。一如山水景象，也只從其與人心境界呼應而為美，後者故始終不離德性考量。景象之美從心境境界言，事物之美則從其體現時之德行言，二者始終與德行有關。〈關雎〉所體現，故實禮所有美而已。

中國古代這樣德性美學，具體言時，即以美須以中庸為道、無過無不及。也因為中道，故沒有事物絕對不能為美，相反亦然：縱使如「周公之才之美」，若「使驕且吝，其餘不足觀也已」〈泰伯〉。事物能盡其中道，如此德行，已為美之真實。美故非有所獨特、非事物自身之突出與表現力、非淫且傷；美始終須與禮一體而合乎人性。以自身之美致人類存在或他物不美，這非美應有真實。相反，有顧及整體而言之美，亦必與禮之美有關。對藝術如此要求，非對其美內容或樣態之限定，只求其在自身外、對存在與他者亦有所顧及，因而有所節制、成就更大而真實之美。中國美學是從此更大層面言，非止於物自身或其技藝而止。這更大而真實之美，即由禮所表徵：存在之美。藝術與倫理由是一體，均從存在之美而立。「立於禮」〈泰伯〉故涵攝一切：無論人抑物、無論倫理抑藝術，都須立於此。

公元二零二零年九月二十九日修訂

里仁

存在終極德行：仁與君子

〈里仁〉以「仁」與「君子」為旨。二者繼共體禮樂後，為人類「存在德行」終極與根本。「仁」為存在德行終極【「天下歸仁」〈顏淵〉】，「君子」（真實之人）則為人人德行基本。因為人人存在終極德性，故繼共體之討論。仁與君子二者實亦孔子之致力。【見「若聖與仁，則吾豈敢。抑為之不厭，誨人不倦，則可謂云爾已矣」、「文莫吾猶人也。躬行君子，則吾未之有得」〈述而〉】。從〈學而〉（存在正道總綱）、〈為政〉（人與存在真實）、〈八佾〉（存在共體之道），至本篇（存在德行終極），故見人類存在道理一層一層開展。

從「里仁」可見，本篇所言「仁」，實「仁」作為存在之道（里）。「仁」作為存在之道，是從人在無親屬或情感關係時、在社會一般相處間，應有相互對待之人性德行。《論語》故以「里」字標示此意。「里」除指人與人一般關係外，更含居處之意；「里仁」句故有「處仁」之詞，而這是說，仁是人與人在存在中之德行。同樣，〈里仁〉下半部份論君子（真實之人）時，亦先從君子怎樣面對其存在處境言。之後始論說君子事人（以事父母為例）及為事等道理。故無論從人與人、抑從人自己之真實言，〈里仁〉都環繞存在處境而討論；此其所以為存在終極、及為人個體存在德行（真實性）。

〈里仁〉之分組主題如下：

一、論仁與存在境況之道一：仁與人（由智）「對存在境況之好惡」（一與二句）

二、論仁與存在境況之道二：仁與人「對人之好惡」（三與四句）

三、以上兩組總結：仁作為存在之道（五與六句）

四、「黨」與「仁作為存在之道」總結（七句）

五、君子對己存在之道（八至十四句）

六、君子現實中與人之道（十五至十七句）

七、君子事人之道（十八至二十一句）

八、君子行為態度之道（二十二至二十六句）

*

「仁」不應單純理解為「愛人」。「愛人」於《論語》只上位者對百姓，非人與人間。作為人與人德行，「仁」非單純善對人，更有「人作為人」之立、以「人」或「立人」為本；一切善對人，須由此。唯如是，善始人性之善，非神性或博愛。孔子對「仁」之說明故為：「夫仁者，己欲立而立人，己欲達而達人。能近取譬，可謂仁之方也已」〈雍也〉。「仁」作為德行因而極致：既是善、更是人（人性）之善（對人作為人有所立）。【「立人」因須先「己立」，故非只愛人：愛只對對方，然仁須先從己立之努力言】。「仁」故始終以「人」、非以其他存有者為本。【如神靈、國家、甚或「理性存有者」】。「仁」故是於存在中「人作為人」之德行，成就着從人性言之存在極致，此「里仁為美」意思。「仁」作為「存在之道」、作為人性終極體現，是從此言。

於《論語》其他篇章，「仁」或相關從政、或相關人自己及外表表現、甚或相關其他德行言。然從「存在之道」言「仁」，所涉更是人對存在境況（因而客觀）、及對人之好惡（因而主觀），二者正是人類（於存在中）不仁之所由，人類存在畢竟由愛惡形成故。「仁」作為存在之道，故正對反人類之「好惡」，後者由欲望與自我、非由人性。又因對存在境況之欲求多以智思進行，「仁」故亦從對反「智」言：「仁」始為存在德行，「智」唯「利仁」時始是。以「智」求為存在境況、及對人主觀好惡，此人類存在事實（現實），「仁」道理所對反即此。

〈里仁〉有關仁之七句結構如下：句一與二以句五為總結，句三與四以句六為總結，五六兩句則以句七為總結。句一與二從「人對存在境況之好惡」言仁，句三與四則從「人對人之好惡」

說仁。人類之好惡主要亦這兩方面而已。故除「智思」之運用外，存在實基於「好惡」形成而已。

仁作為「存在之道」所涉問題故有五，均與存在有關：仁與存在之智思、仁與存在好惡（對存在境況及對人之好惡）、仁與存在美與善、仁於存在之可行性、及、里仁與黨作為存在形態之對比（「里仁」與「黨」均存在之羣體性，所反映為存在好惡之真與偽）。

一、子曰：里仁為美。擇不處仁，焉得知。

二、子曰：不仁者，不可以久處約，不可以長處樂。仁者安仁，知者利仁。

〔論仁與存在境況之道有二。一：仁、智與存在境況之好惡〕

「里仁為美」明指向一種存在理想，「擇不處仁，焉得知」亦明顯承接此意而言。縱使「里仁」非如「天下歸仁」〈顏淵〉究極，然後者因過於理想，故有不切實之嫌，未如「里仁」平實。「里」介乎「天下」與「個體」間，為人與人具體而真實關係，既能主動、亦有被動，非如「天下」，個體多無能為力。若只從天下或從個體言，「仁」無以明其在人與人切身互動中之真實。「里仁」故確然「為美」、為存在地美麗，亦孔子對存在之平實期盼。從「擇不處仁，焉得知」故可見，「仁」

作為存在之道，是對比「智」（作為存在之道）言，後者為人類一般所求，甚至為人類摒棄仁之原因，此「焉得知」意思。存在若唯以智而不知仁、不擇仁為依歸，以為智之發展高明，如此非存在正道。仁始使存在美麗而善、為存在之人性所在。此〈里仁〉開宗明義所指出。

若「里仁為美」為存在理想，「不仁者」句則從反面指出何以如此。原因明白：存在能安定安樂，必人人相互以仁對待始致；若有不仁或不仁者，存在無以安樂。智作為存在之道始終無以保證存在之安定：無論存在境況富裕抑匱乏，智思其發展都無改不仁者其不仁。不仁者既不因「處約」而安份、亦不因「長處樂」而知自守。「約」言約束。除指因物質匱乏而致約束外，亦可指制度或刑法對人之約束：約束始終無法使不仁者改變其不仁。「不仁者，不可以長處樂」更明白指出：人之善與惡、其仁與不仁，實與存在境況之好壞無關，故不能以存在境況之困難為人不仁之借口、亦不能以為由智而致存在物質境況之改善能使人仁：仁與否，終究在人自己，與存在處境優劣或智之發展無關。作為結論「仁者安仁，知者利仁」故指出兩點：一、存在之安唯單純由仁而已，縱使非「里仁」，仁者仍能從自身之仁（德行）而安，不會受（「處約」「處樂」）處境影響。二、智唯由有助於仁始為真正智，若背離仁（「擇不處仁」），智始終非是。

存在之安唯由仁而已：仁既使人能安於任何處境、其本身亦是處境中至為理想者（「里仁」）。

此「仁」所有客觀與主觀意義，既為存在本身之安定、亦為人自身能安之唯一原因。

*

三、子曰：唯仁者，能好人，能惡人。

四、子曰：苟志於仁矣，無惡也。

〔論仁與存在境況之道有二。二：仁與「人對人之好惡」〕

有關存在之道，前組兩句從存在境況之好惡言，本組則從人對人之好惡言。人對人好惡多純然主觀，存在之不善往往由此。若非由仁，一如對境況之好惡，對人好惡多只傷害而已。「唯仁者，能好人，能惡人」指出：人非不能對人好惡，然須出於仁，否則只傷害。仁者因真實地人性，其好惡實仍基於仁，故而無害。子貢一次問曰：「君子亦有惡乎？」孔子回答：「有惡。惡稱人之惡者，惡居下流而訕上者，惡勇而無禮者，惡果敢而窒者」〈陽貨〉。孔子反問：「賜也亦有惡乎？」子貢答說：「惡徼以為知者，惡不孫以為勇者，惡訐以為直者」。孔子與子貢所惡均有理由，然若細察，孔子沒有如子貢以原由惡人。縱使人確然如「徼以為知」、「不孫以為勇」、「訐以為直」地虛假，然對虛假性之厭惡仍可造成傷害。孔子所惡故非由於原因（如虛假性），其所惡反而只人對人由惡所造成傷害。問題故非在好惡本身，而在是否造成傷害。人各有所惡、惡亦可純然主觀，然問題唯在傷害而已。孔子所惡故有二類：訴諸言語對人傷害、及訴諸行為對人傷害，以言語者，如「稱人之惡者」或「訕上者」，以行動者則如「勇而無禮者」或「果敢而窒者」。好惡中之仁不仁，由此定奪。此所以「唯仁者，能好人，能惡人」，其好惡無害故。事實上，孔子對所惡只遠而已，【見「放鄭聲，遠佞人」〈衛靈公〉】，非因厭惡而相害。對所惡故亦從不攻擊。【見「攻乎異端，斯害也已」〈為政〉、「攻其惡，無攻人之惡，非修慝與」〈顏淵〉、「不逆詐，不億不信。抑亦先覺者，是賢乎？」〈憲問〉、「君子成人之美，不成人之惡，小人反是」〈顏淵〉。對子路之佞故說：「是故惡夫佞者」〈先進〉；亦因而替仲弓辯說：「焉用佞。禦人以口給，屢憎於人，不知其仁，焉用佞」〈公冶長〉】。仁者對人厭惡所以「無惡也」，由此。句（「苟志於仁矣，無惡也」）故更進一步指出：好惡所以能無害、甚至人所以善而無惡，因由志向於仁而已，此人能無害無惡之原因。於人與人之好惡間，故仍以仁為道。

從以上兩組四句可見，人類存在可有四方面：或依於仁、或依於知（智思與知識）；或為對存在境況好惡、或為對人好惡。後三者若非依於仁，始終無以真實或美善，此仁作為存在之道意思。無論單純主觀、抑更似有智思客觀原因，人類存在始終在好惡間、以好惡為道；若非仁，存在無以為正、無以安定安樂而無害。若好惡之不是易見，知識之不是則難見。〈里仁〉故特言：「擇不處仁，焉得知」。知識若非以仁為依歸，始終只欲望，仍由好惡支配，非真實。見知識之未是、見人類不離好惡、見仁始為存在之道，此孔子有關人類存在深邃洞見與反省。

以上四句因而間接指出存在之美與善：「里仁」為美、「苟志於仁矣，無惡也」為善。〈里仁〉一、二句故言仁之美，三、四句則言仁之善。存在之美善故仍在仁。更進而言，「里仁為美」非只言存在之美唯在仁，實更言美之極致在「存在之美」、非在如藝術等技藝。「里仁為美」故首立一種存在美學：人為他人時之懿美故較藝術美更為根本、更是終極。物事之美仍主觀，唯存在之美始客觀而落實。從「里仁」，故見美更高意義、其更真實感動。善亦同樣：存在之善非在理性或制度，在人是否志向於仁而已；其他方法均無以致此。

存在之美與人類之善，故唯以仁為依歸。〈里仁〉從存在切入，所言故是美與善均由人與人體現。美先是人與人之美、而善亦先是人（志向仁）之善，均非制度刑法之事。存在之美善故在仁，此仁作為存在之道之根本性、亦其為存在理想之原因。

*

五、子曰：富與貴，是人之所欲也。不以其道，得之不處也。貧與賤，是人之所惡也。不以其道，得之不去也。君子去仁，惡乎成名。君子無終食之間違仁。造次必於是，顛沛必於是。

〔仁作為存在之道總結有二。一：仁與「對存在境況之好惡」〕

本句為前一、二句存在境況好惡之總結。

一如〈學而〉句十五，【「子貢曰：貧而無諂，富而無驕，何如？子曰：可也。未若貧而樂，富而好禮者也。子貢曰：《詩》云：『如切如磋，如琢如磨』，其斯之謂與？子曰：賜也，始可與言《詩》已矣。告諸往而知來者」】，本句亦借貧富喻人對存在境況之好惡。從「富與貴，是人之所欲也」、「貧與賤，是人之所惡也」明白可見，人對存在境況均有所求，而其好惡，亦存在中傷害之首先原因。故唯無論存在境況好壞，「不以其道」，「得之不處也」「得之不去也」，否則境況之好惡只造成不仁而已。「道」明顯指「仁」。對存在境況之處與去，應單純由仁取決，故「君子無終食之間違仁。造次必於是，顛沛必於是」：「終食」仍喻存在境況，「造次」指成就或順境，「顛沛」則言失敗或流離時。之所以更言「君子去仁，惡乎成名」，因存在境況多以「成名」（聲名）為優越。真實之人，故寧不去貧賤或求為成名而去仁。此其所以有道。

「惡乎成名」更明白指出：除主觀好惡外，好惡亦可從道之向往言；故由對仁有所好，始「惡乎成名」。縱使存在均由好惡支配，始終，好惡仍可從「好仁」或「惡不仁」言（見下句）；如此好惡更是人性根本，其他好惡只自我好惡而已。仁因而沒有否定好惡本性，好惡如此自然本性亦可不違道。仁之似對反好惡而言，只因好惡多為不仁而已，非因為好惡本身。

有關「君子去仁，惡乎成名」一語，宜注意以下幾點：一、「成名」一詞非如孔安國以為指「君子」之名：「惡乎成名者，不得成名為君子也」。君子既不求為人知（不求名），【見「不患莫己知」〈里仁〉、「人不知而不慍」〈學而〉】、其所在乎只道與事，非個己名望。【故孔子亦只「博學而無所成名」〈子罕〉】。〈衛靈公〉中「君子疾沒世而名不稱焉」只從名之敗壞、非從求為「成名」（成君子之名）解。若「君子去仁，惡乎成名」亦從惡名解，則道理未是：君子之仁，非由惡名之不是而致。君子仁由道，非因恐成惡名而強為仁。〈里仁〉「成名」故仍應單純指現實名望。以為解君子所以不「去仁」之原因，然若如此，君子將視名較仁更為重要：仁不仁，由恐名不名而已，非由仁。二、若「君子去仁，惡乎成名」為言「君子」之名，此語將與前後文言存在境況之好惡無關，置於句中再無義。三、「去仁」一詞只言與仁無關而已，非言「違仁」：真實之人其成就不會與仁無關。若與仁確無關，如此聲名只君子所惡。

六、子曰：我未見好仁者、惡不仁者。好仁者，無以尚之。惡不仁者，其為仁矣，不使不仁者加乎其身。有能一日用其力於仁矣乎，我未見力不足者。蓋有之矣，我未之見也。

〔仁作為存在之道總結有二。二：仁與「人對人之好惡」〕

本句為前三、四句對人好惡之總結。

好惡若不致害仍可（見前句三），其若直與仁有關，如「好仁者，惡不仁者」，將更為有道。然知仁而好者於現實難見，此所以孔子「我未見好『仁者』、惡『不仁者』」。一如「生而知之者，上也；學而知之者，次也；困而學之，又其次也；困而不學，民斯為下矣」〈季氏〉，對仁之好仍有層次之分：好「仁者」（喜歡仁者之人）主動，故「無以尚之」；惡「不仁者」因屬被動，故為次，孔子仍稱之為「其為仁矣」。所以如此，因由惡而對不仁自覺，故有不為可能。孔子甚至退一步，非從不為、只從防備言：「不使不仁者加乎其身」。【參考子貢：「我不欲人之加諸我也」〈公冶長〉】。「仁」

與人之層次故有三：仁者（為仁者）、好「仁者」、惡「不仁者」；後者仍可分為：因惡而自覺不為、及因惡而只防範。然無論哪一者，「有能一日用其力於仁矣乎，我未見力不足者。蓋有之矣，我未之見也」。意是說：為仁與力量或現實境況無關，不能以境況為由而不為；為不為背後非由能力力量、由好惡而已。現實雖不見仁者或好仁者，然為仁或好仁始終非力量之事。仁於人雖有層次，然為仁者始真實，此所以孔子慨歎未見。作為結論故可說：好惡非必然不是，仍可有對仁者之好、對不仁者之惡。好惡雖似主觀，然因仁仍可客觀。由仁，好惡始不惑不傷，此仁所以仍為人對人好惡之道。

有關「惡不仁者」之「其為仁矣」，亦可如下解釋：對不仁者疾惡，人可致亂。【見〈泰伯〉：「人而不仁，疾之已甚，亂也」】。然如此始終仍不仁。故對不仁而能止於「不使不仁者加乎其身」，因而不致亂，如此仍一種仁之體現，此「其為仁矣」意思。

從「有能一日用其力於仁矣乎，我未見力不足者」可見：共體事雖似與個人無關、個體亦無以獨立於共體外（道因而似非由個體而立），然仁（作為存在之道）仍可是每人自己事、可於個體無限制地實行。存在之道由是仍可本於每人自己，不會因共體而不能行。若換以欲望，確未必能行或有所真實；若為知識智思又非必人人所能；故共體對個體只能言箝制與強迫，非如仁能使每人獨立而真實。此仁作為存在之道於個體所有真實性：仁實每人自身之道而已。

＊

七、子曰：人之過也，各於其黨。觀過，斯知仁矣。

〔總結：「黨」與「仁」作為存在之道〕

本句為此分組（一至六句）仁作為存在之道總結。

從「各於其黨」言「人之過也」，「人之過」明顯非從平素過失言。平素過失只個人事，與黨無關。「黨」指朋輩而意氣或好惡相同者、阿比而相助匿非及偏倚者；故《書洪範》言：「無偏無黨」。「黨」言人某種集體集團，為存在中人與人結合時一種凝聚力量，無論由於相同信仰、主張、觀念、或好惡，如此多造成對人之不仁，或最低限度，對對方（敵對者）不仁，因而明為「里仁」之對反：「里仁」由仁，「黨」主觀或敵對而非仁；「里仁」為美，「黨」由主觀認同與好惡而為過。若「里仁」由仁而達一體和諧，「黨」相反：縱使亦似一體一致，然作為人與人之集結，黨非由於人性、非仍保有人各自差異與獨立，而是從利益、主張想法、甚至行為好惡等之共同達成其集團性；其為集團，故結合着智思（想法主張甚至主義）與好惡（欲望），因而為存在上利益利害關係、求為一種力量勢力，非求為單純人性而美善，此「黨」與「仁」（作為存在之道）差異。「黨」之人與人，其反面實人與人敵對對立，為人與人之偽與無道。【「鄉黨」中「黨」，謂五百家；因「鄉」於周制可大至萬二千五百家，故「鄉黨」並稱非從數言，所指為由地方習俗、想法而致行為做法之差異。縱使仍只生活事，非如「黨」之政治力量性，然始終非如「里仁」，為由人其普遍人性而有】。

「人之過也，各於其黨」意謂：無論想法為何，一旦人類非單純以其人性共同性向而存在、非單純以仁相互對待，而有着其他信念信仰、目的與利益，以如此相同好惡集結人之存在，以為一體一致、主導並規劃着存在與共體本身，如此種種，實人類存在上極大錯誤。所以極大，因由黨同所形成分裂，實人類存在對立性之所由，為存在上至大惡之形成，此所以孔子直指為「人之過也」，如直為人類過失那樣。「人之過也」故非指個人因如此而過，而是人類因集團意識而過。從「各於」二詞明白可見，這種種主觀想法、信念與利益、及由之所形成集團共體，均只偏見偏執而已、各各有其認為與認定而已，其為錯誤由此、亦其錯誤所以必然，非單純由於或回歸於人性、非單純以仁為道。從為過錯言，如此存在上之集結，終必為黨同伐異地相害，其與仁對反由此。

對人類於存在上如此偏執觀見，是應明白：仁所以為存在真正道，因一切唯由人性而已，既只講求對人善、亦再無智思想法與利害之偏私偏見，故由「觀過，斯知仁矣」。

孔子本句道理明快，亦極簡明地總括人類存在及思想上之一切過失錯誤：正由於只為想法，故各有各自偏私，未為人性地共同而根本。以為由智思而更上，實只「擇不處仁，焉得知」而已。孔子如是對人類智思與仁之對比、對人求為勢力與求為人性之對比，實明快簡明，亦一語道破地掀開存在所有偏見偏執與錯誤：人類習性（習）與人性（性）之根本對反。存在之道似有種種，各以為有所利益、各以自身為是，然事實是：一旦遠去人性所是，無論理據為何，始終只錯誤而已；個體若順承黨道而行，亦只不仁而已，絲毫未為善、亦未能作為人而真實。

共體或羣體之基礎，故應由「仁」。如「里仁」之共在，既無認同亦無對立，非有以強烈好惡或欲望為目的。「人（人類）之過也」所以「各於其黨」，因一、惡（大惡）必然靠着羣黨力量形成，非能單純由個體；二、人所犯過錯、其不仁，背後都似有着「為人」為借口：一國為其人民、一階層為其階層相互利益、一父親為其家人，等等。人之過表面都非為己，而是為着所認同與所偏愛者（民族、宗教、主義、階級等），甚或只倚着國家正義與自由為由，行使着對立與傷害。唯仁始回歸人性以相處，再非藉着理由與借口。縱使為神倫道德或國家法律，故都非共體或存在真正基礎，非必人性而仁故。人類智與不智，因而實由仁與不仁而顯。

*

【附論一：《論語》其他篇章對「仁」之論述】

除「仁」作為存在之道外（〈里仁〉），《論語》有關「仁」，主要有以下四方面：一、仁與其他德行及道理之關係；二、論仁者及仁與每人自己之關係；三、仁與人外表表現；四、君王及為仕之仁（為政、從政之仁）。仁故仍可相關其他方面言。

一、仁與其他道理或德行之關係，主要有二方面：一為孝悌為「為仁」之本【「孝弟也者，其為仁之本與」〈學而〉、「君子篤於親，則民興於仁」〈泰伯〉】；二為仁為禮樂之本【「人而不仁，如禮何。人而不仁，如樂何」〈八佾〉】。而從個人言，人一切德行，主要亦由對仁之自覺與努力而致。連賢如顏淵，亦如是【「子曰：回也，其心三月不違仁，其餘，則日月至焉而已矣」〈雍也〉】。相反，若對不仁者過度痛惡，是「亂」兩原因之一【「好勇疾貧，亂也。人而不仁，疾之已甚，亂也」〈泰伯〉】。不過，仁作為德行，仍須建立在「學」，故「好仁不好學，其蔽也愚」〈陽貨〉。以上為仁與其他德行之關係。

二、至於「仁者」及「仁與每人自己之關係」，首先有關「仁者」，主要亦二：仁者之性情與心境【「知者樂水，仁者樂山。知者動，仁者靜。知者樂，仁者壽」〈雍也〉、「仁者不憂」〈子罕〉〈憲問〉、及「求仁而得仁，又何怨」〈述而〉】；仁者之智【「宰我問曰：仁者，雖告之曰：井有仁焉，其從之也。子曰：何為其然也？君子可逝也，不可陷也；可欺也，不可罔也」〈雍也〉】。至於「仁與每人自己關係」則有三：一、「為仁」為每人自主自決【「仁遠乎哉？我欲仁，斯仁至矣」〈述而〉、「為仁由己，而由人乎哉」〈顏淵〉、「有能一日用其力於仁矣乎，我未見力不足者。蓋有之矣，我未之見也」〈里仁〉】。二、「為仁」應為人首先之道【「仁者，先難而後獲，可謂仁矣」〈雍也〉、「夫仁者，己欲立而立人，己欲達而達人。能近取譬，可謂仁之方也已」〈雍也〉。以上兩句言人與仁之首先關係：一、縱使「為仁」似困難，始終應為每人首先事，非處處以短淺利益為先。雖有所困難，然為仁終必有所得獲，此「先難而後獲」意思。二、「立人達人」之仁，仍須由「己立己達」做起】。三、若因客觀環境未能用力於仁，最低限度仍可「剛毅木訥」而自己【「剛毅木訥近仁」〈子路〉之「近」，與「信近於義」、「恭近於禮」〈學而〉同，指客觀情況未能時，人自己仍能怎樣即近。「剛」指不受外來誘惑而欲、「毅」言自己內在堅定地志向、「木」指不圖外在表現與反應、而「訥」則不浮於言論、不多言。之所以「剛毅木訥近仁」，因單純剛毅木訥已足使人真實：「剛毅」之不欲不貪不畏困難已是「立」，「木訥」則對反「巧言令色」，故非虛假表面而偽善。此故為仁之即近】。

三、仁與外表表現問題亦有兩面：一為仁虛假外表、二為仁與其他表現之不等同。有關前者，即「巧言令色，鮮矣仁」〈學而〉〈陽貨〉。外表上善良只亂仁之真實，故〈陽貨〉以「惡紫之奪朱也。惡鄭聲之亂雅樂也，惡利口之覆邦家者」與「巧言令色」同屬一組：前者言外表美之誘惑、後者言外表善言對人心之迷亂。此外，仁與人其他表現亦可能混淆，主要有三：仁與佞【佞在古代往往被誤以為從政能力，故對「或曰：雍也，仁而不佞」，孔子之回答是：「焉用佞。禦人以口給，屢憎於人。不知其仁。焉用佞」〈公冶長〉】、仁與才能【「孟武伯問子路仁乎？子曰：不知也。又問。子曰：由也，千乘之國，可使治其賦也。不知其仁也。求也何如？子曰：求也，千室之邑，百乘之家，可使為之宰也。不知其仁也。赤也何如？子曰：赤也，束帶立於朝，可使與賓客言也。不知其仁也」〈公冶長〉】、仁與忠、清、勇及克、伐、怨、欲之不行【「子張問曰：令尹子文三仕為令尹，無喜色；三已之，無慍色。舊令尹之政，必以告新令尹。何如？子曰：忠矣。曰：仁矣乎？曰：

未知，焉得仁。崔子弒齊君，陳文子有馬十乘，棄而違之。至於他邦，則曰：猶吾大夫高子也。違之。之一邦，則又曰：猶吾大夫高子也。違之。何如？子曰：清矣。曰：仁矣乎？曰：未知，焉得仁」〈公冶長〉、「仁者必有勇，勇者不必有仁」〈憲問〉、「克、伐、怨、欲、不行焉，可以為仁矣？子曰：可以為難矣。仁則吾不知也」〈憲問〉】。

四、君王及為仕之仁道理主要有三：一、仁之迫切性或重要性；二、仁與禮及態度；三、仁與用人與友人；三者為對君王及士言。有關仁之迫切性及重要性，人多唯以生死生存為迫切，然仁實甚於水火【「民之於仁也，甚於水火。水火吾見蹈而死者矣，未見蹈仁而死者也」、「當仁不讓於師」〈衛靈公〉、「曾子曰：士不可以不弘毅。任重而道遠。仁以為己任，不亦重乎。死而後已，不亦遠乎」〈泰伯〉、「志士仁人，無求生以害仁，有殺身以成仁」】。至於第二方面，從上位者言，仁或即等同致力於禮（而此即「天下歸仁」原因）、或即為君王與士之態度。【前者有：「克己、復禮、為仁。一日克己復禮，天下歸仁焉」〈顏淵〉、「如有王者，必世而後仁」〈子路〉。王者實即知仁而行、使仁實現為存在之道者。仁故為君最終及首要目的。君之是否王者，取決於此。至於仁作為君王或士之態度，有：「子張問仁於孔子。孔子曰：能行五者於天下，為仁矣。請問之。曰：恭、寬、信、敏、惠。恭則不侮，寬則得眾，信則人任焉，敏則有功，惠則足以使人」〈陽貨〉、「知及之，仁不能守之，雖得之，必失之。知及之，仁能守之，不莊以涖之，則民不敬。知及之，仁能守之，莊以涖之，動之不以禮，未善也」〈衛靈公〉、「仲弓問仁。子曰：出門如見大賓，使民如承大祭。己所不欲，勿施於人。在邦無怨，在家無怨」〈顏淵〉、「樊遲問仁。子曰：居處恭，執事敬，與人忠。雖之夷狄，不可棄也」〈子路〉。仲弓與樊遲之問，相互對應：「出門如見大賓」對等「居處恭」、「使民如承大祭」對等「執事敬」、「己所不欲，勿施於人」對等「與人忠」。對人、對事、及對善惡好壞價值之態度，因而為士行為態度上仁之體現】。君王之復禮，及其與士行為態度之仁，因而於從政中，為仁具體內容及體現。最後，有關第三點，仁與用人及友人：用仁人，明顯為君王用人唯一之道【「樊遲問仁。子曰：愛人。問知，子曰：知人。樊遲未達。子曰：舉直錯諸枉，能使枉者直。樊遲退，見子夏，曰：鄉也吾見於夫子而問知，子曰：舉直錯諸枉，能使枉者直，何謂也？子夏曰：富哉言乎！舜有天下，選於眾，舉皐陶，不仁者遠矣。湯有天下，選於眾，舉伊尹，不仁者遠矣」〈顏淵〉、「周有大賚，善人是富。雖有周親，不如仁人」〈堯曰〉】。士雖未有用人之權，但跟隨仁者、或於朋友間成就仁之事，則是其仁【「曾子曰：君子以文會友，以友輔仁」〈顏淵〉、「子貢問為仁。子曰：工欲善其事，必先利其器。居是邦也，事其大夫之賢者，友其士之仁者」〈衛靈公〉】。

以上為〈里仁〉外，《論語》有關仁之方面。

若「仁」為人與人極致德行，那從每人自己言，成為真實之人（君子），此亦存在德行之根本：若非真實，一切只虛假而已。個人之真實性，故為人類存在真實性之本。〈里仁〉下半部故對「君子之道」作說明。

＊

八、子曰：朝聞道，夕死可矣。

〔君子對己存在之道有七。一：生命〕

以死與道對比，明言以下意思：世所最重要，亦唯生命而已。然事實是，仍有較生命更為重要者。此即道：人類生存之真實。個己生命，始終不如人類生命重要，此道與死對比首先原因。「君子」之真實故亦唯從道言，故「食無求飽，居無求安。敏於事而慎於言。就有道而正焉」〈學而〉。「朝聞道，夕死可矣」故言人對道生命之專一，生命猶如純然為道，再無其他掛懷。如此在現實欲望外志向，使生命純一而內在，亦生命所以光明。對道如是深愛，既使生命真實、亦使生命能有所寄懷，此聞道之喜悅。《論語》故記說：「子在齊聞〈韶〉，三月不知肉味」〈述而〉、「子曰：師摯之始，〈關雎〉之亂，洋洋乎盈耳哉！」〈泰伯〉、「爾愛其羊，我愛其禮」〈八佾〉、「周監於二代，郁郁乎文哉。吾從周」〈八佾〉、「其為人也，發憤忘食，樂以忘憂，不知老之將至云爾」〈述而〉、「富而可求也，雖執鞭之士，吾亦為之。如不可求，從吾所好」〈述而〉、「飯疏食、飲水，曲肱而枕之，樂亦在其中矣。不義而富且貴，於我如浮雲」〈述而〉、「六十而耳順。七十而從心所欲，不踰矩」〈為政〉、「仁者安仁」〈里仁〉、「甚矣吾衰也。久矣吾不復夢見周公」〈述而〉……。此見孔子於道及有關者之歡愉：由心再無現實顧慮、無憂悶怨尤，故幸福無比。又因是道，故能坦然而肯定：「言寡尤，行寡悔，祿在其中矣」〈為政〉、「君子謀道不謀食。耕也，餒在其中矣；學也，祿在其中矣。君子憂道不憂貧」〈衛靈公〉、「求仁而得仁，又何怨」〈述而〉、「內省不疚，夫何憂何懼？」〈顏淵〉、「死生有命，富貴在天。君子敬而無失，與人恭而有禮，四海之內，皆兄弟也。君子何患乎無兄弟也？」〈顏淵〉、「不怨天，不尤人，下學而上達。知我者其天乎！」〈憲問〉、「人不知而不慍」〈學而〉。顏回同樣，於道而悅樂：「一簞食，一瓢飲，在陋巷。人不堪其憂，回也不改其樂」〈雍也〉。孔子生命確因純一於道而喜悅，其存在幸福由此。孔子之好古，【「述而不作，信而好古」〈述而〉、「我非生而知之者，好古，敏以求之者也」〈述而〉】，故實說、非虛說。如是「朝聞道」而「夕死」，確為一種坦然真實生命感受，其「可矣」在此。

「聞」字所突顯，為生命對道之知與明白。言「聞」而非「行」，只求為表述生命與道之內在。而由「朝夕」，更見道對生命之充滿、其對生命意義之重要：縱使僅「朝夕」仍然。如是反顯出，其人生命實已全為人類處境而思索，於能「聞道」而致明白通達，此其喜悅。「夕死」所描繪故為生命求真時心之真切。「朝夕」與短暫長久無關。能得以成為真實之人，此人生命全部意義。生命之真實非在所得，更在所是。虛假成就始終虛假。縱使止於一己，其為真實仍然。人能無繫於外、純一而自己，此生命之真實。否則，存在只汲汲於外、為外在取決。「朝聞道」故為對人真實性至高肯定，所教，亦生命應盡力於一己真實而已。能見一己生命真實真誠，此生命最大悅樂，其無所計較（「夕死可矣」）實由此。

故縱使謙言「躬行君子，則吾未之有得」〈述而〉，然孔子始終不否認其躬行。而對世人，孔子所求亦君子而已，故：「聖人吾不得而見之矣，得見君子者斯可矣」〈述而〉。能為君子、能生命純一於真實，此生命之基本。

「君子」之真實性，可總括為二：「人不知而不慍」〈學而〉之主體無己，【亦參考：「不患人之不己知，患不知人也」〈學而〉、「君子病無能焉，不病人之不己知也」〈衛靈公〉、「不患人之不己知，患其不能也」〈憲問〉】，及「君子食無求飽，居無求安。敏於事而慎於言。就有道而正焉。可謂好學也已」〈學而〉。二者為〈里仁〉下面繼而討論。

九、子曰：士志於道，而恥惡衣惡食者，未足與議也。

〈君子對己存在之道有七。二：衣食〉

人之真實，先從一己面對存在現實言；而這明在多大程度獨立於現實所得與所求、多大程度非求自我滿足，而心單純志向於道義。〈里仁〉以下故直從現實存在之主要面相分析：衣食、居處去向、心懷、存在心境心情、作為、及最後，成就。

人一般生命目的均從所求言，而此有從客觀作為、亦有從主觀生活之滿足安逸，二者非必對反。然若求為真實作為者，所求應「為人」而已，非一己衣食之滿足安逸，此「君子食無求飽，居無求安」〈學而〉所言。若求為仕者只為生活所得、或仍有如此之心，因而「恥惡衣惡食」，如是為仕明顯只為己，未為對事對人真實，故「未足與議」。為仕若非為人而只為個己，其為事必然自欺而虛假，此世俗為事者常見事實。從「恥惡衣惡食」言，非言事實必如此，只態度不應如此而已。對士言，生活事非應為心志掛懷，故不應以此為好惡。求索真實與求索現實必背道而馳，真實之人故不應如一般世人，心仍有求世俗好壞。與道一致之心懷，是不會對生活之卑微在乎而有所恥者。

十、子曰：君子之於天下也，無適也，無莫也。義之與比。

〔君子對己存在之道有七。三：居處去向〕

非獨物事，連居處、去向之抉擇，亦應由義（確切需要）而已。「之於天下」言不受限於自身國土，而「無適」「無莫」則言無求適合之必然、亦無必然有所拒絕。「義之與比」：一切唯由義而已，與一己喜好或利益無關。「比」言鄰近處；指若有所遷移至他方，亦由義與需要而已。《論語》故稱此為「徙義」。【見「聞義不能徙，不善不能改，是吾憂也」〈述而〉、及「子曰：主忠信，徙義，崇德也」〈顏淵〉】。

十一、子曰：君子懷德，小人懷土。君子懷刑，小人懷惠。

〔君子對己存在之道有七。四：心懷〕

從「懷」字明白可見，所言為君子心懷。心懷雖似只內心事，然人一切作為、甚至其生命最終所為，實先與心懷有關。從此點言，人之所是，亦先在其心懷。人所以現實，因所懷先只利益與所得，此小人「懷土」「懷惠」之意：土者大、惠者小，然始終不離利益所得。以「君子懷刑」對比「小人懷惠」，喻小人非只不行德行，甚至在利益前連刑法亦實不在乎，唯是否能從中得利而已，縱使違法仍然。相反，君子所懷為德。之所以亦言「懷刑」，因事若非與德行有關，其考慮仍先在是否合乎法度、非其背後利益。君子心懷始終在事之正與人之正，非在絲毫利益得獲。唯如此，人之心與行始得能真實。

十二、子曰：放於利而行，多怨。

〔君子對己存在之道有七。五：心情心境〕

句似前句重複，然從「多怨」可見，所言應為心境心情問題（心之被動狀態），非單純心所懷。君子與小人、真實之人與非真實之人，其存在心情心境差異在：不怨與多怨。所以如此，因怨作為心境實有依賴於外、為外在所得取決。怨者其心外在，甚至多在現實，故孔子直以「放於利而行」言：怨實為人於現實前求為利益而起。「利」非指需要，而是「求更多」之心。因求更多，故有所計較較量，亦多有羨慕或妒忌，怨由是而生。真實之人行事由義與道，不從利益考量故鮮有較量之心，其心由無繫於現實故無怨。尼采亦以怨感為奴隸小人心所是，不能君主地獨立實由此。

十三、子曰：能以禮讓為國乎，何有。不能以禮讓為國，如禮何。

〔君子對己存在之道有七。六：作為〕

「何有」即「何有不可」意思。繼君子心懷心境後，即「作為」問題。句雖從「為國」如此大事言，然實借事之大言君子一切作為唯「以禮」而已：真實之人，其一切作為，均「以禮」而已。「能以禮讓為國乎，何有。不能以禮讓為國，如禮何」意思故說：縱使如「為國」大事，若「以禮」而為，實沒有不能成就者。相反，若真不能，那其一切作為甚至成就，於禮實無所助益；換言之，非「禮」之作為，無論甚麼，必不是、必無助於人性真實，後者始事其真實時之必然歸向。無論何事，事終亦歸屬於人或用於人而已；若非能人性地（以禮）執行，無論事情怎樣，是無以言為真實者。真實之人其為事、其一切作為，故單純依據人性「以禮」而行而已。此真實之人之作為。從「何有」言，亦明言此為為事唯一正道，亦事能成之主要原因，在依據人性之道而已。於〈先進〉，孔子對子路批評說：「為國以禮，其言不讓」；「禮」作為為事之道，其精神在「禮後」【見〈八佾〉第八句】，而此具體言即「讓」。本句故直以「禮讓」明言。人一切作為由謙讓而始人性地真實，其他，無論以力鬥、以利或以智取，均非君子作為之道。

又：「禮」「讓」二者，實亦德行所以為德行之本，一切德行以「禮」「讓」為本，見〈泰伯〉首兩句。

十四、子曰：不患無位，患所以立。不患莫己知，求為可知也。

〔君子對己存在之道有七。七：成就與成名〕

最後，有關成就，「不患」即言不在乎、不以為目的。「位」為客觀成就，而「己知」則一己之被知或被了解，甚至即今人所言聲名名望。人其努力目的多在求得位，或最低限度，求為人所知及對自己努力之明白；然這始終只一種有待之得獲、甚至只求為一己自我，非為人為事之單純付出。真實作為之人故「不患無位」、亦「不患莫己知」，絲毫不從所得衡量自己努力，唯「患所以立」及「求為可知也」而已：只求自身作為之是否具有應有真實而已。此君子對其努力之態度：但求作為之真實而付出，對成就絲毫無待。

以上七句，每句均有從存在事實言之一正一反：道對比求為現實生存之生命、「志於道」之心懷對比物質好壞之求索、義對比安居、德行對比利益、無怨無尤對比怨、禮讓作為之真實對比徒求大作為、真實能力對比位與聲名。在這些對反中，正者為反者之道：「道」為人生命之正、「志於道」為心志之正、義為居處之道、德行為行為之道、無怨為存在心情心境之道、禮讓為為事作為之道、真實能力為努力之道。人類存在故應從每人自己之真實、及從作為之真實言。以上各方面，故可歸納為人之「存在」及人之「成就」兩面：「存在」包括生命本身、存在心懷、居處與行為，而「成就」則包括存在心境、作為、及能力之真實性。【存在心境實與成就有關；怨故多從未能成就更好言】。人是否真實，因而先取決於其對「存在」及「成就」之態度：「存在」是否依據道義之真實性、及「成就與所得」是否無求（不在乎）。人是否真實、是否為君子，先由此。

*

在君子個己存在之道後，從本組所涉問題：忠恕、義利之喻、思齊與見不賢而內自省可見，所言道理涉及他人，甚至有現實利害關係在，主題故應為君子於現實中與他人相接之道。因現實中相處離不開善不善、利益、對錯好壞等問題，故句十五涉及恕、句十六涉及利、而句十七涉及賢（優越性）與不賢（過錯），三句均與人之賢否、好壞、對錯等有關。

十五、子曰：參乎，吾道一以貫之。曾子曰：唯。子出。門人問曰：何謂也？曾子曰：夫子之道，忠恕而已矣。

〔君子現實中與人之道有三。一：忠恕〕

從孔子對曾子說：「吾道一以貫之」可見，其背後問題本應複雜，亦曾子對門人所言道理繫複之原因。從反推可明白，因現實間與人情況多變，故曾子以為應依據情況各各辨明。對此孔子故說：「吾道一以貫之」。《論語》中曾子說話多教人君子之道，以君子為有多方面道理，亦孔子教誨其應「一以貫之」之原因。無論處世情況多麼變化，於人與人間，道理始終應簡明，此即「忠恕而已矣」。【有關《論語》中曾子之言，見「曾子曰：吾日三省吾身。為人謀而不忠乎，與朋友交而不信乎，專不習乎」〈學而〉、「君子所貴乎道者三：動容貌，斯遠暴慢矣；正顏色，斯近信矣；出辭氣，斯遠鄙倍矣。籩豆之事，則有司存」、「曾子曰：以能問於不能，以多問於寡。有若無，實若虛。犯而不校。昔者吾友嘗從事於斯矣」、「曾子曰：可以託六尺之孤，可以寄百里之命，臨大節而不可奪也。君子人與？君子人也」、「曾子曰：士不可以不弘毅。任重而道遠。仁以為己任，不亦重乎？死而後已，不亦遠乎？」〈泰伯〉、「君子以文會友，以友輔仁」〈顏淵〉、「君子思不出其位」〈憲問〉等】。

「吾道一以貫之」中「道」一詞，非指「道」本身（如仁），只如今人所言「方法」，於此指孔子於現實中待人之道，故言「吾道」。縱使情況多變，對人之道亦二而已：忠與恕。作為基本道理，「忠」實唯一，此自〈學而〉起已常言：人應盡為人之善而為，再無其他。【有關忠，「主忠信」見〈學而〉〈子罕〉〈顏淵〉、「以忠」見〈八佾〉〈顏淵〉、「必有忠信」見〈公冶長〉、「言忠信」見〈衛靈公〉等等】。至於「恕」，「恕」唯見於「子貢問曰：有一言而可以終身行之者乎？子曰：其恕乎？己所不欲，勿施於人」〈衛靈公〉。這「一言而可以終身行之者」所以似較「忠」更為根本，因現實中人與人多不善而相害，「恕」故為此時對待之道，其更廣泛由此，即於人有所傷害或不善時，應「恕」。「恕」非言寬恕。寬恕《論語》以「寬」言，為一己心胸氣度之事，甚或帶有上下優越意味。「恕」唯應從「如心」解，即今日所言憑良心而為。於人不善待己、或對己有所過錯，自己唯應依據良心、如心真實地反應回應便是。正因如此，故孔子解釋說：「己所不欲，勿施於人」，即一切應憑心而為：對己心所不欲，不應施與他人。這「己所不欲，勿施於人」與寬恕之恕明顯無關，無以從「施於人」之主動言寬恕故。所以能為「一言而可以終身行之者」，因無論如何，縱使對人不以忠，始終仍必須恕、仍須在一切人前均如心地行。人與人對待之道，特別於現實，「忠恕」實已盡其全部：既可對人善、亦可退而只如心地行或回應。此所以「忠恕」能為一貫之道。不忠於人之善、亦違心地行「己所不欲」者，此世所以無道。於此可見，孔子「一以貫之」之「道」非言「道」本身，只單純現實中人與人相處之道而已，故從忠恕、非從孝悌或仁義等德行言。

十六、子曰：君子喻於義，小人喻於利。

〔君子現實中與人之道有三。二：義〕

義利問題其道理本簡明：一者成事之真實（義）、另一無以成事（利），所求非事、己私而已。本句所突顯為「喻」。「喻」言引譬曉喻以明（啟發）。「君子喻於義，小人喻於利」意故為：真實之人對事情以其義之必須性解釋，小人對事則以其利益利害言說，二人對事情觀法差異在此。這兩種觀點明顯一正一偽，後者更是現實中常見人對事情之評論，所在乎只利而已、非義。引用於〈里仁〉此處應為教人：人平素多無能對人之賢否作辨悉，然由其說話、由其對事情言說之理由，實可察見人之賢否、其心之真偽：「喻於義」者為君子，「喻於利」者為小人。此於現實人與人間，對人真偽所有分辨。

十七、子曰：見賢思齊焉，見不賢而內自省也。

〔君子現實中與人之道有三。三：思齊與內自省〕

最後，在人與人現實關係中，亦往往有見更為優越、或有過失者。現實人對優越者之反應，多只嫉妒暗鬥、或心有所自卑而躲避不學，只把人之賢否視為議論評比，鮮有「見賢思齊」而學、或「見不賢而內自省」，如「患所以立」〈里仁〉或「患其不能」〈憲問〉那樣。於賢否前既不較量爭鬥、亦不貶抑批評，盡求能更善而學，如此之人，始為真實者。此真實之人於人與人間應有之道：或見賢思齊而學、或見不賢而知同樣內省自己。

*

本組四句與〈為政〉五至八句同借「孝」言為事或事人之道，亦《論語》中論「孝」主要文獻。〈為政〉四句從原則言，所重為為事之真實性；【〈為政〉四句所言原則如下：一、為事「以禮」及盡義；二、為事亦須解憂；三、敬重事與人；四、為事仍應盡人性態度】；〈里仁〉四句則從為事執行時之具體方面言，所重則為人之真實性。因與執行有關，故〈里仁〉直以「事父母」三字啟，所論述為父母在生時之侍奉。

十八、子曰：事父母幾諫。見志不從，又敬不違，勞而不怨。

十九、子曰：父母在，不遠遊。遊必有方。

二十、子曰：三年無改於父之道，可謂孝矣。

二十一、子曰：父母之年，不可不知也。一則以喜，一則以懼。

〔君子事人之道〕

以上四句因從為事具體言，故涉責任承擔，非只原則。事人之道具體如下：一、若有違己意，仍須以對方意為先，敬而不違、勞而不怨。二、盡跟從或貼近而非遠去（「不遠遊」），不得已則「遊必有方」。三、不求為私或任憑自我而行，故「三年無改於父之道」。四、盡心甚至情感（若為親人）對人，故「父母之年，不可不知也。一則以喜，一則以懼」。

從以上可見，為事之道實非從事本身言。事有多種，無法一一言其法，唯盡妥善處理便是。反而，事因涉人，故須從雙方關係言：怎樣盡事之善但不逆人、怎樣使人心安、怎樣不自私自我、怎樣盡心對待，這幾點，始為事之道。舉例說，於事人時能緊貼地跟從、不自我，始重要，人多自我故不跟從，因而失卻事人之真實。「跟隨」一事，甚至是教學根本，【見〈先進〉】，非只於事人而已。事人中人關係故較事更為重要。為事從「君子」言，原因在此。

仍須對句子略作說明：「幾諫」言以微近之法（如舉事例）勸說，非逆對。「三年無改於父之道，可謂孝矣」亦見於〈學而〉，亦應參考〈子張〉：「曾子曰：吾聞諸夫子：孟莊子之孝也，其他可能也，其不改父之臣與父之政，是難能也」，意言父母逝沒，對其家臣家業之繼承，不因己私意而改易；非不能改，依據真實需要漸進地改，非依自身權力即時改變，此「三年」之意，故不應自視為權力或擁有者而行自我之態。

*

〈里仁〉在結束前，對一真實之人其言行態度作總結。此有五：言、約、敏、德、不數（不計較）。五者明與現實一般態度對反。

二十二、子曰：古者言之不出，恥躬之不逮也。

〔君子行為態度之道有五。一：言〕

「言之不出」，明示人對作為之謹慎，在事未成前，不先言。從「恥躬之不逮也」可見，所以不言，恐事不成或不如想像般勝任而已。現實做法往往相反【此以「古者」對比】：多誇大自身重要性，毫不在乎是否能勝任。先在乎事抑先在乎自己，此為事者是否真實關鍵之一。事前先作宣揚，都非真實作為者態度。

二十三、子曰：以約失之者，鮮矣。

〔君子行為態度之道有五。二：自我約束〕

「約」言約束，如自我約束，引申於事，即盡簡約以行事，此為事態度之正。傳統以「儉約」解非正確：「儉約」於《論語》為「儉」、非「約」。「約」之相反為「泰」，非為「奢」。「以約失之者」是說：事情之成敗，關鍵往往在是否簡約地行。若繁複複雜，鮮能明確掌握處理，此以「約」行事鮮失敗之原因。

若從自我約束甚至境況限制解，【如「不仁者，不可以久處約」〈里仁〉、「約而為泰」〈述而〉；甚至因禮而約，如「約之以禮」〈雍也〉、〈顏淵〉、〈子罕〉】，那這樣約束因不再自我自視、甚至非輕鬆隨便，更是事不失敗之原因。簡約而不過，沒有不成事之理；失敗多由太過而已。「約」無論從事抑從人言，故為真實為事者之心態。

二十四、子曰：君子欲訥於言而敏於行。

〔君子行為態度之道有五。三：敏〕

「敏」不用多解釋，明為為事者應有態度，故君子「敏於事而慎於言」〈學而〉、而孔子亦「我非生而知之者，好古，敏以求之者也」〈述而〉。無論為仕甚至為君王，亦由「敏則有功」〈陽貨〉〈堯曰〉。「君子欲」三字所反映，故為真實之人於作為時心態態度，盡全力「訥於言而敏於行」而已。

二十五、子曰：德不孤，必有鄰。

〔君子行為態度之道有五。四：以德而行〕

本句借由對以德行行事者之安慰，說明真實之人其作為必依據德行，此其心所在。正因以德而行非現實人之道，故如此真實之人多感失落，亦《論語》本句安慰之意：言德行並非孤立，必有人亦同樣行事。人可虛假，然人性無法虛假；德行作為行事之道故始終唯一。「鄰」字甚至指出：在一己外必亦有人默默如此，非獨己而已。人應自勉於此。

二十六、子游曰：事君數，斯辱矣。朋友數，斯疏矣。

〔君子行為態度之道有五。五：不數（不計較）〕

最後，真實之人，其對人不應有所計較，盡事之必然與應然便是，非應對人有所計較。本句所舉例子有二：「事君數」及「朋友數」，前者將引致辱、後者則致人疏遠，均非人與人間之善。

以上五言，非唯為事者之態度，更顯其心情：「不出」並「恥躬之不逮」、「失之」、「欲訥」、「孤」、「辱」與「疏」。這些心情，明白為對向現實顧慮始有。若單純言為事道理，未必止於五者。所以特從心情言，因無論多麼認真努力，人於現實仍可失敗無成，真實作為者更易如此。《論語》所言故非只以德，更是「德不孤，必有鄰」這樣安慰。同樣，因於現實前有恐「不逮」，故以「古者」作為勉勵；於「以約」則以「失之者，鮮矣」肯定其作為；於「訥言敏行」則言「君子欲」之同感；而於「事君」與交友，更言不「數」之警惕，明見事中仍有人與人心情在：因計較故而不愉。五句故都有對真實為事者心情之勉勵、肯定、同感、安慰與警惕。一如現實難見道之行，現實中作為亦多偽，真實者故難以自處；對其勉勵、肯定、同感、安慰、警惕由此。五句故非唯言君子為事之道而已，更從更高立場對這樣真實性肯定：肯定「言之不出」、「以約」、「訥言敏行」、「德」、「不數」等態度之正確性；而這一切，是違逆現實一般做法而為真實的。

*

【附論二：《論語》其他篇章對「君子」之論述】

除〈里仁〉從「君子」本質外，《論語》其他篇章有關「君子」則有下列方面：

一、君子「文」之修養：「文質彬彬」〈雍也〉、「博學於文，約之以禮」〈雍也〉等。

二、君子之內心心情心境：「君子坦蕩蕩」〈述而〉、「君子不憂不懼」〈顏淵〉、「君子道者三

（…）。仁者不憂、知者不惑、勇者不懼」〈憲問〉等。

三、君子與他人之相處關係：「君子成人之美，不成人之惡」〈顏淵〉、「君子和而不同」〈子路〉、「君子易事而難說也。說之不以道，不說也。及其使人也，器之」〈子路〉、「君子求諸己」、「羣而不黨」、「君子不以言舉人，不以人廢言」、「君子貞而不諒」〈衛靈公〉等。

四、君子之處事：「君子不器」〈為政〉、「君子周而不比」〈為政〉、「君子周急不繼富」〈雍也〉、「君子思不出其位」〈憲問〉、「君子上達」〈憲問〉、「君子不施其親」〈微子〉。

五、君子之態度或心態：「君子不重則不威」〈學而〉、「君子無所爭」〈八佾〉、「君子矜而不爭」〈衛靈公〉、「有君子之道四焉：其行己也恭、其事上也敬、其養民也惠、其使民也義」〈公冶長〉、「君子所貴乎道者三：動容貌（…）、正顏色（…）、出辭氣（…）」〈泰伯〉、「君子泰而不驕」〈子路〉、「子路問君子。子曰：修己以敬（…）」〈憲問〉等。

六、其他方面：如「君子有三戒」、「君子有三畏」、「君子有九思」〈季氏〉。

公元二零二零年十月八日修訂

公治長

社會世俗價值反省

〈公治長〉從社會或世俗存在，論述其價值觀法。世俗價值觀所以錯誤，因多以表面之上下、貴賤、強弱為崇尚，以為這樣差異確有其實，如位高或富貴者必有其能力甚至德行。世俗價值觀對社會中地位者抬舉之錯誤，更往往造成對平凡微小真實之低貶，因而使人無法見平凡之意義、及安於平凡存在之真實，為世俗種種虛假崇尚所勞役。故在緊接〈公治長〉之〈雍也〉篇，《論語》對中庸平凡微小之道作說明，為對世俗價值觀之糾正。

〈公治長〉之分組主題如下：

一、社會對人評價之錯誤（一至八句）
二、「強」之真偽（九至十二句）
三、人受人喜愛及尊敬之原因（十三至十七句）
四、智之真偽（十八至二十二句）
五、善良之真偽（二十三至二十六句）

六、社會與人其自己（二十七與二十八句）

*

一、子謂公冶長：可妻也。雖在縲絏之中，非其罪也。以其子妻之。

二、子謂南容：邦有道不廢，邦無道免於刑戮。以其兄之子妻之。

三、子謂子賤：君子哉若人。魯無君子者，斯焉取斯？

〔社會對人評價之錯誤有六。一：貴與賤〕

〈公冶長〉首三句明為一體，言人在社會中上下或貴賤三種差異。下者如曾在縲絏（監獄）之公冶長、上者如有一定地位之子賤。孔子意思明顯相反：社會中卑賤者非必卑賤、高尚顯貴者非必高尚顯貴。孔子甚至借此表示，由於公冶長「非其罪」，故於女兒欲與公冶長成婚，孔子對此首肯。而此表示：縱使社會對卑下人低貶，然作為個體之孔子，仍可盡己力彌補。【無論怎樣，社會對曾被監禁者必有所防範甚至遠離；而為父母，一般更對如此婚姻反對。孔子無視如此貴賤而答允，對如此婚事之首肯，故見其心毫無勢利而闊大通達；亦見其對地位與富貴之不在乎，更見其對子女之慈愛】。

南容所標榜，為社會中平穩其生命之人。句所言婚事，亦應為孔子兄女兒對南容之愛慕。南容之「邦有道不廢，邦無道免於刑戮」，實為一知平穩其生命者：視乎邦之有道無道而行，不致受刑戮所累。雖未必有特殊成就，然始終能守一身潔白。故〈先進〉有：「南容三復『白圭』，孔子以其兄之子妻之」。南容誦詩至「白圭」而三反復其句，對無玷之潔有所深感；能有如此慎己之心，故為孔子嘉許。有道而不廢，其人非無所能力；無道而免於刑戮，其人實知自持；此亦孔子肯定南容之原因。

以上兩句所言人，一為社會所低貶、另一於社會只似平凡無奇；社會對二人只一視為卑微、另一視為無所顯赫，不知平實之真實，以為社會即一切，此社會價值之偽、其表面而外在。

對反以上兩人，即子賤例子。有關子賤，所知唯二；一、「宓子賤治單父，彈鳴琴，身不下堂而單父治。巫馬期以星出，以星入，日夜不居，以身親之，而單父亦治。巫馬期問其故於宓子。宓子曰：『我之謂任人，子之謂任力。任力者故勞，任人者故逸。』宓子則君子矣，逸四肢，全耳目，平心氣，而百官以治義矣，任其數而已矣。巫馬期則不然，弊生事精，勞手足，煩教詔，雖治猶未至也」《呂氏春秋》卷二十一〈開春論・察賢〉。二、「宓不齊字子賤，少孔子三十歲。孔子謂子賤：『君子哉！魯無君子，斯焉取斯？』子賤為單父宰，反命於孔子，曰：『此國有賢不齊者五人，教不齊所以治者。』孔子曰：『惜哉不齊所治者小，所治者大，則庶幾矣。』」《史記．仲尼弟子列傳》。《呂氏春秋》以「逸四肢，全耳目，平心氣」為子賤所以為君子，明非孔子意思。《史記》以「不齊所治者小」為可惜，又以孔子為說「所治者大，則庶幾矣」，明顯不知孔子性格：鮮以治理之大為「庶幾」。以上兩事明為《論語》一語註腳，各求其解釋而已。包咸受《史記》影響而說：「如魯無君子，子賤安得取此行而學行之」，言魯多有君子，故為子賤可取而學為君子之行。若子賤所以為君子唯因魯多君子而可學，這實非對子賤讚美（「君子哉若人」）。若為對子賤讚美，那「斯焉取斯」不應解為子賤取學於魯之君子，而應如「取」字之平常義（取得之意），解為魯得位者取子賤使為有位者。「君子」一詞於《論語》亦可解為在位者。【見「君子篤於親，則民興於仁」〈泰伯〉】。句故應言子賤為由他人（有位者）協助與關係，得以有位（社會地位）。《論語》對人之讚美，必與句中所言事有關，然如「魯無君子者，斯焉取斯？」一語，無論怎樣解釋都無法單純為讚美之辭，故疑「君子哉若人」是否僅為疑問語（即「君子哉若人？」）、非肯定語。無論如何，子賤之得為君子、得其地位位置，實非由於自身德行，而是由他人力量勢力所致，此幾近社會中得位者唯一途徑與事實，亦〈公冶長〉本句所言意思。公冶長曾在縲絏，然罪「非其罪」；相反，子賤之得為「君子」，只因着魯之人際關係；此社會所有現實，亦得位不得位背後事實。包咸注用「安得」二字，雖以魯多有德行之人因而為善意，然始終明白其中關係之真實。

編者在〈公治長〉篇首並列此三句，其意明白：社會價值下、中、上三等人，其背後都非真實如此，只社會觀法之表面與價值之虛偽而已；人之好求社會地位與聲名，實亦虛偽而已。其正者應是：「不患無位，患所以立；不患莫己知，求為可知也」〈里仁〉，及：「不患人之不己知，患其不能也」〈憲問〉。

四、子貢問曰：賜也何如？子曰：女器也。曰：何器也？曰：瑚璉也。

〔社會對人評價之錯誤有六。二：器〕

除地位尊貴外，社會更從「器」（實用性）對人評價。子貢問孔子對己看法：「賜也何如？」。〈先進〉以子貢與宰我為善言語。宰我之善言語屬佞巧善辯之類；【見〈八佾〉與〈陽貨〉】；子貢善言語則從文辭素養言。【見〈子張〉篇子貢對孔子譬喻之美】。子貢才華非顏淵對道理之透徹、亦非子路冉有等從政能力。孔子回答「女器也」及「瑚璉也」是說：子貢之作為器，如夏殷時祭器，為故往宗廟器之貴者。【「瑚」「璉」各為夏、殷時黍稷器，為祭祀時盛食器具】。孔子意謂：子貢之為「器」，非社會現實一般實用；雖同為盛食之器而似實用，【故非如琴瑟等只精神性】，然始終只宗廟祭祀之食器、甚至只與故往而非與現今有關，故作為禮器雖尊貴，然始終非日常而似無用（無現實實用）。對如子貢具言語素養與學問品格，於社會現實，實與瑚璉無異。社會對「用」之評價只從現實實用言，不知瑚璉之珍貴。人素養之高尚，一如禮器，始終非社會所肯定。此社會價值及其對人評價之錯誤：只從實用、不知從素養品格言。文辭素養如禮雖非現實，然更於人為重要。社會評價因而多未是。此孔子舉瑚璉意思：作為食器雖實用，然因只宗廟禮器故非視為有用者。此社會價值一偽。

五、或曰：雍也，仁而不佞。子曰：焉用佞。禦人以口給，屢憎於人，不知其仁。焉用佞。

〔社會對人評價之錯誤有六。三：佞〕

除實用性外，由於政治多靠佞辯，社會故往往以善佞（巧諂捷給、口才）為人之價值。或人對仲弓（雍）質疑，可能與孔子稱許仲弓「可使南面」〈雍也〉有關。〈先進〉有：「德行：顏淵、閔子騫、冉伯牛、仲弓」。仲弓縱使有德行，仍為人反駁說：「雍也，仁而不佞」，以仁於從政非是，佞始是。此又社會世俗價值觀：以言論口才、非以德行為從政能力。孔子之回答：「焉用佞。禦人以口給，屢憎於人，不知其仁。焉用佞」故是說：從政所重唯其事之真實，服人者唯德行、非佞辯能力；佞辯甚至只徒增人之厭惡而已。世俗心故實非在為事之真實，所在乎往往只表面而已，如口才之勝人。此又世俗對人評價之偽。

六、子使漆彫開仕。對曰：吾斯之未能信。子說。

〔社會對人評價之錯誤有六。四：仕〕

除實用性與佞辯外，社會對人評價多從工作職位言，於古代，此即仕。孟子〈萬章下〉五章曾指出：為仕本非由於生活貧困（「仕非為貧也」），若真由於貧困而仕，仍應只「辭尊居卑，辭富居貧」，換言之，應只求一卑下職位，不應為己求取富貴或佔據重要職位。於單純求為生活，孔子故也只為委吏（倉庫管理員）而已。若「立乎人之本朝而道不行，恥也」：為一己求取高職位而沒能勝任，只恥而已。職位之高低故不代表人其價值，能知自守清貧不貪圖富貴反而更是賢德。

對這樣問題，〈公冶長〉以漆彫開為例。對孔子使漆彫開為仕，漆彫開之反應是：其以未能為人所信任而辭卻。孔子所以悅，一因漆彫開知「信」（真實性）之重要；二因漆彫開非如世人一般，汲汲求一己榮祿。【子張便曾如此，見「子張學干祿」〈為政〉】。漆彫開知反省自身之能與不能，其為仕故真實為人，此所以孔子悅。〈公冶長〉以漆彫開一例，說明人之仕與否不應作為人之評價。位高者往往只求為一己榮祿之小人而已，不仕者反而可能為真正賢德君子。【參考〈衛靈公〉：「君子哉蘧伯玉！邦有道則仕，邦無道則可卷而懷之」、〈里仁〉：「士志於道，而恥惡衣惡食者，未足與議也」、〈憲問〉：「邦有道，穀。邦無道，穀，恥也」、「士而懷居，不足以為士矣」】。如漆彫開知求人信而後仕，非求己祿，其為仕始真實。人故不應以出仕或職位高低作為對人之評價。此社會價值之偽。

七、子曰：道不行，乘桴浮于海，從我者其由與。子路聞之，喜。子曰：由也，好勇過我，無所取材。

〔社會對人評價之錯誤有六。五：勇〕

世間多醜惡無道、人與人亦多對立，如「勇」這樣性情，因敢於對抗或牴觸，故多為人崇尚；子路便曾問：「君子尚勇乎？」〈陽貨〉，以勇為尚。本句故亦舉子路為例。於孔子感「道不行」而慨歎「乘桴浮于海」時，孔子固然知子路性勇，於這樣處境必答允跟從（「從我者其由與」），然孔子心志明顯非欲遠去，只不得已而慨歎。子路沒明孔子心意，只在乎孔子對其勇之肯定，故「子路聞之，喜」。徒勇之人，多不思地反應，亦不知人心，故難成事之真實。對子路如此魯莽，孔子故說：「由也，好勇過我，無所取材」。之所以「好勇過我」，因子路以為就此即可離去，對未來不確定性毫不疑慮。子路之好勇，故絲毫無對事情由深思熟慮而致成，其「無所取材」由此。真正能力者應冷靜客觀地應對，既明人、亦察事，非順從一己性情或一時情緒而行。世人一般以勇觀人，不知遠慮重要，其評斷故偽，只造就混亂而已。【見「勇而無禮，則亂」、「好勇疾貧，亂也」〈泰伯〉。亦參考：「好勇不好學，其蔽也亂」、「君子有勇而無義為亂，小人有勇而無義為盜」〈陽貨〉】。

八、孟武伯問子路仁乎？子曰：不知也。又問。子曰：由也，千乘之國，可使治其賦也，不知其仁也。求也何如？子曰：求也，千室之邑，百乘之家，可使為之宰也，不知其仁也。赤也何如？子曰：赤也，束帶立於朝，可使與賓客言也，不知其仁也。

〔社會對人評價之錯誤有六。六：能力才幹〕

最後，因才幹能力最似客觀，故為社會對人評價方法。《論語》以此總結以上一切，見人之地位顯貴、實用性、口才、職能等。以能力評斷人，非先在評價本身，更在世人多不知何謂真實才能。孟武伯問子路、冉有、公西華三人，因三人往往一體活躍於政事。【見〈先進〉】。孟武伯由賞識三人才能，又知孔子所重唯仁（非一般所謂能力），因欲替三人辯護，故問。孟武伯故代表世人對能力評斷之錯誤，以人現實行事、非以德行為準。孔子之「不知也」非「不知」，只婉轉而已，故既表示三人實非有仁、亦對世人所以為能力不予肯定。縱使從為事言，實亦德行而已，非一般所謂能力。故縱使子路「千乘之國，可使治其賦」、冉有「千室之邑，百乘之家，可使為之宰」、公西華「束帶立於朝，可使與賓客言」，然這一切（能力），若非由仁，實絲毫無所真實、絲毫不算作真正能力。若從政如此，其他更是。能力是否真實，故先在德行而已。從能力觀人，故應先觀其仁，如孟武伯表面所問。否則，能力也只求為自我而偽，非為人或為事而真實。此世俗有關能力評價之錯誤。

以上社會對人評價六點，均表面而偽：地位貴賤只外在而偶然，與人真實無關；器作為價值非應從現實實用言；佞只外表，若非「屢憎於人」，實與能力或仁無關；仕或職業性只人求為存活而有，故不應視為價值定斷，賢者於無道多不仕；勇般性情非必尚義、更未必慎慮，故不必然可取；最後，才幹雖似客觀而必須，然若非仁或德行，始終與真實成就無關。社會對人評價故多偽。接下所討論：強、人受人尊敬或喜愛、智、善良四者，雖亦社會對人評價，然因可有其真實一面，故非全然為錯誤價值，唯須辨別其真偽而已。

*

除以上價值外，社會對人評斷仍有以下四方面：強、人受人尊敬或喜愛、智、善良。「強」幾近為人類現實存在至為重要問題，人都喜好強大故。孟子故說，強弱與德行，「斯二者，天也」

《孟子・離婁上》第七章，為人類存在兩種可能形態。有關強，〈公治長〉從四方面分析：一、知見反省之強；二、潛能素質之強；三、外表或性情上之強；四、獨立性之強。把單純力量或強暴排除於外，已見《論語》對「強」作了一正確分辨；四者始為「強」之真實，力量勢力非是；然仍須細辨其正偽。

九、子謂子貢曰：女與回也孰愈？對曰：賜也，何敢望回。回也，聞一以知十，賜也，聞一以知二。子曰：弗如也，吾與女弗如也。

〔「強」之真偽有四。一：知見能力〕

知見能力之強非言知識，而是人對事情之真正明白通達，此人真正並首要之「強」。明白通達為人能獨立並真實之根本原因。顏淵因如是，故為孔子舉為例子。孔子之問子貢：「女與回也孰愈？」非為對子貢貶抑，二人情感不可能如此。所以問，因顏淵性沉默又無成就表現，對孔子從來順受，【見〈為政〉：「子曰：吾與回言終日，不違如愚。退而省其私，亦足以發。回也不愚」、〈先進〉：「子曰：回也，非助我者也。於吾言無所不說」】，故孔子借以教子貢辨別人知見反省能力之真正優越。子貢之回答是說：子貢雖無能如顏淵般優越，然他對人知見能力之強仍是有能察知，故知顏淵聞一知十之優異。人一般雖表面好強，然實鮮能察知人知見之真實、鮮能知人之強，其自身未能故。如子貢之能，本身實已是一種優異。聞一知十與聞一知二其差別非只多少而已。「十」所言為全部整體；顏淵從聞「一」即知其對象真實之「全」，此其領悟與通達所致地步。真正明白，故非只「聞一以知二」而已，更應切近其對象客觀整體而推斷，由此而全面：非只個人之推斷力，更是切近客體本身之整全者。【有關《論語》所用整全之法，請參閱〈季氏〉篇】。除非人確有徹底明白之心，否則無論推斷能力多強，都只聞一知二而已。顏淵知見之強，故非只能力之事，更是心欲深入明白對象整體真實（問題之整體）而致。能如此盡心，其知見故非只聰穎，更是一盡求客觀真實之心懷，其真正優越在此。孔子之「弗如也，吾與女弗如也」既為對子貢安慰、亦是對顏淵讚歎。事實上，於《論語》所見，唯獨顏淵之提問，孔子始無保留地全面回答；如顏淵之問為邦，子曰：「行夏之時，乘殷之輅，服周之冕。樂則〈韶〉舞。放鄭聲，遠佞人。鄭聲淫，佞人殆」〈衛靈公〉。若非顏淵之真實確然誠懇，否則孔子仍多只教人切近於己而反省而已，鮮從對象或問題整體論述。

十、宰予晝寢。子曰：朽木不可彫也，糞土之牆不可圬也。於予與何誅。子曰：始吾於人也，聽其言而信其行。今吾於人也，聽其言而觀其行。於予與改是。

〔「強」之真偽有四。二：素質〕

除知見能力外，強亦見於人素質潛能，《論語》舉宰我為反例。所謂素質之強，指藉由後天而致者，故含人由努力而致之一切能力與成就。宰我表現過人地聰穎，如與孔子辯三年之喪所用理由便是：「三年不為禮，禮必壞」、「三年不為樂，樂必崩」、「舊穀既沒，新穀既升」〈陽貨〉。【亦參考〈八佾〉「哀公問社於宰我」等例】。然無論多聰穎，若非有心於真實、甚至仗持聰明而不努力（如宰我晝寢），如此無論多似優秀，終仍無用而已。正因素質只潛能之事，其成敗仍全繫於努力，故孔子唯於見宰我晝寢、見其無努力之誠，始知其似聰穎之潛能表現，未為真實。素質只先天之事，其真實仍在後天努力。對「宰予晝寢」之批評：「朽木不可彫也，糞土之牆不可圬也」，故實以「朽木」與「糞土」喻宰我聰明之偽，換言之，後天努力之誠，始真為人素質，宰我努力之無誠，故只「朽木」「糞土」而已。亦由宰我，孔子故「於予與改是」，即其對人素質之辨別，再非由其所言或先天潛質、而是由其後天行為與努力判斷定奪，故：「始吾於人也，聽其言而信其行。今吾於人也，聽其言而觀其行」。真正潛能與素質，故都非人先天之事，更是其後天心態、態度。若心態正面並努力，這即其素質之強，非以潛能為先。故人心態正面而勤敏，這已是人最好潛能與素質，其他表現均非是。表現可偽，唯所行始真實。潛能之潛，故應指行之努力，非外表表現所顯。對宰我而言「與何誅（責也）」，非無所責，責之深而已。潛能素質之強，故實是心誠與努力之強，非外表表現之事，此孔子藉由宰我而作之說明。

十一、子曰：吾未見剛者。或對曰：申棖。子曰：棖也慾，焉得剛。

〔「強」之真偽有四。三：性情之剛強〕

前第七句已曾對勇作討論。勇所以偽，因唯向外言。剛不同，剛從內在言，因而與志或毅力等有關；其於「剛毅木訥」〈子路〉甚至即「近仁」，故為人真實性情。雖然如此，人往往以剛與勇混同，亦或人以申棖為剛者之原因。【申棖必有如孟子形容北宮黝無畏之表現：「不膚橈，不目逃，思以一毫挫於人，若撻之於市朝；不受於褐寬博，亦不受於萬乘之君；視刺萬乘之君，若刺褐夫，無嚴諸侯；惡聲至，必反之。」

《孟子・公孫丑上》第二章】。從孔子言「吾未見剛者」，剛作為強，明為一種德行，故難見。所以為德行，因剛為一種內在力量、甚至為一種內在自力。對或人之以申棖為剛而回答：「棖也慾，焉得剛」，剛因而應更從不慾言，換言之，剛者即不受制於慾，由不受制於慾而不受制於外，此其獨立性、其剛強所在。勇雖亦不受制於外來畏懼，然不如剛徹底：只不受制於外來之強仍會受制於外來欲望之溫柔、始終有所受制或為欲望牽制。唯能獨立於欲望者，始真無所受制而達不動心。正因不受制於外（一種獨立性），故於「血氣方剛」〈季氏〉之年，可仍如勇而鬥。然「血氣方剛」所以易鬥：一因與身體狀態（血氣）有關、另一則因正當為壯年之初（方），未及反省而成熟，其為剛故只剛之表面、只身體反應性，非性情或人格獨立於欲望時真正之強。剛其正確意思，故仍應從不受誘惑、不受制於欲望而能內在自己言，如言「剛毅」〈子路〉那樣。此其所以為真實之強。

十二、子貢曰：我不欲人之加諸我也，吾亦欲無加諸人。子曰：賜也，非爾所及也。

〔「強」之真偽有四。四：獨立性〕

從以上可見，強若非如知見反省能力或如知努力之素質，便應從人能於世獨立言。如此獨立性，或為剛者獨立於自身欲望外、或即如本句所言，為人甚至能獨立於他人外，此子貢所求。【如此獨立性，亦尼采哲學「超人」一主旨】。人能不受制於他人而完全獨立，此確為強最終表現：上帝如此、盧梭作為孤獨漫步者之主體亦如此。人於現實存在所向往，往往亦這樣不受制於人之獨立性而已。若非從經濟獨立言（富有），則透過權力從駕馭他人而不受駕馭言獨立，都求為自身存在之完全自足而已。此所以人類對上帝其「自在」「自為」崇尚，亦以物之「在其自身」為物之最終真實。今人之求自由民主或種種權利亦實同然。這一切所以源起，在人存在之有限性、及在人對人之控制與強加，亦子貢這裡「加」一詞所言。

子貢所求：「不欲人之加諸我」及「吾亦欲無加諸人」，非一般所言獨立。一般所言獨立，只現實中經濟或存在獨立，故有以權勢地位與富有為尚，亦獨立性所有之偽，其自身獨立仍會對人有所「加」，因而仍為惡故。子貢所求非如此：其所求非生存之獨立，更是人與人間關係或德行之獨立性。之所以與德行有關，因在人與人緊密關係中，由相互依賴與關連往往易引致傷害：或對人強迫決定、或單純對人影響。能自覺不加於人，實已是一種德行，亦人與人間更高體會與明白。孔子之「賜也，非爾所及也」是說：縱使能醒悟如此道理，然能真實做到「無加諸人」

實是困難：在人與人緊密關係中，若非能如顏淵「聞一以知十」（見前）全面地反省、或如孔子「用之則行，舍之則藏」〈述而〉，否則，心若仍與世有絲毫所求，是難不對人有所加。子貢所以未能致此，從其所言便可察見：無論「我不欲人之加諸我也，吾亦欲無加諸人」孰先孰後，都有其未是：若「吾欲無加諸人」，那是不應再有「不欲人之加諸我」這樣訴求；相反，若真「不欲人之加諸我」，是難同時做到「吾亦欲無加諸人」。孔子與顏淵，故亦只能「舍之則藏」而已。從獨立性言雖最善，然子貢所求實非容易。若非能為人所知、又能完全知人；若非能為人所敬、又能真實敬人，否則在人與人間，是難使人無加諸我者；而自己之加於人，亦往往非必刻意或能自覺。然無論能否，子貢所言獨立性確為強之至：既不受人所加、亦無加於人；如此獨立性，較任何現實獨立性更美更善：既有自身力量（致使人不加諸我）、亦能毫不以力量加於人（因而實有對德行之自覺）。如此獨立性，確為獨立性中之至強者。

以上四方面，為有關「強」其真偽之討論。

*

除求強外，能為人人喜愛或尊敬，亦社會中人人所求；而此相對強言，更似是德行、亦較強更善。一如上組，人受人喜愛及尊敬其虛假者早已排除在討論外，因而如阿諛逢迎等因明顯為偽，故沒有列入。人受人喜愛與敬重之原因，《論語》所列有四：聞望、文之素養、君子、善與人交。四者雖與喜愛或敬重有關，然都非德行、亦與主觀投契無關。所以為四者，因：一、聞望雖未必有其實，然若有，其為人尊敬仍真實，與權勢地位或富有等虛假價值無關。二、人之教養素質更是。除非社會已功利至人人但求利益，否則，素養於人應是受尊敬之原因。【聞因普泛，故列最先；素養因只個人特殊，故列於後】。三、在名望素養外，能有君子人格與真實，亦應為人喜愛尊敬。【聞望顯著、素養可觀，但「君子」只人一己事，其品格較難為人知見，故列於二者後】。四、若非從人一己所是，人仍可單純從「善與人交」而得人喜愛，這點常見而自然。從以上四者可見，《論語》所言受人喜愛與敬重，只從社會一般關係、與人德行非必有關，後者非平素現實所見，此《論語》選舉四者之考慮。

十三、子貢曰：夫子之文章，可得而聞也。夫子之言性與天道，不可得而聞也。

十四、子路有聞，未之能行，唯恐有聞。

〔人受人喜愛及尊敬之原因有四。一：聞望〕

有關「聞」，《論語》舉孔子與子路二人為例。聞望雖非如權勢地位或富貴等虛假，然大都非真實：一因往往只為虛名，由大眾無識廣傳而已；二因縱使有實，人所能知而傳誦多只其表面，對高深真實人無能明白認知。子貢之「夫子之文章，可得而聞也。夫子之言性與天道，不可得而聞也」故明白指出：孔子對文（《詩》、禮、樂）之論述雖為人可得聞，然其更真實一面：其對「性與天道」之體會與講論，則非人可能明而得聞、更可能非人所感興趣者。聞望之傳誦，故多只表面。《論語》強調「可得」，因有關人之真實，實有「可得」「不可得」（難得）、或表面與內裡真實等差異。孔子之能為人所聞，故也只其《詩》、禮、樂一面而已，非其對「性與天道」之論述。【有關孔子聞望，見〈子罕〉：「達巷黨人曰：大哉孔子，博學而無所成名」、「大宰問於子貢曰：夫子聖者與？何其多能也」。有關孔子於禮之聞望，見〈八佾〉：「孰謂鄹人之子知禮乎？」、「儀封人請見」。至於孔子於樂之聞望，見〈八佾〉：

「子語魯大師樂」、〈子罕〉：「吾自衛反魯，然後樂正，《雅》《頌》各得其所」】。

「文章」之「章」解彰顯，故《集解》有：「章，明也」。「文章」故指對文之論述。孔子聞望雖非虛假，然仍只表面而已；道理之更深者（「性與天道」），反非其聞望所在。【「性與天道」非孔子沒說，句故明白為「夫子之言」；只其內容因非一般人所能明白，故如「不可得而聞也」】。句故為指出：聞望因須人人所能傳誦，故多只表面容易之事，對真實深奧者，因非人人能明，故無以為人所傳誦。舉「文章」與「性與天道」，實教人見外在與內裡差異：雖同為真實，然一者可傳聞、另一者不可，此聞望真與偽差異：人多不求知真實故，此亦聞望之所以往往虛假。

若上句言真實者其聞望仍可有偽，「子路有聞」句則從無實名望言（單純虛假名聲）。【孔子句因為真實，故《論語》用「可得而聞」；子路句因非真實，故只用「有聞」。「聞」於此非「有所聞於孔子」，而是如「四十五十而無聞焉」〈子罕〉、「在邦必聞，在家必聞。子曰：是聞也，非達也」〈顏淵〉意思】。子路徒有聲名然無實行，故「唯恐有聞」。無所真實之聲名，對其人自己只帶來不安甚至恐懼而已，非因得名而喜悅。偽始終為偽，縱使人未能察知，然自己始終知其不為實，故「唯恐」（恐為人識破），是無以自欺至如有實者。虛假性一如謊言，只能繼續掩飾或自欺，始終無法坦然。句故言虛假名望之偽。

聞望雖人人期望、亦人受人尊敬首先原因，然始終只外表事，更有真偽之別；若非與真實相違，仍多與真實無關。

十五、子貢問曰：孔文子何以謂之文也？子曰：敏而好學，不恥下問，是以謂之文也。

〔人受人喜愛及尊敬之原因有四。二：文〕

人受人尊敬較真實一面為「素養品格」。素養（或學識）因直從人而見，故較「聞」切實。人對人認定，故應直從其素養、不應從名望。素養其至真實者在「文」。【若為藝，仍應從對藝之文言，單純藝之事於人只外在，非為品格】。句所舉為例非孔子而是孔文子；甚至，其所以為「文」非如孔子在《詩》、《書》、禮樂，【見「子所雅言：《詩》、《書》、執禮，皆雅言也」〈述而〉、「子曰：吾自衛反魯，然後樂正，〈雅〉、〈頌〉各得其所」〈子罕〉】，而在「敏而好學，不恥下問」。原因在於：如孔子「文章」只聞望之事，非人與人親近後所感見者（素養）。孔文子例子所言，故是人與人在交往後，對人更進之感見與明白，故非虛浮而更是確切。由「敏而好學，不恥下問」既見人之認真真實、更見其知反省，二者實「學文」之基本態度，為人「學」之品格素養。文之本質在居後【見〈八佾〉】。於人縱使未為禮樂，但能見「敏而好學，不恥下問」，實已如文居後態度。能如此謙下，故必為人喜愛。此從素養言人受人喜愛之原因。

十六、子謂子產：有君子之道四焉：其行己也恭，其事上也敬，其養民也惠，其使民也義。

〔人受人喜愛及尊敬之原因有四。三：君子〕

若非單純從人自身、而從與人關係言，一能「君子」風範者，必為人喜愛。〈公冶長〉這裡所言君子，故非「君子」作為真實之人，【見「君子食無求飽，居無求安。敏於事而慎於言。就有道而正焉」〈學而〉，亦參考〈里仁〉】，而是從與人關係言，所舉故為子產。【「君子」於此指在位者，其能如此風範故受人尊敬。若單純為自身人格，君子多「人不知」而已，無以言受人喜愛】。從孔子對子產說明可見，「行己也恭」「事上也敬」「養民也惠」「使民也義」四者，均子產對他人之道：對一般人恭、事上知敬、對百姓惠、使民以義。這樣與人（種種人）關係，明顯受人敬重，既知恭敬、亦對人有惠、更於使人時義，絲毫不有威權姿態或自我，故無可憎厭，其為君子在此。能如此待人，於人與人故有君子真實。

人受人喜愛及尊敬，除一己名望或素養外，故亦與他人關係（待人之道）有關。【有關子產，亦參考〈憲問〉句九】。

十七、子曰：晏平仲善與人交，久而敬之。

〔人受人喜愛及尊敬之原因有四。四：善與人交〕

縱使都非以上原因，單純只善與人交，始終仍為人喜愛之原因，故「晏平仲善與人交，久而敬之」。「久而敬之」是說：縱使只善與人交，然久而久之，人始終仍能從這樣關係見其人之誠意，知非只一時利益者（如巧言諂媚），故能為人所敬。用「敬」於此，其「善與人交」故非有偽。在待人以道外，縱使只單純善交，實仍可受人尊敬而喜愛，其人必和睦敬愛故。

*

除強者與受人喜愛外，智與善良仍多為社會（人人）肯定。現實多偽，智故明顯重要。社會所言智，非必學問，更與實踐相關，故為明智（phronésis）。

西方「明智」或為古希臘之敬神、或為哲學後來之實踐智。然《論語》【與《易》，見〈夬〉卦】立場相反：非必然肯定。原因在於：智多只〔求〕自我表現，非真實智慧；智於社會故多偽，此〈公治長〉本組所求為說明。

十八、子曰：臧文仲居蔡，山節藻棁，何如其知也。

〔智之真偽有五。一：對環境處境之智〕

「蔡」，包咸註曰：「國君之守龜也。出蔡地，因以為名焉。長尺有二寸。居蔡，【畜養大龜於家】，僭也」。「山節藻棁」，包曰：「節者，栭也。刻鏤為山也。棁者，樑上楹也。畫為藻文，言其奢侈也」。從二事可見，雖僅魯大夫，然臧文仲仍畜養國君大龜於自家內，亦於家中楹柱及柱上方木刻山畫藻，既僭越、亦奢侈。縱只大夫仍敢於權勢前如此，明為不智。人存在於世，其首先智慧甚至德行，《易》稱為「貞」，即自守不妄行。平素知收斂實無需多少智慧，若連如此也無知，是無以稱為明智者。舉臧文仲為例，亦為說明人不應自我突顯以為聰明而已，此明智首先所在。【有關臧文仲，亦參考〈衛靈公〉句十四】。

十九、子張問曰：令尹子文三仕為令尹，無喜色；三已之，無慍色。舊令尹之政，必以告新令尹。何如？子曰：忠矣。曰：仁矣乎？曰：未知，焉得仁。高子弒齊君。陳文子有馬十乘，棄而違之。至於他邦，則曰：猶吾大夫高子也。違之。之一邦，則又曰：猶吾大夫高子也。違之。何如？子曰：清矣。曰：仁矣乎？曰：未知，焉得仁。

〔智之真偽有五。二：知彼知己與知事實之智〕

除明智而知收斂外，亦有知己知彼與察知事實之必須。《論語》舉令尹子文與陳文子二人為例。「令尹」相當宰相職位。子文姓鬬，名穀於菟，為楚國令尹。子文三仕三已之事，眾說紛紜，無可確考；大概為魯莊公三十年丁巳至僖公二十三年甲申讓位給子玉時二十八年間之事。子文對楚國極其忠心，曾「自毀其家以紓楚國之難」《左傳》莊公三十年。子文之為仕與一己所得無關，故無論被任用抑被罷免，都無喜慍之色，此所以孔子以子文為「忠矣」。於繼問「仁矣乎？」而回答：「未知，焉得仁」，這是因為：仁雖為德行，然仍須有智，否則不可視為仁。故於宰我問仁者時，孔子之回答是：「可欺也，不可罔也」〈雍也〉。這是說：縱使仁者亦如人一般可被欺騙，然無論怎樣，都無以使其行無道之事、無法使其罔作為。是否罔作與是否被騙無關，此仁者所有基本智。子文之被任用明為楚利用；縱使有忠然不知自身作為實無助道之行，故不能視為智、更不能視為仁。人應對自身所能有所察知，非只徒盲目忠誠而已。孔子於齊景公非真實地對待、甚至見「齊人歸女樂」而「季桓子受之，三日不朝」時，便立即離去，【見〈微子〉】，知己知彼故。於所事非人而去，此仁所有智之必須。徒知盡忠而不知所盡為何，只智不智問題，與仁無關，故孔子評為「焉得仁」。智故須對人對事、及對一己情況察知；不能知彼知己者，是無以為智、更無以為仁。

陳文子同樣。【「高子」《古論》改易為「崔子」，以為齊大夫崔杼。我們仍依《魯論》作「高子」】。《左傳》襄公十九年：「秋八月，齊崔杼殺高厚於灑藍而兼其室。書曰：齊殺其大夫。從君於昏也」。程樹德《論語集釋》案：「莊公見弒在二十五年，則其時崔杼之惡猶未熾。使高厚不從君於昏，無難豫制。何至殺其身而禍及其君？猶吾大夫高子，蓋歎所至諸邦之執政無不若厚之昏者，識其昏而去之，不可謂非清矣。然其始也，貿貿然來，子故謂為未知也」。這是說：高厚之從崔杼，其昏庸愚昧至無制其弒君之禍，亦終為崔杼所殺。陳文子每至一邦，見其執政者無不若高子，其去而不同流故「清矣」。之所以孔子評為未智，因執政者之昏庸本可想而知，無需如陳文子必親睹而後知。如是無智，無以為仁。

令尹子文不知人我彼此，陳文子則不知現實客觀事實，故均無以為智。陳文子雖不致於如令尹子文愚忠，然其未能如顏淵或子貢聞一知十或聞一知二，故仍非智。知己知彼與知現實情況，此智之起碼條件，為仁必須由此。

從「未知，焉得仁」可見，仁實較智為高：未智，無以為仁。

二十、季文子三思而後行。子聞之，曰：再，斯可矣。

〔智之真偽有五。三：智之過慮〕

除明智外，從社會或世俗一般言，智之運用亦有其真偽。此有三：一、因智而過慮；二、智須通變；三、智不得狂妄。智之真偽因而與運用時之恰當性有關，非因為智便必然對確。智畢竟非即仁，若不察情況而用，無以為真實。

季文子，魯大夫季孫行父。季文子賢，雖位高權重，然「無衣帛之妾，無食粟之馬，無藏金玉，無重器備。君子是以知季文子之忠於公室也。相三君【宣公、成公、襄公】矣，而無私積，可不謂忠乎？」《左傳》襄公五年。季文子行事謹小慎微、三思而後行。《論語》句是：「季文子三思而後行。子聞之，曰：（⋯）」，換言之，孔子所言，非針對季文子一二事，而是對其「三思而後行」而說。於事孔子雖強調謹慎，【見〈學而〉：「謹而信」、「慎終追遠」；〈為政〉：「慎言其餘」、「慎行其餘」；〈述而〉：「子之所慎：齋、戰、疾」等】，然如季文子本已審慎之人，實再無須三思後始行。「三思」所言即多所顧慮，因過慮而失卻時機。孔子所糾正故為「再」，即仍須反省，唯不過而已。一如禮，雖重要仍不能「小大由之」〈學而〉；對事情思慮亦應有分際：「再，斯可矣」，無須因「三思」而失時。思慮之過若由人自己，始終未是。

二十一、子曰：甯武子，邦有道則知，邦無道則愚。其知可及也，其愚不可及也。

〔智之真偽有五。四：智須通變〕

除不過慮外，智亦須通變，《論語》故舉甯武子之「愚」為例。甯武子衛大夫，助成公解其處於晉楚強國之困阨，使衛國能平安渡過三十多年，不致於禍患，又不為成公所殺而能保身，如是非爭強奪利或強執智姿態之智，故難及。智非唯有道時實行之事而已，更是無道時自守之道，智如是始真實。甯武子知「愚」而不求表現之高明，故非人可及。不對智盲目肯定、知智作為表現時之有害，甯武子之「愚」故知通變而更高。孔子之「邦有道，危言危行；邦無道，危行言孫」〈憲問〉，其「危行言孫」實亦智之體現：於危殆仍能深藏不露地行事，如此之智難企及，非「人而不仁，疾之已甚，亂也」〈泰伯〉、或「勇而無禮」「果敢而窒」、或「徼以為知」「不孫以為勇」〈陽貨〉等。

二十二、子在陳，曰：歸與歸與。吾黨之小子狂簡，斐然成章，不知所以裁之。

〔智之真偽有五。五：智之狂妄〕

最後，智更不能仗持智而狂妄自大。孔子對「吾黨小子」之批評，並在陳思歸「以裁之」，正因門弟子「狂簡，斐然成章」。「成章」是從議論之發於言表言，如立論般彰顯。門弟子自以為智，狂妄自大地發表言說，致使孔子思歸以裁正或遏止其所為。這自以為智而妄大，如宰我之解說

「周人以栗」〈八佾〉，實只帶來道理上之虛假與傷害而已。如此求為智之表現，多見於稍有聰明知識者，為智於社會中常見之偽。

〈公冶長〉本組非對智本身分析，只對智於社會中常見偽作說明。無論是臧文仲對處境之不智、抑令尹子文及陳文子忠清之盲目、甚或季文子之過慮及門弟子之狂妄，都非智應有真實。唯如甯武子知變通而「愚」，非以智而自我突顯，如是始為智應有真實。智應知智本身界限、知順承情況而不盲目過度、及知收斂而自守。過於謹慎、不能通變、甚至狂妄自大，若不帶來禍害，始終無以有所成。

*

最後，仍有一素質為社會肯定，此即「善良」。社會所言善良因為人人事，故非必與德行有關，甚至往往只公德「善」之表面。有關社會中「善」之真偽，〈公冶長〉分四點討論：不念舊惡、直、巧言令色（善良之外表）、及，善之真實。所以為四者，因：一、社會間人與人多相害，故「不念舊惡」實為一種善；二、社會中「善」多偽，故言「直」；三、社會中善易為表面（表現），故舉巧言令色言；四、社會中人與人真正善應如何，此最終須回答。以上為〈公冶長〉有關善良問題之分析。

二十三、子曰：伯夷叔齊不念舊惡，怨是用希。

〔善良之真偽有四。一：不念舊惡〕

社會間多見人對人之惡，此時善良，也即「不念舊惡」而已。所以言「舊惡」，因要求人對剛犯之惡忘懷，幾近不可能。又之所以言「怨是用希」，因對人所犯惡歷久不忘懷，心必因怨而負面，無以能光明，此惡之第二次傷害，亦善良於人自己之意義。若非無怨，心境無以幸福。現實不可能更有以善報惡，故唯由「不念舊惡」而豁達，否則心再無能光明正面。

二十四、子曰：孰謂微生高直？或乞醯焉，乞諸其鄰而與之。

〔善良之真偽有四。二：不直之偽善〕

社會中善多虛偽，如微生高。孔子故以「直」對反，「直」於表面未必為善故。《論語》多言直道為是，【見「人之生也直」〈雍也〉、「斯民也，三代之所以直道而行也」〈衛靈公〉、「友直，友諒，友多聞，益矣」〈季氏〉、「古之愚也直，今之愚也詐而已矣」〈陽貨〉】，然微生高非如此：人向微生高借醋，微生高沒有而轉向諸鄰以應求者。表面看似為善，然因借醋一事非緊要，有即有、無即無，無須轉向他人代為求取，如要緊事那樣。如此佯裝善行為，故「不直」。非只「不直」於借醋一事、更不直於善良本身、不直於善之真實。縱使是善，仍首先應直，順應事之正與真實而行。社會中所謂善良往往非如此，故有如鄉愿：在不要緊（無損一己利益）時處處似善、一旦涉利害便再不見善。善須先從正直言，徒外表或於毫無緊要處實非善之真實。

二十五、子曰：巧言令色足恭，左丘明恥之，丘亦恥之。匿怨而友其人，左丘明恥之，丘亦恥之。

〔善良之真偽有四。三：巧言令色、匿怨而友其人〕

除不直外，社會中善良更可只外表表現。從「巧言令色」【「巧言」：對人之媚悅，出於諂媚之心；「令色」：嚴厲如有訓戒態度。見〈學而〉〈陽貨〉】及「匿怨而友其人」言是為說明：善良非外表事，非刻意表現或內外不一致。「足恭」是說：縱使恭敬基本，然仍須有誠，不能只「巧言令色」地外表。同樣，對人如朋友般友善雖亦善道，然若其間有怨，是不應違心地虛偽。無論善多是道，仍須真實，不能只外表、亦不能違心。所以舉左丘明言，因左氏為魯太史，作為史家對人類社會觀察既客觀亦全面，非個人之見。若連左氏亦如此痛惡善良外表，可見偽善對人類影響多深遠，既扭曲善本身、亦偽化人與人關係。此所以孔子重言「左丘明恥之，丘亦恥之」：徒表面善良其虛假嚴重。

二十六、顏淵、季路侍。子曰：盍各言爾志。子路曰：願車馬、衣輕裘，與朋友共，敝之而無憾。顏淵曰：願無伐善、無施勞。子路曰：願聞子之志？子曰：老者安之，朋友信之，少者懷之。

〔善良之真偽有四。四：與朋友共、無伐善施勞、與老者安之、朋友信之、少者懷之之善〕

若從社會具體言，善應如何？《論語》借子路、顏淵、孔子三人回答。所以從志言，因志代表人心，於此故亦反映善可有真實。

子路「願車馬、衣輕裘，與朋友共，敝之而無憾」是說：其對人善唯在物事上，故連貴重如車馬或貼身輕裘亦可與共，損毀仍無憾。與共之心雖似善，然實仍由自我、由一己性情而已，如此善故仍表面，非必為義。從「與朋友」更可見，善本不應唯朋友而已，對一切人善仍是義。

顏淵「願無伐善、無施勞」較子路正確：善非由於自我而範圍在朋友間、亦非只從物事言。因人我間多有困難（因而不善），故顏淵從「無伐善」「無施勞」言。「無伐善」指無對善（或他人之善）傷害、無對善有所抑止；所以如此，因人自我多主觀，故易對善敵對阻擋而不自知；於人與人間「不伐善」，故已為對善本身自覺。從「無施勞」更可見，顏淵所求善平凡而謙卑，故非必善事善行，只無對人施勞而已。【孔安國以「自無稱己之善」解「無伐善」，然不稱己善已實自視為善，非德行如顏淵者應有。無論子路、顏淵、抑孔子，所言志（善）均對向他人，非對向一己。「伐」始終應從征伐或敵對此本義解，即在不知不覺中，因己而對善有所傷害或敵對】。顏淵所言善因去自身自我，故較子路更善。其所在乎是善之真實，非只對人「好處」而已。

然孔子所言善，更是善之客觀。孔子所求故為：「老者安之，朋友信之，少者懷之」。孔子之善雖似由志，然實已純然無我、純依於他人而有。若子路志在自我、顏淵志在去自我，那孔子志始真正無我，其善故由人。孔子由人之客觀性更見於其對人之枚舉：既有朋友、亦有少者及老者，甚至更有三者之先後：老者為先、朋友其次、少者最後，此其真實。對少者其善唯使對方懷之而已，無需更多；而對朋友，則以信實為本，唯義所在；【見「朋友死，無所歸，曰：於我殯」〈鄉黨〉】；唯對老者，因其所需必須，故盡力求安之。「安人」實亦對人最大善行，老者尤是。孔子對人善良，故非由於個體甚或自我，更由於人真實需要。舉三者只其大概，若如鰥寡獨孤，【見孟子〈梁惠王下〉：「老而無妻曰鰥，老而無夫曰寡，老而無子曰獨，幼而無父曰孤，此四者天下之窮民而無告者。文王發政施仁，必先斯四者」】，孔子必另有所善，其善始終切實，為人性需要而道義，非社會浮泛善良。孔子之善，故已及人心：「安」為心（人性）所求、「信」為心之真實、而「懷」更見心對人善之思念，三者故直顯人性真實。孔子善故非唯在人我間，更在人性上，其善由此。

句中所言善，實已映射善之三方面：一在物質、二在人我、而三在人倫人性。三者各有真實，亦行善所有方面。

*

二十七、子曰：已矣乎。吾未見能見其過而內自訟者也。

二十八、子曰：十室之邑，必有忠信如丘者焉，不如丘之好學也。

〔結語：社會與人其自己〕

本組二句為本篇結語。一如「里仁」，「十室之邑」亦標示一種人羣聚居，換言之，社會。以「已矣乎」如此慨歎總結「吾未見能見其過而內自訟者」及「不如丘之好學也」，已明言社會中人雖仍有「忠信如丘者焉」，然始終未見能見其過而內自訟及好學者。《論語》雖常言過，然未見以「內自訟」形容；「內自訟」故實摹擬社會人與人相互責難事實。【亦參考「聽訟」「無訟」〈顏淵〉、及《易》〈訟〉卦】。而列舉未見「有過而內自訟」及「好學」者，實為指出：社會人所難，正在人之自我我執，故難見「有過而內自訟」及「好學」者。在對人錯誤評價外，社會實未見人「好學」及「有過而內自訟」，人各為自我，故鮮對己反省、亦少謙下而學，此社會人所以虛假。【「學」應指學為人。若孔子於此不以忠信為學，其學故必從求為成人言，而此正自我所難，自我只求為一己優越而已，非如「古之學者為己」〈憲問〉】。

從社會對人評價，至此「內自訟」與「學」，〈公冶長〉實環繞社會中人其對自我之重視：人不能平實真實亦先由此。藉由此結語，《論語》故勾勒出社會人其本質，亦人人求為自我時價值觀法之虛假而已。社會未能人性，其原因在此。故若能見內自訟並好學者，此社會中應有真實：真實非在道德公德，在人而已、由知過而內自訟及好學而已。【內自訟及好學純與人自己有關。忠信孝悌因由於對象必須，故非單純自我事。此好學與改過所以難：社會人其自我難於真實故】。

以此終結全篇，亦教人除社會外，人仍應先有其自己，非以社會為一切。社會多只外在甚至表面，是未見人性心及人自己之真實。此孔子「吾未見」及「不如丘」意思。對人類社會，孔子之「已矣乎」所喻故深：人實隨社會表面並虛偽而已。

*

在結束前，讓我們對社會中「強」、受人喜愛尊敬、智、善良四者其「正」作一歸納：

「強」：

一、聞一知十反省力之全面性

二、勤奮素質

三、剛而不欲

四、不加諸人而獨立

受人喜愛與尊敬：

一、真實名望

二、文之素養

三、君子待人之品格

四、善與人交

「智」：

一、對處境察知而知自守收斂

二、知己知彼及知事實而能行仁之智

三、思而不過度、不過慮

四、智之明哲保身

五、智之收斂，不狂妄自大（非求表現）

「善良」：

一、不念舊惡（不懷怨）

二、善須順於直道而正

三、善須由心、並內外地一致而真實

四、善須切實，並客觀地人性：「老者安之，朋友信之，少者懷之」

公元二零二零年十月二十八日修訂

雍也

中庸之道

「中」：不偏不倚、無過不及而著其正；「庸」：平凡而常、微細而謙卑。

何謂中庸之道？何以有中庸如此道理？無論何德行，《論語》都或由於對象必須、或直與人之為人有關。如因老弱事實故有孝悌；因有人及事情之好壞真偽故有忠信；因有人性感受亦有種種自我之無道，故有禮之必須；因人有好惡偏私、亦有物事需求，故有仁義等德性。然在這一切外，對向「存在」本身，實應有其根本道理，而這與人或特殊事物無關，直與存在態度有關而已。中庸之為德，是就此而言。因求為一切事情能客觀真實，故必須「中」：既中其的（因而真實）、亦應有所節度而不太過或未及，此「存在」基本道理。此外，存在亦應以平凡平實性為根本價值，不應以求為超越性為目的。平凡本存在常態，故應為存在價值之本；人類因求為相互超越始有所對立、始失卻人性；然真實偉大境界實由平凡而入微（微細）時始致，非由以為超越。存在之真實，如是由「中」與「庸」兩道理成就。此在人或事道理外，「存在」應有價值取向。二者之為德行，是從此言。像西方，雖亦見有言「中道」，然由於仍向慕神性價值與模態，故未見有「庸道」之說；「庸」反而往往被理解為平庸、為價值上應摒棄而非推崇者，此所以與中國價值觀相反。「庸道」故為中國傳統所獨特：不能「庸」，是無能為真正「中道」者，存在畢竟只人之存在而已，故不能太過。「庸道」因而實針對「人」之存在言，若為神靈，可再無「庸道」道理；非更善，反只失卻人性存在平凡之美而已。【神性美多只由於「藝」，唯人性美始以「庸道」方式體現，為平凡美所特有感動；人平實存在之懿美與感動由此】。而真實平凡人性之存在，既不相互突顯、亦不相互對立與超越、更不求索任何外於人類與人性時之事物，此「庸道」所以為更高價值；其為人性德行，故非超越性或神性可比擬。孔子因而說：「中庸之為德也，其至矣乎」。「庸道」實為糾正人類存在對特殊性、優異性、甚至至高或超越性之崇尚或向往。存在之道故也唯二種：中庸與反中庸。中庸之為至矣，是從此言。像今日在西方文明下之世界，都以向往優異性與突出性為競爭方向，故與中庸求存在之中道與平凡性之真實相違，亦孔子所以對中庸慨歎「民鮮久矣」之原因。正因存在價值取向重要而根本，故在人類「社會」之討論後，更有「中庸」此「存在整體」道理，此〈雍也〉篇之構成。

〈雍也〉為中庸之道最早論述。《禮記》後來〈中庸〉，與〈雍也〉所言有所差距，不能視為中庸道理根本。〈中庸〉以「中」為喜怒哀樂未發之一種狀態，而「庸」雖與平凡微小之義有關，然由推究其極而為一種類同形上之「隱微」；〈中庸〉故說：「是故君子戒慎乎其所不睹，恐懼乎其所不聞，莫見乎隱，莫顯乎微（…）」，如此已把中庸本平凡之道形上化、為在歷史中首次對中庸道理之歪曲。〈中庸〉故不能視為中庸道理根本，〈雍也〉始是。

簡略地言，「中」指以人性為據、為準繩以言事之切中，【在太過與不及間之一種適度】，「庸」指平凡平實性，更涵微細、微小微薄、以至卑微謙下之意。所以為平凡，往往因其為人性性向而恆常常態故。

〈雍也〉之分組主題如下：

一、中庸前論（一與二句）

二、論中道（三至五句）

三、論庸道（六至十一句）

四、論對中庸錯誤理解（十二與十三句）

五、世態中庸之道（十四至十七句）

六、人中庸之道（十八至二十一句）

七、存在中庸之道（二十二至二十五句）

八、德行中庸之道（二十六至二十八句）

九、中庸總結（二十九與三十句）

＊

〈雍也〉首兩句為中庸道理前論，一言中庸為天下（人類存在）之道，另一言中庸為生活之道。二者（存在與生活）為廣義存在之兩大面相。有關二者，《論語》借由仲弓（雍）說明。所以以仲弓為代表，一因仲弓有德行；【「德行：顏淵、閔子騫、冉伯牛、仲弓」〈先進〉、「或曰：雍也，仁而不佞。子曰：焉用佞。禦人以口給，屢憎於人，不知其仁。焉用佞」〈公冶長〉】；二因仲弓父賤行惡，其出身卑微，故可為「庸」之表徵，亦孔子比喻為「犁牛之子」〈雍也〉之原因，因縱使有德亦賢能，然始終不為人用於祭祀大事。

一、子曰：雍也，可使南面。

〔中庸前論有二。一：中庸為天下之道〕

本來，如仲弓般出身卑微不見用，應由自卑感易對上譏訕，然仲弓非如此：於見在位之子桑伯子「居簡」時（見下句），仲弓以「居敬」始是，無需因刻意儉約而「居簡」。對人之尊貴，仲弓故實中道而客觀，不會因自身微賤（庸）而以為必須儉簡，亦孔子視為中庸表徵之原因。

「南面」為君王對向百姓之位。「雍也，可使南面」故借雍代表中庸，以言中庸德行實可普行於天下、為天下之道。中庸本身雖中道而平凡，然實已為至高德行。君王甚或天下所應行，亦此而已。句雖以君王言，然若與篇末「中庸之為德也，其至矣乎。民鮮久矣」合而言，明見中庸德行涵蓋上自君王、下至百姓，為人類存在整體應行之道。中庸作為德行，故為一切價值之根本。其為存在之道由此。

二、仲弓問子桑伯子。子曰：可也，簡。仲弓曰：居敬而行簡，以臨其民，不亦可乎？居簡而行簡，無乃大簡乎？子曰：雍之言然。

〔中庸前論有二。二：中庸為人人生活之道〕

本句所涉「居與行」，為「生活」代表。生活由二者所成。除「存在」外（見前「可使南面」），「生活」亦應以中庸之道為本。句中「敬」「簡」，明與中庸有關。子桑伯子「居簡」「行簡」表示，他以中庸儉簡之道面對百姓。然對仲弓言，「居敬而行簡」對在位者實已足夠，無須刻意「居簡」，「居簡而行簡」實已太過，再非中道，故「無乃大簡乎？」」。縱使庸道為德行，上位者仍無須太過，「居敬而行簡」始為中道。【敬為奢、敬、簡三者之中道。平凡平實則往往從簡單言，此「行簡」之意】。以上為仲弓對子桑伯子之糾正。由是反顯，中庸之道同亦生活應有之道。

「中庸」作為價值均二序性：中道使事不因太過與不及而錯誤，庸道則使價值不背離人性平凡性之真實。縱使對價值有所向往，人類仍不應對平凡平常性有所低貶。庸道因而針對種種崇上抑下之舉，為人類作為人（而非神）價值之正。若「庸」為價值中之德行，「中」則為德行（因而行事）中之價值取向：盡求為真實。二者故針對德行與價值而為二序。若中道教人事情所有真實故而客觀，庸道則相反，以外在一切必須回歸人性此主觀性，不能因對象無限制地求索。中與庸因而為客觀與主觀之平衡，存在實介乎人與事二者而已，缺一考慮均不可。

*

中庸本身非如忠信孝悌等為獨立德行。因非具體德行，故須以範例說明及解釋，此〈雍也〉

篇所由。〈雍也〉主要分兩部份：個體層次中庸之道（三至十六句）、及存在整體中庸之道（十八至二十八句）；二十九與三十兩句則為總結。首先有關人及物（財物）之中道。

三、哀公問弟子孰為好學，孔子對曰：有顏回者好學：不遷怒、不貳過。不幸短命死矣。今也則亡，未聞好學者也。

〔論中道有二。一：人之中道〕

顏淵好學不用多說，若孔子形容為：「有顏回者好學。（…）不幸短命死矣。今也則亡，未聞好學者也」，這是對顏淵好學多大讚美。然從本句可見，顏淵之好學非了不起事，也只「不遷怒、不貳過」而已。「不遷怒、不貳過」所表徵，正是「好學」之中道：人必有過、甚至於事有怒，顏淵仍然。正因有怒有過本平常，故「不遷怒、不貳過」始為中道，人鮮能此：於怒「不遷」、有過「不貳」。雖非要求人無怒無過，但若始終「遷」與「貳」，已為太過而不是。顏淵之中道故難得，亦顯其德行所在。

《論語》以如此單純事實，見中道於人既平凡亦難得。因改過與學為從社會一般言每人自己之真實，【見前〈公冶長〉末二十七與二十八句】，《論語》故以此言人之中道：既以怒與過言人之平凡性（庸）、又教人「不遷怒、不貳過」之為中。「不遷怒」與「不貳過」故實人人應有基本：非不能有怒、非必須無過，唯須「不遷怒」「不貳過」而已。

四、子華使於齊。冉子為其母請粟。子曰：與之釜。請益。曰：與之庾。冉子與之粟五秉。子曰：赤之適齊也，乘肥馬，衣輕裘。吾聞之也，君子周急不繼富。

五、原思為之宰，與之粟九百。辭。子曰：毋，以與爾鄰里鄉黨乎。

〔論中道有二。二：財物之中道〕

從財物言中道，《論語》舉公西華與原思兩人為例。二人雖同為孔子做事，然孔子給予兩人待遇不同：公西華少於、而原思則多於其所應得，引致冉有替公西華更索取，甚至違逆孔子意而與之粟五秉。《論語》透過這樣例子說明財物上之中道：財物之使用應依據人之所需，非依據職能給出便以為公正。依據真實需求，此財物本來之道，亦其中道所在，非一般以公平性定奪。

《論語》例子發人深省：世間所謂公平，實與真實需要（義）無關，甚至往往只「繼富」而已。表面之公平，如今日已在壟斷下之所謂自由競爭，往往只造就富者越富、貧者越貧如此不公而已，與兩者付出之努力或勞力無關，更與真實需要無關。事實上，俸祿從沒有所謂公平性：誰應取誰不應取、取多抑取少，從來都非如制度所以為之公道。反而，若從真實需要而取或給予，這更是中道。孟子故說：「可以取，可以無取，取傷廉。可以與，可以無與，與傷惠」《孟子・離婁下》二十三章。孔子之不與公西華，如其所言：「赤之適齊也，乘肥馬，衣輕裘」，其如是富有故不應更富之。相反，原思家貧，其鄰里鄉黨亦貧，孔子故就其所需而與之粟九百；於原思辭卻更說：「毋，以與爾鄰里鄉黨」。孔子這「周急不繼富」道理，即財物運用時之中道。財物之中道（薪俸所得），故非依據其事之大小或職位之高低，而是依據其人所需（義）定奪。雖似與人有關，然只針對其需要：物之付出回應物之需要，與需要（義）外其他考量無關。財物其中道應如此。一如子桑伯子「居簡」（見前）因非其財力只能如此、亦非如此始有助於人，故「居敬」而不奢始為中道，「居簡」於此無義、亦與德行無關。財物之中道故不應從份位定奪、不應只考慮社會或制度之公平性，更應依據需要而平均分配，盡「義」（需要）而真實。

以上二例，為《論語》對中道之說明。

*

至於庸道，因庸道以平凡或微薄為取向，其討論故涉兩面：一為對微薄之重視態度、二（其反面）為對可貴者捨棄之可能。人們所以不能對庸道肯定，因往往求為珍貴者而已。故教人見珍貴事物之亦可捨棄，無論是否迫不得已，都為對庸道根本性之覺醒與明白。

何以中國傳統對庸道肯定？為何採納這樣價值觀？《論語》對庸道其反面「尊貴者」有怎樣看法？【我們暫以「尊貴者」稱庸道之反面。於西方，庸道之反面應為超越性或超越者，如自希臘而來之神性價值便是一例】。

本組三句中代表庸道者分別為：一、「犁牛之子」；二、「其心三月不違仁」；及三、果、達、藝。「犁牛之子」指人出身（身世或地位）之微賤；「其心三月不違仁」言人日復一日努力之微細或微漸；果、達、藝則相對「為政」這樣大事，言於其中人能力之平凡：「果」言貫徹始終（有結果）、「達」指通達明理、而「藝」則言事所需能力或技能（如財務賦稅管理便為一種「藝」）；三者於人都只平常、非優異或特殊才能。孔子所以舉以上三例作為對「庸道」說明，原因明顯：身世之微賤代表至為外在之平凡；「三月不違仁」代表人平素努力及其用心之微細、及至成就（這裡所言「德行」）

之實由微漸而致；而果、達、藝三者則代表事情所需能力（人自身所有能力）之平凡，雖非人人必然，然始終無需視為特殊。【為事能貫徹始終、能通達明理、甚或有所實務能力，這只為事應有常態，與特殊或優異天賦無關】。三例所反映：一、與人自身所是無關之偶然外在處境與地位；二、其本身作為與致力；及三、事情所需能力這三方面。若三面均只平凡，這代表：與人有關之一切面相，均只平凡而已，是不應視為如有所特異而非凡者。人其外在處境（如身世地位）、其所能作為與成就、至事情本身所需能力，無論哪一者，其真實實只平凡而已；此所以庸道為人類根本事實，其應肯定由此。三例中所對比：祭祀之神聖、德行之極致、如為政之大事，（神、人、事三面），因而均應視為平凡而平常，不應以為有所特異而非凡。庸道地平實，此始人類存在之真實；一切超越性或優異性故非為道，此庸道所言基本道理與價值。

六、子謂仲弓曰：犁牛之子，騂且角，雖欲勿用，山川其舍諸？

〔論庸道：對微薄重視之態度有三。一：身世境況之微賤〕

如「犁牛之子」出身之微賤、這對人身世地位外在價值之認定，實人類自身虛偽時之價值而已，其事實本身根本不代表甚麼。若從山川神祇之角度觀，人本只（均只）人而已，均同等卑微，是無所謂出身優異顯貴與卑賤之分。若是神靈，因人始終也只人而已，其出身本無差異，故根本不予理會；只人類自視而區別而已，非真有所貴賤。若真有所貴，應在其本身如「騂且角」等價值，與其出身（是否「犁牛之子」）無關。祭品若合乎禮度，【「騂且角」：牛色與角尺寸長短均合乎禮度】，這始珍貴，身世貴賤與其事（祭祀）本質無關。對人與物之評價，因而不應受其身世處境之外在性影響。身世縱使微賤，與人自身所是無關。此為與身世有關之庸道。

七、子曰：回也，其心三月不違仁。其餘，則日月至焉而已矣。

〔論庸道：對微薄重視之態度有三。二：作為與致力之平素：其微細微漸〕

若從人之致力甚至成就言，顏淵句所說明是：如仁這樣極致德行（喻一切成就），實也只由如「三月不違仁」這日復一日微漸努力成就而已。無論甚麼極致之事，其本也唯在日復一日微漸努力上而已，此努力或成就之庸道。對平素之細微，故不應有所貶抑。大而長久如日月之事，也只由「心三月不違」而致，非有所特殊。故從人之致力言，庸道仍為成就甚或德行之本：人之致力非有所特殊，一切均由平凡微漸努力而致而已。

八、季康子問仲由可使從政也與？子曰：由也果，於從政乎何有。曰：賜也可使從政也與？曰：賜也達，於從政乎何有。曰：求也可使從政也與？曰：求也藝，於從政乎何有。

〔論庸道：對微薄重視之態度有三。三：事情能力之平常〕

最後，若從事所需能力言，事縱使有別，所需能力基本上仍只平凡甚至微不足道，非真有需異能。《論語》舉「為政」為例，因人多以「為政」為大事，故似應有特殊能力。然事實是，「為政」也只「事」而已，無需視為特殊。《論語》故記說：「冉子退朝。子曰：何晏也？對曰：有政。子曰：其事也。如有政，雖不吾以，吾其與聞之」〈子路〉。無論何事，其本質也只事而已，是無需從特殊能力才幹言。對季康子之以為，孔子故回答說：「由也果，於從政乎何有〔不可〕」、「賜也達，於從政乎何有〔不可〕」、「求也藝，於從政乎何有〔不可〕」；而此明白是說：三人所有，實為一般能力而已，無須視為優異。孔子所舉果、達、藝，一為性情、二為天賦、而三為人後天學得之實務技能。三者均平常而已，非奇特特殊。當然，對孔子言，為政本應以德行而為，舉果、達、藝三者，只單純從事情能力考慮而已。而這是說：無論多大事情或作為，背後所需能力實只平凡能力，是不應以為必須特異或優越者始能。舉此三者，實從（一切）為事所需基本能力言：果斷而有結果、通達明事理人情、及有相應實務之知識。從這點言，三者實重要，亦事成之基本：既能果斷有魄力、又能通達人情事理、及有相當實務知識；如是已為一切「為事」能力基本，為事能力莫過於此。以上為《論語》對為事能力其庸道之說明。

從以上三句可反見，人類所追求反庸道之極致事物，主要亦三類，由山川（神祇）、日月（如仁德行之極致）、及政事權力（現實之至高性或至大事）所代表。「山川」雖仍世間物，然實表徵人世外之神祇。「日月」代表時間流逝（時空之高遠），為人世中之極致。【對孔子言，人世中極致應為德行，甚至直為「仁」，故言「一日克己復禮，天下歸仁焉」〈顏淵〉。世間若有所真實極致，故應唯仁。仁如日月明麗，為一切努力與致力應有標的。然若從虛假方面言，「日月」於世間所代表，則如人所追求永恆不朽聲名之虛假】。「為政」（及權力）則代表現實存在之至高性、其極致。【「政治」表徵人類活動中涵蓋至大者，其為極致在此】。三者故為庸道平凡性之反面：一為世間外之超越性、二為世間內之極致狀態（永恆不朽）、而三為現實中人人爭奪之至高性（權力與力量）。於這樣極致前而孔子仍刻意說：「山川其舍諸？」、「日月至焉而已矣」、及「乎何有」時，縱使似極致，對他而言始終非超越者：既無必制約人類、亦無必捨棄人性。「山川」只禮（郊禮）之對象，為人對天地其存在之感謝，反映人類存在心境多於其對象之超越性，【見〈八佾〉】，故沒有如宗教中神靈對人類之影響決定。「仁」雖極致（「天下歸仁」），然始終只回歸人性與德行，絲毫無悖逆人道。「政」雖可如〈為政〉所言：「道之以政，齊之以刑」那樣制約人類存在甚至悖逆人性人道，然其本身始終仍在人類掌控範圍內，甚至更有真實王政之可能，非必為絕對超越者。正因如此，三者故應有其庸道之一面，否則作為超越者，只違逆人性道而已，是不能從庸道而觀。西方所塑造超越者不同：雖事實仍由於人（出於人類之手），然確是為對立庸道與平凡性而有。由是，超越者雖似更高，然其對人類之制約，反使人類落為奴隸。如是極致，只人類愚昧而已。【有關《論語》對極致道理之討論，見〈衛靈公〉篇】。儒學對庸道之肯定，其意義故深遠。孔子對中庸之道之慨歎，其見亦深遠。人不知中庸之極致，始求反中庸以為極致。真實極致唯在中庸，其他，從其對逆人性與人道言，無論多高遠，始終非真實、非為真正極致者。

如是，於對向神靈、德性極致、或存在大事時，人類所有真實，都只如日復一日之微細微漸努力、或只為平凡而一般能力，都與偉大性無關，是不應以為真有在庸道外更為偉大者。人故不應對存在之事實性、對人與物之平凡性有所貶抑歧視。若明白庸道始終為人類存在之本、甚至為事實，因而所求美與善只平凡地美、平實地善，如此人類存在始復歸其本，始既人性地美、亦人性地善。庸道之微細與平凡平常，故實為人性與人類存在應有模態。〈中庸〉對隱微之重視：「是故君子戒慎乎其所不睹，恐懼乎其所不聞，莫見乎隱，莫顯乎微。故君子慎其獨也」，雖有所太過，然始終與庸道不無關係，本於同一價值故。

*

除平凡平常與微細卑微外，庸道亦教人對珍貴者捨棄。所舉例子三：成就、生命（健康）、生活之樂與安定。三者於不得已仍須捨棄，此仍為庸道事實。

九、季氏使閔子騫為費宰。閔子騫曰：善為我辭焉。如有復我者，則吾必在汶上矣。

〔論庸道：對人所視為可貴者之捨棄有三。一：成就之捨棄〕

閔子騫句意明白。季氏使閔子騫為費宰，然為季氏宰實無真實作為可能，縱使為地位成就，非如子路與冉有，閔子騫仍毅然辭卻：「善為我辭焉。如有復我者，則吾必在汶上矣」。對不能真實作為，縱使似成就，賢者仍寧選平庸生命，不圖虛假尊貴，此從人人求為成就言之庸道道理。

十、伯牛有疾。子問之。自牖執其手。曰：亡之，命矣夫！斯人也，而有斯疾也！斯人也，而有斯疾也！

〔論庸道：對人所視為可貴者之捨棄有三。二：生命之捨棄〕

對如人人所求生命健康，因仍有外疾【外來曰疾，內發曰病】之不可免，故對如德行之冉伯牛，孔子仍只能歎息：「亡之，命矣夫！斯人也，而有斯疾也！斯人也，而有斯疾也！」。雖然如此，孔子仍「自牖執其手」【喻已有所隔離】，盡其人性安慰之可能。性命雖珍貴，然免不了外來命運，此冉伯牛句所言庸道。

十一、子曰：賢哉回也。一簞食，一瓢飲，在陋巷。人不堪其憂，回也不改其樂。賢哉回也。

〔論庸道：對人所視為可貴者之捨棄有三。三：存在安與樂之捨棄〕

生活之快樂與安定雖人人所求，然其反面（卑微處境）非不能接受，此仍出於庸道德行，〈里仁〉故有：「貧與賤，是人之所惡也。不以其道，得之不去也」，唯「不仁者，不可以久處約」而已。賢如顏淵，故「一簞食，一瓢飲，在陋巷。人不堪其憂，回也不改其樂」。顏淵其樂唯在德行與道，如孔子所言：「君子食無求飽，居無求安」〈學而〉，絲毫對生活飽食安居無所求。此孔子感動而重言：「賢哉回也」、「賢哉回也」。微賤至如「一簞食，一瓢飲，在陋巷」仍無所拒，此顏淵之庸德。生活之庸道故實繫於人心與德行，此顏淵句所言。

對成就地位之捨棄，但求作為之真實、對性命命運無不能接受、生活由道而樂，非以求索生活安居始為是，如是由庸道而致之捨棄，實生命之真誠極致，此庸道所有更高真實。

*

由庸道可有所捨棄而似卑下，故易誤解為自限與狹小，須糾正。本組兩句故一針對中道、一針對庸道而正。

十二、冉求曰：非不說子之道，力不足也。子曰：力不足者，中道而廢。今女畫。

〔論對中庸錯誤理解有二。一：中道非自畫、非自限〕

冉有所言：「非不說子之道，力不足也」明顯只自我辯解，藉中道之無過（與無不及）對自身能力自限。如此只視中道之毋太過不及為限制而已，其理解明顯錯誤。適度是求為切中、達其事本質所是，非從限制言。若視為自限、甚至對「道」亦如此，實「自畫」而已；若為中道，必求「就有道而正」〈學而〉，非以「不為」為「中」。「太過」與「不及」故唯針對錯誤、非事情其「正」。求為中正，故不能言「太過」「不及」而自限。中道故仍為一種進取，非求為逃避與自限。【參考孟子與告子論「知言」之差異，見《孟子・公孫丑上》第二章】。顏淵之「三月不違仁」〈雍也〉及其「見其進也，未見其止也」〈子罕〉始中道之正，力求其正之達，非因「太過」與「不及」而止、而以為中道，故

「譬如為山，未成一簣。止，吾止也。譬如平地，雖覆一簣。進，吾往也」〈子罕〉。中道所言中，只求道義之正而已。道義始終為中道依據，是否中道亦唯從此言。故顏淵「不遷怒、不貳過」，既無要求無怒無過而太過、然亦不能遷怒貳過而不改（有過不改）。此中道之人性依據。中道之不偏不倚，故是對道更進一步自覺與努力，非離棄道義而能從限制言，甚至為自身不為時之藉口。對冉有之偽，孔子故直說：「力不足者，中道而廢。今女畫」。若力有所不達，只中道（中途）而廢，非根本不努力。中道故非從順於自我（而適度），而是從順於人性道。此中道之真偽。

十三、子謂子夏曰：女為君子儒，無為小人儒。

〔論對中庸錯誤理解有二。二：庸道亦非狹小低下〕

若中道之真偽取決於為道抑自我，非在止與不止，庸道同樣，亦取決於真實抑只自我之狹隘。「君子儒」「小人儒」中君子與小人是相對儒（讀書人）而言。無論學問抑讀書人，本應心胸廣闊非有所狹隘。學問之廣闊可從兩方面言：或由於深入對象道理之全面客觀而真實【見「溫故知新」、「周而不比」〈為政〉、「聞一知十」〈公冶長〉、「舉一隅而以三隅反」〈述而〉】，或若從人自己言，學問應使人有所昇進、因上進而真實。本句所以對向子夏言儒者、言君子儒與小人儒之對比，因庸道所言平凡性無論多真實，並不代表人因而可處處死守平凡甚至平庸性。從作為儒者與求學問言，是應有上進而開闊之心懷，非因以為庸道便死守不進，如冉有之自畫那樣。如此謹守平凡之假象，只錯誤之庸道而已。在需上進努力而只死守平庸以為真實，如此實為庸道之偽。以君子儒與小人儒作對比是說：庸道所言細微，非事情之瑣碎、失卻大體。學問故不能只為瑣碎學問，如子游對子夏批評那樣：「子夏之門人小子，當洒掃、應對、進退則可矣。抑末也，本之則無，如之何？」〈子張〉。【亦參考：「子夏之門人問交於子張。子張曰：子夏云何？對曰：子夏曰：可者與之，其不可者拒之。子張曰：異乎吾所聞：君子尊賢而容眾，嘉善而矜不能。我之大賢與，於人何所不容？我之不賢與，人將拒我，如之何其拒人也？」〈子張〉】。學問之所以狹隘，或由於瑣碎而失卻深遠、或由過於務實而不能廣博，以至種種如文字表面之執着與以為考據、盲目對概念之搬弄而不求通達其道理義理、只妄知專業而未能更客觀地作自我反省與批評以見自身之限制、甚至過於盲目執持實証而不見真實所應有之靈活向度⋯⋯，這一切為學之錯誤，表面雖似謹守庸道，然實只一種虛假或錯誤之庸道而已，非其真實。之所以為子夏，因子夏在眾弟子中，對微小之事最為重視，如上引子游之批評所見便是，亦孔子評子張為太過、子夏為不及之原因。【見〈先進〉：「師也過，商也不及」。有關子夏學問之似是而非，請參閱〈子張〉中子夏之言】。

若我們反觀上述有關庸道之論述，表面上，孔子看似對庸道無條件肯定，至其卑陋或毫無成就狀態，但細看不然：無論是顏淵、閔子騫等例子都可看到，之所以此時對卑微或微賤有所肯定，是有着一更高向往作為根據或前提，故閔子騫是為着更真實成就而辭費宰之職、顏淵是為道而「不改其樂」，都非無所向往，其庸道是結合着向往與更真實價值而言。若非如此，對卑微之執着將得毫無意義。庸道始終是為着更高真實而始被肯定。問題只是，通常人類所向往而以為價值者，是對立庸道而始有之一種價值，以為真實必與人性及其平凡庸道相背或無關，而不知二者更根本之關係。對庸道貶抑之錯誤實在此而已。故若相反只執着庸道而毫無更高向往，這時之庸道明顯又是錯誤。言平凡，故是言一種價值，非言毫無價值。《論語》舉小人儒為例，只因其更明白而已：既以為作為儒者而有所向往，但實只愚守着種種狹隘，因而無法通達，【見〈子張〉篇中子夏之言】，以為如此始為對人其平凡、平實性有所肯定，都只錯誤而已，對人與真正庸道毫無助益。

無論中道抑庸道都不應有所止，亦不應止於其自身。中道始終依據道義而非任憑自我之適度，庸道則是作為更高價值向往（「君子儒」）而為庸道，非刻意對立向往或自甘平庸而無所向往。

當然，自以為是地貶抑平凡、或過與不及地狂矜而不切中道與義，這不庸與不中都是人類作為上之大偽，但始終，對中道與庸道仍必須有其正確明白始真實。此以上兩句所欲說明之道理。

*

在中庸道理基本論述後，〈雍也〉以四主題展開中庸於世面相：世態之中庸、人於世之中庸、存在之中庸、及德行於世之中庸。作為價值態度，中庸不中庸明顯直反映於世態。又因人存在必與世有關，人中庸之道故緊接於後。在二者外，即存在本身應有之中庸。中庸道理本只以上三者，唯因德行對人類存在重要，其於世又困難，故德行於世是否亦有其中庸可能，如此道理必須說明。〈雍也〉故以四者為主題。

十四、子游為武城宰。子曰：女得人焉耳乎？曰：有澹臺滅明者，行不由徑，非公事未嘗至於偃之室也。

〔世態中庸之道有四。一：世間賢者之中道〕

從世態言中庸，《論語》舉澹臺滅明及孟之反兩正面例子，從二人可反面地見，世人一般非如此，落於時世現實故。

澹臺滅明之「行不由徑，非公事未嘗至於偃（子游）之室」，明為為仕者中道：既只在事義真實、亦從不諂媚而虛假；既不走捷徑、亦不圖私下利益。澹臺滅明之行事法：單純對事、絲毫無求利益與結黨營私，故為中道。世態一般非如此：既不單純對事、亦只盡求個人利益，以趨炎附勢攀附勢力。中道由是喪失。子游性情雖過求理想，未為中道地切實，然於此仍較世人一般為中道：知中道之人而用之。【從能力，非求為阿諛奉承】。其為事故「得人」。

十五、子曰：孟之反不伐。奔而殿，將入門，策其馬，曰：非敢後也，馬不進也。

〔世態中庸之道有四。二：世間賢者之庸道〕

孟之反為魯大夫，與齊軍戰而大敗，「不伐」指此，非孔安國自解為「不伐者，不自伐其功也」。戰敗無功可言，言「不自伐其功」故無義。句所言，只孟之反勇，敢殿於敗軍後，盡其庇護之責。對人之稱是，唯以「非敢後也，馬不進也」為由，言己非勇而「敢後」，其自視平庸如此，非如世人一般，爭先而從不退讓、又能誇必自誇、以求為一己非凡。此賢者庸道例子，於世不求突出於人，由是亦見世態反中庸之情貌。

十六、子曰：不有祝鮀之佞，而有宋朝之美，難乎免於今之世矣。

〔世態中庸之道有四。三：世間非中庸之道者〕

若澹臺滅明與孟之反一中道、一庸道，祝鮀與宋朝正相反。祝鮀為衛大夫，孔子曾說：「仲叔圉治賓客，祝鮀治宗廟，王孫賈治軍旅，夫如是，奚其喪」〈憲問〉，以此解衛靈公無道不喪之原因。佞多是人為政、為事重視之能力，只言手法手段，與德行（仁）相反。孔子意為：人若唯有宋朝之美而無祝鮀便佞能力，在亂世現實中，是難於免去、或不無禍患。宋朝與衛靈公母有所通，《左傳》昭公二十年記：「公子朝通于襄夫人宣姜，懼而欲以作亂」。宋朝又以美色見愛於衛靈公夫人南子，靈公為南子召宋朝，太子蒯聵聞野人歌：「既定爾婁豬，盍歸吾艾豭」而羞，將殺南子，不克而出奔【《左傳》定公十四年】。宋朝美而淫，為時世所疾。孔子舉宋朝為例，非對祝鮀之佞肯定，只為指出：衰世而不知庸道，如宋朝有過人而不庸之美，但又不有祝鮀之佞，必「難乎免於今之世」。於衰世若非有能自解其困之手段或能力、又不知中庸而隱微，只圖突出而過人，如此必難免去危害。此孔子對中庸道理其時世必然之說明。句故借祝鮀與宋朝二人為例，見世道之求虛假能力、或求虛假地出眾，都無知中道與庸道，此世態之偽，人鮮有澹臺滅明與孟之反之有道。

十七、子曰：誰能出不由戶，何莫由斯道也。

〔世態中庸之道有四。四：總結：中庸之為常道〕

句意簡明：「誰能出不由戶」如此語氣明白指出：像中庸這樣道理，正因針對存在之平凡及事情需要之真實性而有，故本為常道。一如人出入必由門戶，如此基本常態，不應為人不顧。「何莫由斯道也」故明白為對世態反中庸之批評。出必由門戶，人行事故亦應由中庸此平常道而行。若有道不行，只如宋朝之美那樣，終「難乎免於今之世」。如門戶之平常，中庸實現實應有常道，非言理想。

有關人於世之中庸，《論語》從四方面言：文質素養之中庸、品性之中庸、好惡之中庸、及人上中下差異性事實之中庸。文質素養之中庸為「君子」（真實之人）應有真實；直作為性情則應為「人一般」中庸品格；在二者外，因好惡多主觀，故更須言其中庸道理（主觀性仍可有之中庸）；最後，從客觀言，人實仍有如上中下差異之事實，如何對待如此差異性，仍為人中庸道理。人於世中庸之道，故以四者為主。

＊

〔人於世中庸之道有四。一：人「文質」素養之中庸〕

十八、子曰：質勝文則野，文勝質則史。文質彬彬，然後君子。

有關「文質」素養之中庸，非唯從二者之平衡言，更涵以下意思：對作為真實之人（君子）這樣訴求，其中庸者應如何？求為一「真實之人」，如何始不失中庸之適度？孔子之回答是：唯能「文質彬彬」，人始為真實之人（「然後君子」），如此要求，仍為中庸之道，非太過。

「文質彬彬」故為真實之人其中庸基本。相反，「質勝文則野，文勝質則史」則言人兩種不真實性：其「野」與「史」。「史」落於歷史過去、如文字考據般非切實用於時代。「史」於古代仍從「文」言，若為今日，則更涵如事中規範性、制度形式性、甚至數據實證性等之執着，不知人性人情之變通。如此執泥，仍為「史」。「野」與「史」非僅從未受教育（野蠻）與虛偽文飾者言，更可單純針對已受教育者：若教育因偏狹而致不實，仍為「野」或「史」。文質中道之要求，故與一切人（一般人）其為真實時有關，為人真實性之起碼條件，與德行要求無關。正因如此，要求一般人亦能「文」似非中道，故棘子成便質疑說：「君子質而已矣，何以文為？」〈顏淵〉。孔子之看法是：「文質」二者於人若有所偏廢，無論是「質勝文」抑「文勝質」，必仍致虛假，無能言真實。野與史故非唯言受教育，更與文質二者是否並立有關。

「文質」二者何以不能偏廢？「質」固然針對「事」之真實性言，然於事中，始終仍有「人」之另一面，事之人性，由「文」而立。若撇開個人素養，「文」仍有二義：既為人性體現、作為「禮」更是相互對待之基礎。事所需非只辦事能力而已，更由人性、知禮而善。質而無文故如「野」般，於事無能成人教養之真實。事須言「質」（實質），然事因涉人故亦須言「文」。「文」與「質」故缺一不可。一如文而無質非真實之文，質而無文亦無以為真實。故從人之真實言，「文質」二者不能偏廢，否則於事無以通達人性而偽。因非要求更多，故只為中庸、為人人於世真實性之起碼條件。於回答子路問成人時，孔子故說：「若臧武仲之知，公綽之不欲，卞莊子之勇，冉求之藝，文之以禮樂，亦可以為成人矣」〈憲問〉。知、不欲、勇、藝指人能力實質一面，然人之成人而真實，仍須「文之以禮樂」。故唯「文質彬彬」，否則無以為成人、無以從人之真實性言為中庸。

十九、子曰：人之生也直，罔之生也幸而免。

〔人於世中庸之道有四。二：人性情品格之中庸〕

若「文質彬彬」從「君子」、亦明顯與教育有關，那「人之生」所強調，則為「一般人」（百姓），所言為人本然一面，其應有之中庸。若從中庸言人（所有人）所應是，只能從其品性性情、非能從教育素養言。此時之中正，在人性直道。「直」言在未有思想（智思）或社會風氣影響扭曲前，人純依據人性所感對錯而行之狀態。因據於人性感受，故為中庸：既中於人性所是、亦為人人所本然，非特殊（庸）。能順承人性感受而行正，非藉由借口理由而其他考量，此人從性情品格言之中庸。對葉公之言：「吾黨有直躬者，其父攘羊而子證之」，孔子故反說：「吾黨之直者異於是：

父為子隱，子為父隱，直在其中矣」〈子路〉。「直」故非社會或政治中所講求正義，如此正義因只依據利害關係，故往往違逆人性，只講求理性；其非由本性，故須為法制所保護鞏固。國家為其利益施行政制便往往如此。「子證父」非言其事之對錯，只言其違逆人性而已。正因體現於性情，「直」故可如史魚：「直哉史魚。邦有道如矢，邦無道如矢」〈衛靈公〉，其正直不受任何外在利益考量影響，行作單純「如矢」。「直」因外於現實利益利害，故亦如柳下惠求「為士師」而「三黜」：「直道而事人，焉往而不三黜」〈微子〉。正因為人本然性向，故在三代有道之時，人民百姓便「以直道而行」：「斯民也，三代之所以直道而行也」〈衛靈公〉。在這樣氛圍下，縱使愚者，其品性仍直，非如無道時世受社會影響而詐：「古之愚也直，今之愚也詐而已矣」〈陽貨〉。正因「直」以人性為本然、順正而行，無所扭曲虛偽，故「質直而好義」者於事必達：「夫達也者，質直而好義」〈顏淵〉。因與人本然性向一致，「直」故又與心感受有關：「舉直錯諸枉，則民服」〈為政〉。如是可見，從平素人言，其中庸故體現於性情之「直」，此人一般中庸所在。

之所以「人之生也直」，因存活無論怎樣仍須由於真實、由能人性地直道而成就，非能依靠虛假虛偽。若能，如虛妄（「罔」：明知虛假而仍為）仍能生，這只僥倖而已，非常道。人是無能以單純虛假虛偽而存活者。從人一般言，其基本道故在「直」。人唯由「直」而活，此人人中庸之道。

二十、子曰：知之者，不如好之者。好之者，不如樂之者。

〔人於世中庸之道有四。三：人主觀性之中庸〕

除從君子及百姓真實性言外，是否中庸明顯與人好惡及能力上中下有關，二者均為人於世存在之常態。然因中庸作為道理唯用於正面情事上，沒有單純負面性仍見中道之可能，故於好惡問題，《論語》單就「好」一面言，以此說明人主觀性如何言中庸道理。

從「好」言中庸，其道理如下：對事而有知本已足夠，亦盡客觀，然若多考慮人性一面（從「庸道」考慮），那能在事情單純認知外更有人對其事確實之好，如此明白為更善更美，更符合人性故。同樣，若非只好而更能從中得到快樂，如是從人方面言更是人性地美麗。「好」與「樂」之差異在：前者仍在過程中，後者已在所得中。從事與人之主觀言，故非僅能止於「知」（或「行」）而已，更有「好之」與「樂之」進一步可能。此時所更求，實人（於事）中其人性感受之所得，故為好惡仍可有中庸之道。好惡於人縱然主觀，仍是可有其進一步者，而此仍為中庸之真實，非只能止於「知之」之客觀地步而已，更可在事外，有人主觀「好」「樂」之可能。

二十一、子曰：中人以上，可以語上也。中人以下，不可以語上也。

〔人於世中庸之道有四。四：人客觀性（事實）之中庸〕

非但主觀面，人於世客觀事實一面亦應有中庸考量，而此，莫過於能力或通達程度上之差異。對待人本不應有任何差別性，然人之上中下【人之上中下，非由其他，由學定奪而已，見〈季氏〉：「生而知之者，上也。學而知之者，次也。困而學之，又其次也。困而不學，民斯為下矣」】確是事實，故不能否認此時對待問題之中庸道理（對待之差別性；換言之，縱使是人，仍須差別地對待）。有關人之上中下，對待之道應為：「中人以上，可以語上也。中人以下，不可以語上也」。這裡所言對待，非單純在我與他之間；若是如此，對對方不應有所差異，甚至唯應「主忠信。毋友不如己者」〈學而〉或「君子求諸己」、「躬自厚而薄責於人」〈衛靈公〉等等。【一言蔽之，仁而已】。所以言差異，故在對待外，是另有客觀事在者，故除人有上中下事實外，亦遇有由「語」所指點到上中下之事或道理，故須考量。【亦參考〈衛靈公〉：「可與言而不與言，失人；不可與言而與之言，失言。知者不失人，亦不失言」等】。對下而語上若徒然，那對中人以上而語上，仍為中庸之道，中人仍有學之可能故。或若對中人語上似失中道，實仍可本於庸道，平凡平實地對待一切。本來，從切中言中道，唯對上語上；對中人語上，由不失平實而盡其平常而已。「中人以下」所以「不可以語上」，一由於不「中」、二由於不「庸」，不見下者不學心態常態而過求故。老子「上士聞道，勤而行之。中士聞道，若存若亡。下士聞道，大笑之。不笑，不足以為道」【見《道德經》四十一章】從上中下三等對道之反應言，只依據事實客觀性作區別而已，沒有考慮對待上應有中庸道理。「中人以上，可以語上也」及「中人以下，不可以語上也」始中庸地真實，對中者仍有寬大之心。對如人之客觀事實性，故仍應盡中庸之道，此始為對待上之正確。【人故不能只言人權，仍須考慮一切其他事實，唯須中庸地考量便是】。

無論人作為有教養者、抑單純作為平素一般人；無論是人其主觀方面、抑人所具有客觀事實，都仍應從中庸之道而觀、並盡其真實。此孔子對人其於世中庸之道之說明。

*

繼「世態」與「人於世」兩面，即「存在」本身中庸之道，《論語》以四句說明，亦作二二分：一涉存在之客觀與主觀面、二涉存在中變化或改變一現象。

所謂存在之客觀與主觀面，所指為存在中所應致力之客觀必然（客觀面），與於存在中人其主觀性向（任意或隨性之主觀面）這兩面。存在有此兩面必然：人類於存在所作所為本無所受限，然存在又為客觀事實，故又有其必然；怎樣始中庸地盡其客觀真實而非任意妄為，故為重要問題。此外，縱使有客觀必然之事，然人始終是人，有其作為人主觀一面，（而此仍是事實），故怎樣之主觀性始為中庸地真實，非純為客觀必然而抹殺，如此仍是重要問題。【人類主觀一面，明顯仍從好惡言】。因存在之客觀與主觀面仍須作為正道始為正，故孔子環繞「仁」與「智」兩德性言：無論存在客觀之必然、抑人主觀性向好惡，實由仁智（客觀面）或仁者智者（主觀面）之真實可見其中庸道理，此存在客觀及主觀面中庸之道。

然除此主觀與客觀面外，存在更有變化與改變一事實。怎樣的變化與改變始為正、始為中庸而非太過，這仍是「存在」重大問題。有關改變問題，主要有二：改變由不好至更好（改進）、及對改變之接受【改變中物質事物之問題】。

「存在」所涉問題雖多，然主要亦不外以上四者而已，其中庸之道故從四者言。

二十二、樊遲問知。子曰：務民之義，敬鬼神而遠之，可謂知矣。問仁。曰：仁者，先難而後獲，可謂仁矣。

〔存在中庸之道有四。一：存在客觀面中庸之道〕

人類怎樣作為始中庸地相應存在之必須而必然？存在最終所涉德行因或由仁、或由智【見〈里仁〉】，故其中庸之道亦相應二者言。【事實上，人類存在唯以「智」為向度。仍列舉「仁」，因「仁」始存在正確終極，《論語》故仍列舉二者】。孔子之回答是：「務民之義，敬鬼神而遠之，可謂知矣。（…）仁者，先難而後獲，可謂仁矣」。

首先必須清楚：仁與智非完全對等，仁始為人類存在終極，智只手段。存在若「為仁」，是無須言中庸道理，仁為極致德行、無妄作可能故。《論語》有關仁所討論，故非如智具體。句所以重點在智，因人類由智思所造成存在，多虛妄而失去真實性，於此言中庸，故重要而恰當。〈里仁〉曾從「知者利仁」指引其道，以「知」應回歸「仁」為定向。本句更明白說明：人類智思及作為是否真實，關鍵在是否「務民之義」而已。「義」（需要）指百姓生活之必需，換言之，人類應以自身事為先，從解決存活種種困難為務（義），不應順隨主觀欲望而妄為。「務民之義」四字雖極簡，然已盡言人類作為應有真實、其內容與方向。以「民」而非以「人」言，更確切從生活言而已。為明人類〔智思〕事實上之虛妄，孔子故明白說：「敬鬼神而遠之」。「鬼神」意指有三：一為虛構事、二為與人民生活無關之高遠事（似高遠之價值）、三為欲望所欲窮究之負面事（負面無正面意義之事），三者均由於人主觀欲望而已、借由智思之聰明而已，絲毫與人類道義無關。對如此事物對象，故應知「遠之」。知「務民之義」並知「敬鬼神而遠之」，如此始為從客觀必須言，人類存在中庸之道。縱使為高度智思思辨，一旦與人類自身生活必須事無關，故都不應涉獵。

人類之智，多用於遠離人類切實需要；縱使似與需要有關，仍唯以物質為先；如是智術故非單純針對必須、更未必為人類困難而求解決。智術所向往超越性（智思之無窮），往往與人性背道而馳，故亦導引人類遠離其平凡真實，此孔子「鬼神」二字深邃之反省。單純以「務民之義」為道，始為中庸：既切中需要、亦不遠去人之平凡真實。無論鬼神般價值多高遠，人類始終只應以人類自身為對象、盡為民之義，其他，實不應為人類致力者。

若非從「智」而從「仁」考慮，無論甚麼，再無不正確可能。此時唯須指出，因「為仁」似困難，其中庸道理應如何。「仁者，先難而後獲」中「仁者」非指仁人。樊遲之問為「問知」「問仁」，即智與仁於存在作為中之道理，孔子之回答故亦「可謂知矣」「可謂仁矣」。「仁者」故指：若從存在客觀方面言，仁之作為應怎樣。「仁者，先難而後獲」是說：若從仁方面考慮，因「為仁」本身再無錯誤可能，其問題故唯在人們畏難不為而已，再無其他。孔子意故說：若存在始終有求成就（「獲」），而仁又似困難甚至不可能，仍應明白：仁一切雖先似困難，然始終必有所收獲，問題只先後而已，非不能、更非必無所成；能明此，始解人對「仁」作為存在之道之疑惑。從存在角度言，仁一切作為，亦「先難而後獲」而已，非無所獲、非不可能。人故不應因仁之「後獲」而不為仁，但求表面功利而虛妄。從為仁言，其「先難而後獲」故為中庸之道、亦「為仁」時所必須明白。人類不應對仁之艱難有所畏懼，不應處處只求利益與方便，以眼前收獲為遠去仁之理由。從存在言，「為仁」始應為根本道。

「務民之義」與為仁之「先難而後獲」，故均存在作為中庸之道。從存在客觀言中庸之道，在此。

二十三、子曰：知者樂水，仁者樂山。知者動，仁者靜。知者樂，仁者壽。

〔存在中庸之道有四。二：存在主觀面中庸之道〕

存在因是「人」之存在，故仍有其主觀面之必須與事實。若從正道言如此主觀性，莫過於以「智者」「仁者」為範例。【若其他，或非有智而虛妄、或非有所德行而沉淪敗壞，均無能言中庸】。所謂人之主觀性，通常所指為好惡，而其一般平凡者，即人求幸福快樂等方面。對如此主觀面，孔子更分為三：人其所好所樂、人性情之主觀傾向、及人各所求幸福終極；一從對象、二從人自己品性、而三從生命所求主觀終極言；三者均人存在之主觀面向。所以為主觀，因人人不同故。【對人之所好所樂，故不應單一化在如富貴這樣世俗價值。孔子自己便說：「飯疏食、飲水，曲肱而枕之，樂亦在其中矣。不義而富且貴，於我如浮雲」〈述而〉】。

智者之樂水，喻其樂於變化與動態之不定；仁者之樂山，則喻對安靜穩定、對生命微細變化之好；山含具這一切，以其穩定靜養一切，非瞬間變幻或急速動態之生命形態。如是反映：在人所樂對象背後，實有着各自主觀性向，如智者好動、仁者好靜那樣。舉動靜二者，實舉人生命性向主要形態。如是而性向縱使主觀而各別，仍有肯定可能。不僅如此，連人人所求幸福終極（生命之主觀終極），亦可有其中庸之道：智者從「樂」享受存在、仁者從「靜」得享生命之安壽。樂與壽如此存在終極，因仍為人性之善，故縱使屬人主觀，仍可為人存在真實。其中庸之道是從此言。

人其存在主觀面向，因而仍可有中庸真實。縱使重視德行如仁者、或優異如智者，在其仁與智客觀致力外，其個人仍可有主觀性向與所求價值，此仍為中庸之道：既為人性而真實、亦因為好惡之平凡而為庸。山水自然之性、動靜自然之樂、樂與壽這人人所欲終極，故都非有所過求。如此好樂，故非如驕奢淫佚之樂、慾欲不竭之性、甚或求為無止盡福祿之享受，其為中庸之道在此。

二十四、子曰：齊一變至於魯，魯一變至於道。

〔存在中庸之道有四。三：存在重大改變（改進）中庸之道〕

除主觀客觀面，存在往往更從變化、改變言。其主要莫過於是否能至善地改變（改進）、及對〔事物〕不得已改變是否能接受問題。前者言未來性，後者言過往性。二者都有其中庸可能。

求為改變之至善，莫過於由無道至有道，但一般均視如此改變為不可能。然其中庸在：「齊一變至於魯，魯一變至於道」。這是說：由齊至道（無道至有道）之改變非不可思議，人只須從微小可行處做起便是。「一變」言「變」之微小，為「變」之庸道。雖微小，若能一變一變（一步一步）

地改善，無論多大事，如由齊之無道至有道，是仍可實現者。於人類存在中一切，其改變全在人類自身而已，可能不可能，只行與不行問題。故無論多大改變，是亦能中庸地達成。齊一變可至於魯、魯一變可至於道。齊魯或人類存在可無一有道，然若知漸進地努力，道始終仍能達成。此求為至善時改變其中庸之道。

人可能對這樣道理不能認同。像資本主義之存在境況，其改變似難以想像。然若明白縱使同在資本主義下，不同國家民族仍有巨大差異，如有着好求學問與只圖利益之社會風氣差異，那應明白，問題非單純出於眼前境況而已，更可有着努力與改變之餘地，未善與較善者同為現實地真實故。甚至，問題往往非在如「世界」或「社會」整體，在每人自己而已；孟子故說：「人有恆言，皆曰『天下國家』。天下之本在國，國之本在家，家之本在身」〈離婁上〉。人自己改變，其世界亦改變，非所感受只能歸咎於世界而無奈。以世界為未能而自己不改變，只個體自身心態而已，非必然如此。「一變」之「一」，其意義故深遠：若有一是，世界即是；世界不是，只因無一是而已。所應反省故在此「一」之微，非先在世界本身。世界之中庸故先在「一」、在我們自己是否先行此「一變」而已。

二十五、子曰：觚不觚？觚哉，觚哉。

〔存在中庸之道有四。四：存在事物改變中庸之道〕

存在中一切亦隨時日難免有所改變，這樣事實仍為中庸，不應不能接受。觚為八角稜形禮器，於孔子時必已失其形制而不為稜，時人對此故有所批評不能接受。孔子意為：這不再如觚之觚，實仍是觚、實仍是觚。世間事物必然隨歲月改變，縱使重要如禮器仍然，是不應不能接受者，此仍中庸之道。【「觚哉，觚哉」應為肯定語，非傳統以為否定。「哉」在《論語》或為問詞、或為感歎詞。後者在重複句中多為肯定、未見為否定】。

以上兩句有關存在改變之道，一從人事（人世）、另一從物事言；一朝向更理想、另一似更不理想。存在之變化盡於此兩類。無論哪一類，都有中庸可能。因而存在其主觀或客觀面、其作為道抑作為變化、其從人抑從物、其為智抑為仁，都實有中庸之真實可能，此以上四句所說明。

*

在「世態」、「人於世」、及「存在」三者外，〈雍也〉最後附上「德行於世」之中庸道理，而此有三：一、德行於世之可能錯誤；二、德行於世之如何無過；三、德行於世權宜之可能。三者為「德行於世」中庸之真實。從以上三者可見，縱使為德行，因人認知有限，故德行始終仍有錯誤或對向虛假性這樣情況。於世間現實，德行怎樣始能無過、甚至有其權宜之用？此德行之中庸問題。德行於世故有三情況：一為受外來欺騙、二為德行之能無過、而三為德行主動置身於虛假時。三者為德行由被動至主動，均與錯誤或虛假性有關。此德行於世所有中庸問題，亦〈雍也〉最後一分組所討論。

二十六、宰我問曰：仁者，雖告之曰：井有仁焉，其從之也。子曰：何為其然也？君子可逝也，不可陷也；可欺也，不可罔也。

〔德行於世中庸之道有三。一：德行於世之可能錯誤〕

人非全知，縱使為仁者（德行極致者），亦可受欺騙，此德行於世所可能有錯誤之時。對這樣情況，應怎樣理解？宰我如此之問實為對德行詰難，以德行非必為是：「宰我問曰：仁者，雖告之曰：井有仁焉，其從之也」。宰我以其聰明，對德行試圖反駁，可能心以「智」為高於「仁」。孔子之回答是：「何為其然也？君子可逝也，不可陷也；可欺也，不可罔也」。這是說：縱使人所知有限，仁者亦可為人欺騙，然欺騙結果仍有二種可能：因受騙而致妄為、及縱使受騙仍不致妄為。問題因而非在受騙與否，更在受騙者本身是否無道。縱使受騙，怎樣作為始終由人自己，非因受騙而必然無道。此孔子之回答。故無論欺騙怎樣，都無法使仁者變為不仁（行其不仁）、使仁者違逆仁之德行。仁者未必智，但無論怎樣欺騙，仍無以使仁者不仁。仁與不仁對仁者言始終明白，是無以對德行本身欺騙者。雖可被騙「井有仁焉」而從之，因而努力徒然，【「逝」：往而徒然】，然不會因受騙而陷溺於不仁作為。人可受騙，德行之人亦可受騙，但不能使之迷惑其仁而妄為。「罔」言明知為非而仍作。此仁或德行於世中庸之道。雖可受騙，然無以致其作為為非或無道地虛妄。德行其真實在此。

二十七、子曰：君子博學於文，約之以禮，亦可以弗畔矣夫。

〔德行於世中庸之道有三。二：德行於世無過之可能〕

德行若無以自欺，於世是否亦可至無過地步？事實上，德行實仍有過可能，此「六言六蔽」所言：「好仁不好學，其蔽也愚；好知不好學，其蔽也蕩；好信不好學，其蔽也賊；好直不好學，其蔽也絞；好勇不好學，其蔽也亂；好剛不好學，其蔽也狂」〈陽貨〉。德性這樣過失，與上述德行之錯誤問題不同：上所言錯誤由外而致，因而為現實對德行之質疑；本句所言則為德行自身所有錯誤或改進可能。其改正，如「六言六蔽」所言，明顯由「學」。對德行自身之不是，孔子故回答說：「君子博學於文，約之以禮，亦可以弗畔矣夫」。從「亦可以弗畔矣夫」可見，所言明為無畔（無背、無違）之方法。「亦可以」三詞更顯其簡易，故為中庸之道。君子能致無違道與德行（無過），唯由「博學於文，約之以禮」而已。如此道理，故為孔子重視而常教人者；顏淵故說：「夫子循循然善誘人。博我以文，約我以禮」〈子罕〉【亦參考〈顏淵〉】。對德行之能不違道及不有所過失，故唯由「博學於文」使明道理、及由「約之以禮」使一己行為盡其（自我）約束，由回歸人性（禮）行事而不再錯誤，此人及其德行能無過之法，亦德行於世而有錯誤時其中庸之道。「六言六蔽」中所言「學」，故應指此：「博學於文，約之以禮」而已。

二十八、子見南子，子路不說。夫子矢之曰：予所否者，天厭之，天厭之。

〔德行於世中庸之道有三。三：德行於世權宜之可能〕

最後，德行於世是否亦可有其如手段般權宜之用？德行是否可使自身置於虛假中，這是否會陷自身於不義？《論語》藉孔子見南子一事說明。南子為衛靈公夫人，好權色並淫；前第十六句「宋朝之美」已有提及。孔子見南子，亦權宜之行而已。本來，以德行面對虛假者本非有任何問題，賢者往見無道之君，這仍可為德行之事。之所以子路不悅，因南子為女子並好色荒淫，如孔子般才學之人，未必不為南子所欲，而南子之色，又未必為人（孔子）不受誘惑。如此往見只以德行之名致德行於無義或非議。對孔子往見南子，故子路不悅。孔子之矢（誓）是說：縱然權宜地有謀於南子，然據德行而為者，是不會違逆德行以圖得其他所欲。換言之，無論怎樣，孔子是不會順從南子之好淫並滿足其所欲以達成孔子之事。故「予所否者，天厭之，天厭之」。德行非不能謀道、非不能權宜地行作；若為真實德行，無論怎樣，始終不會違逆其為德行，此德行權宜時中庸之道所在：仍可如平常手段方法行事，唯不違背其為德行而已。

德行不會因受騙而虛妄、可簡明地達致無過、及不因權宜而不為德行，此三者，為德行於世其中庸之道。

*

在結束前，〈雍也〉以兩句對中庸之道作總結。這一總結，一方面回應本篇開首，以中庸之道亦為百姓之道，非獨君王；另一方面，從「民」與「仁」兩最終極者，言中庸之道所在。如是中庸之道，除為人類存在根本價值取向外，更是「人民」（百姓）與「仁」兩種終極之至道。從天下至百姓、從生活至仁（最高德行），莫不以中庸為道與真實。總結所言故為：一切極致者，實亦以中庸為道而已，此所以「中庸之為德也，其至矣乎」。

二十九、子曰：中庸之為德也，其至矣乎！民鮮久矣。

〔中庸總結有二。一：百姓（極致存在者）中庸之道〕

中庸因切中事情道義而至為真實、又能廣及百姓平凡存在因而至為人性，其為德行故極致。

其極致非從高遠，而從平凡真實言。正因如此，本應為百姓之必然。然世道衰微，現實只求為競逐而虛假，各求好高騖遠、求為優異而突出，鮮以中庸或平實真實性為道；對存在如此扭曲虛偽，孔子故歎說：「中庸之為德也，其至矣乎！民鮮久矣」。人類存在若須言德行，也只求為中庸而已，非求為如神性般更多。中庸如此平實性，因而反較高遠價值為極致。對百姓求其德行，實只此而已：求其為平凡平實地真實而已。人類若能人性地平常、能知微而平實、單純切中事義而為、無過無不及，如此地真實，始人類之極致。若以為求為偉大、求為真理，只更渺小而虛假。孔子所以慨歎，實人類如此無知：以為有所崇尚與向往、以為可背離存在之平凡，然實只貶抑自身作為人之尊貴而已、背離中庸而反中庸而已。

三十、子貢曰：如有博施於民，而能濟眾，何如？可謂仁乎？子曰：何事於仁，必也聖乎。堯舜其猶病諸。夫仁者，己欲立而立人，己欲達而達人。能近取譬，可謂仁之方也已。

非獨百姓，縱使為「仁」如此極致德行，其行亦中庸。作為極致德行，子貢故以為「仁」即「博施於民，而能濟眾」。因已對向百姓言（「施於民」「濟眾」），故以為是中庸。孔子之回答反是：這似為極致而中庸之博施濟眾，實連堯舜亦感未能，其非為中庸在此。德行其真實故非在能博施濟眾如此超越作為上。若未能平凡，是無以為人人之事、無以為人人德行之真實。極致故唯在德行之人人可能上，非在德行本身之超越極致上，故連博施濟眾，也只「何事於仁」而已。仁所以極致，反應在「己欲立而立人，己欲達而達人」這人人可能之事上：既先從立與達、亦從自己與他人之間言，非求更多、非從博施言。縱使極致，仁仍只從人、及人人之能成人言而已，是不能離人人所能言德行其偉大者。仁故也只從近者取譬言、直在人人身邊事做起，如「里仁」那樣，非對天下言博施。仁之極致在此：在其能人人、在其能平凡平實地中庸。此仁或德行之所以極致。

而有關「己欲立而立人，己欲達而達人」，仍須明白幾點：一、所以從「立」「達」言「仁」，因「立」「達」作為努力最為一般而中庸，而立「人」達「人」因與「人」道有關，故更為「仁」最基本體現，非求如犧牲般神性德行。事實上，「為仁」其大者在君王之使「天下歸仁」〈顏淵〉。亦參考王者之「必世而後仁」〈子路〉，其最小者可在如孔子對司馬牛之教誨：「仁者，其言也訒」〈顏淵〉，為百姓最低限度仁之體現【不以言傷人】。今從「己立立人」「己達達人」言，明取其中庸：一因只「立」「達」之事、二因仍與「人」有關。二、作為德行，「仁」應只「立人」「達人」如此之事。之所以仍提及「己立」「己達」，因如「恕」之「己所不欲，勿施於人」〈衛靈公〉，連「立人」「達人」此「為他人」之仁，實仍先因一己確有此欲、確有「己欲立」「己欲達」之心（或欲），否則不會從「立」「達」言仁。如此德行故絲毫非有所強求，自己本亦有所「欲立」「欲達」故。人若無「欲立」「欲達」之心，是不會從「立人」「達人」言仁者。如是可見：所以言「立」「達」，因人人必求為「立」「達」，否則一己生命無能平穩、無以有成。「立」「達」於人必然，本為人人所欲，非特殊要求，更與道德無關。此所以「仁」從「立人」「達人」言，為人人自然本然故，其為「仁」之中庸亦由此。三、道德或為他主義所言之「為他」【或功利主義對「為他」之否定】，都實只從利益考量而已，然如我們所說，「立」「達」一如「學」，始終是人人所求之事、人作為人自然求取之事，故本與利益無關。「仁」故無能因利益（如「利他」）之考量而被廢棄；「己欲立而立人」與利益利害絲毫無關故。「仁」因而不應從道德「利他主義」言，絲毫「利己」「利他」、甚至「利」之心，均與「仁」無關。四、「己欲」之「欲」非自我私欲，故無能以私欲施於人而為「仁」、而為「立人」「達人」。私欲若行於人只為強加，非人性地共同。「仁」故仍須從人性言；從「立」「達」言，只因為人人共同所求而為基本而已。如是說，「仁」實即致「人人」應行之道義而已。五、「立人」因與「人作為人」最有關，其為仁故最是仁之根本：若非作為人，人一切無以為正、無以為道。此所以「己欲立而立人，己欲達而達人」又是「仁」最本質性說明，與「人之作為人」最有關故。六、最後，對人「仁」之要求，故只如「己所不欲，勿施於人」〈衛靈公〉或「己欲立欲達」那樣，只求人從自身所欲與不欲做起而已，非求更多。為仁之方向，故亦「能近取譬」而已，再無其他。

無論作為百姓抑作為人，人之德行（或仁如此極致德行），也只在中庸而已。中庸這去極致之極致，故鮮為人類所知；其為道之平常而深微，是人所不見為極致者。

公元二零二零年十一月十五日修訂

述而

個體生命之道

〈述而〉以孔子為例，論述人生命之道。生命道理，是在其他如人倫、為事、為政、共體禮樂、仁及君子等道理外，人單純作為個體生命時之道。生命一方面是自己一生之發生與歷程，但另一方面，亦是人於面對世界及他人他物時所有之自我覺識。若撇開被決定一面（命）不談，生命實由人心志、愛好、價值認定等抉擇造成，其是否真實，故視乎自己所追求向往之事物是否真實、自己是否願意學習真正美善價值、是否堅守於道而不隨波逐流、是否自覺人格之懿美並致力於此。生命之獨立真實，是由此而建立。〈述而〉非言生命中「命」之一面（如悲劇），而是生命應有正面、光明、肯定、坦然之真實，為一真實人格之落實與開展。生命無論是否理想，若能始終貫徹於真實、非只順隨現實而活，如此生命，已為生命之至真誠者。

〈述而〉之分組主題如下：

一、個體生命之基本向度（一至四句）

二、心與生命（五至十句）

三、生命之在世存在（十一至十六句）
四、生命之正面性（十七至二十二句）
五、生命與所有（二十三至二十五句）
六、生命與所欲（二十六與二十七句）
七、生命之自主獨立性（二十八至三十句）
八、生命對客觀成就之態度（三十一至三十四句）
九、生命與存有四維：神靈、物、世界、人（三十五至三十八句）

*

〈述而〉首四句，扼要地總述孔子生命與生活，亦為個體生命基本向度之說明。此基本向度有四：人對向人類歷史傳統、人與其時代他人、人面對自身、及人對向生活起居。唯同見四者，始人生命之整全，人多只見一二而已。

一、子曰：述而不作，信而好古，竊比於我老彭。

〔個體生命之基本向度有四。一：生命之對向歷史傳統〕

生命一般言因以個體自我為本，非能人性地無我，其首先所在乎，莫過於自身成就及所好與所認定真實。「作」言創為或興起，為每人生命首先求為之事。孔子相反，其生命所求，非為自我成就，只為「述」、對傳統真實價值之繼承。人生命方向，就從這「述」與「作」而差異。真實生命，故由對向歷史傳統（人類）真實價值、非由自我個體欲求與成就啟始。「述」指對先王道理（「古」）之傳述、為對傳統（他人美好成就）之傳承，非個人自我創為或成就。《論語》以此說明：生命所有真實，非先在人自我，而在人對向歷史傳統如此向度、為個體其更大存在真實所在。生命真實非先在自我而更在歷史向度中，此點往往為人忽略，以為自我即人生命一切，不知更有傳統為個人之本。人所在乎先為一己而已；對外於自己者，則各由一己所好（或盲目順隨時代）而認定其價值。從「信」【真實性，如忠信之「信」】與「好」言，孔子所信與所好，故非從自我、而從歷史傳統言，為先王道理或道之真實。所以如此，因先王之道也只求為人類存在之人性美善而已，再非其他個人主張、想法或欲望。此所以孔子視為真實之原因。「竊比於我老彭」者：老彭，彭祖，壽長八百；孔子以此比喻其自己如活於過往，非活於當時；其所信而好，亦唯屬古代、非其時代。本句明白教人：生命首先真實，應從歷史傳統、非從自我言。人必須明白自身乃活於歷史傳統中，其自我亦應有此時空氣度，非囿於一己自我而狹隘。無論從作為抑從所信所好言，生命都非應以自我為本，此有關個體生命首先道理。

由〈述而〉此生命道理可見：人均以眼前現實為（生命之）本而已；一切只環繞此而有，故不以非在眼前而更為真實之道理為本。如是生命只自我生命、一切只求為存活。縱使如哲學之追尋真理，始終也只由於現實所是、非求為人之真實，由是所言真理只遠離道。孔子此「述而不作，信而好古」故與「朝聞道，夕死可矣」〈里仁〉同出，為教人生命應先求為人之真實，非在存活或類如現實之事實性上，此始為生命方向之本。由於人類生命往往為所以為真實者取決定奪，故在論生命之道首句中，必須指出：生命在道（人性真實）而已、非在現實，此言古聖賢道理時之特殊意義：人生命被視為真實者所影響決定故。唯由人類努力之懿美，始見生命之真實開啟、其真正建立，非只囿限於時代所認定與自我好惡而已。人類生命之美善，始是每人自己生命之真實。生命故非唯在當下、更非只屬自己：既應在歷史承續中、更應為對道之承傳。

佛洛伊德雖亦言對自我個體之超越，然只從「性欲」、從與他人身體之結合，故始終仍自我；柏拉圖則以制度或作品創制為個體自我不朽所在，雖似突破個體性，然始終仍只個人自我之事而已。正確應是：唯由對歷史時空之自覺、及對道之繼承，始為人真實生命之所在。

二、子曰：默而識之，學而不厭，誨人不倦，何有於我哉。

〔個體生命之基本向度有四。二：生命之對向時代與他人〕

生命除由對向歷史傳統而立外，仍須有對當下眼前現實之反應，孔子以「默而識之，學而不厭，誨人不倦，何有於我哉」言。一如「述而不作」並「竊比於我老彭」地不以自我為重，從「何有於我哉」，亦明顯見孔子對向時代時之無我態度。由於時代現實多不是，故對身近之人若能「誨人不倦」便應盡力而為（「不倦」）；若不能如此，對向時代之不是，仍只應「默而識之」而已，非「攻乎異端」〈為政〉或「人而不仁，疾之已甚」〈泰伯〉地以自我姿態對抗。從「默而識之」及「誨人不倦」可見，人多在不應強調其個體自我時（「默而識之」時）強調自我，在應作為個體時（「誨人不倦」）則往往不為個體所能，其對向時代眼前故多不誠而偽。而於見時代現實之不是時，若從正面言，亦只一己盡力學而已，「學而不厭」所言在此。「厭」字亦喻：對所學道，縱使不見用於世仍不厭其學。從「不厭」「不倦」明白可見，對時代現實之負面甚至虛假晦暗，心境仍盡求「不厭」「不倦」而已，非因而低沉鬱悶、或由生命不見意義而厭世。始終，能誨人即誨人，否則便只「默而識之」及「學而不厭」而已，對時代現實是再無他求的，此所以「何有於我哉」。由「誨人不倦」，故可見孔子仍於時代現實之不能中，多麼作為個體獨立地致力；而此也只唯在為人之努力上、非在其他求為自我中。縱使如「不倦」所反映規勸之不得，仍只「不倦」而已，不會因此而生命怨尤。「不倦」所反映，故始終為孔子對人、對生命多麼深愛與忠誠：既無視於對方自我而倦、亦無在乎自身自我之求成。孔子面對時代，故也只三：對世間之不善「默而識之」、求為正面而「學而不厭」、及盡己所能而「誨人不倦」而已。

以上兩句所教人，作為生命首先所對向有道無道，亦對道「信而好」及「述而不作」、對無道「默而識之」及「不厭」「不倦」而已。求為自我、創為、對抗、或厭倦，都只生命自我之病態與虛假。〈述而〉論述自我生命道理始於以上兩句，其意義深遠。

三、子曰：德之不脩，學之不講，聞義不能徙，不善不能改，是吾憂也。

〔個體生命之基本向度有四。三：〔孔子〕生命對自身之期盼〕

除對向歷史傳統及時代現實外，生命亦明顯必須對向自身，而此往往與自身對自身之期盼有關。孔子對其自己，主要亦四：德之脩、學之講、聞義而徙、不善而改。我們可清楚看到，有關「學」，前句用「不厭」，而本句始正面地從「講學」言。這因前句為對向現實之不是，故此時「學」只從回收於一己、並從「不厭」言。於本句，所言再與現實無關，純只自己生命作為之事，故為「脩德」「講學」「徙義」，非只「學而不厭，誨人不倦」而已。「脩德」為生命大體方向，「講學」是生命平素具體、「徙義」則是行向之定奪、而「改不善」更貫徹一生，為人對自身真實性而作之終身努力。修德、講學、徙義三者從自己外在、而改不善則從自己內在要求言。若為具體事，也只講學及徙義兩者而已，「講學」指於學問中析疑問難以求義理精當，而「徙義」則見有所道義必須甚至急需而往助。如是說，孔子之從政，亦徙義而已，非為政而從政。

本句故總言孔子對向自身生命時之期盼。一如「何有於我哉」反顯孔子無為其自我而求索，「是吾憂也」相反明見孔子對自身生命之要求。憂慮為人心真實所在，而孔子所憂，只「德之不修，學之不講，聞義不能徙，不善不能改」而已，非個人得失成敗。人各有對自己生命期盼，而孔子之期盼，也只生命盡力朝向德行之道而已，此其生命所以真實。

四、子之燕居，申申如也，夭夭如也。

〔個體生命之基本向度有四。四：孔子平素生活起居〕

最後，生命亦必與生活起居有關。「子之燕居」句歸納為兩面：身與心。「申申如也」形容身體之舒展貌，「夭夭如也」則形容孔子美麗和悅之心情。從身心言平素起居，亦舒展與和悅而已，此生活應有之道或態度。【有關孔子平居與處事，請參閱〈鄉黨〉篇】。

*

在個體生命基本向度後，〈述而〉即對個體「心」（心靈）面相作討論。心之面相指志、知、情三部份，為一切有關心靈構成之討論所必然。西方多只着重心靈構造一面，【如康德便以「知」（知性能力）由理解力與理性構成】，《論語》不同。《論語》非只作構造分解，更扣緊人自身，從三者見人、並指點其正。三者故仍與德行及人性有關，此三者與生命道理之關連。

五、子曰：甚矣吾衰也。久矣吾不復夢見周公。

六、子曰：志於道、據於德、依於仁、遊於藝。

〔心與生命有三。一：心志〕

孔子心志，《論語》藉由夢（內心深處）及孔子明確志向分析說明。心志為心之向往，故非如意志力，只為艱困時之內在力量（毅）。作為向往，心志顯人心所是。一般以知、情、志為順序，志位最後，然《論語》以志先行於知與情，因知多只為外在之用（認知），而情作為感受與反應亦多由外，唯志始更是人心自己、本於人而非由於外，故更反映人自身。正因志純由於己，故其中「情」與「知」更見人情感與反省之深，此〈述而〉借由「夢見周公」與「志於道」見孔子志中「情」與「知」之真誠真實：由「夢」見內心深處、由「志」則見其反省之正向。志向因而非只意志盲目之事，更有其人性情感在。夢因非人所能意識地控制，故更反映內心心況之真實，無法偽飾。孔子心志，因而由自覺與不自覺（意識與潛意識）兩面之一致，見其真實真誠。

孔子常夢見周公，此孔子對周公多麼深摯地愛好，故於「不復夢見周公」時，深感遺憾而慨歎。心若不認同時代，是仍可把心志寄懷於過去真誠人物，無須怨恨或無奈。孔子深愛周公大概有二：一因周公為禮文之盛美、二因周公愛賢才及用人以氣量。【前者見：「周監於二代，郁郁乎文哉。吾從周」〈八佾〉、「如有周公之才之美（⋯）」〈泰伯〉；後者則有：「周公謂魯公曰：君子不施其親，不使大臣怨乎不以。故舊無大故，則不棄也。無求備於一人」〈微子〉】。孔子可能因年事已高，不再常思及禮樂修訂之事，故「不復夢見周公」。孔子之慨歎，故含對已故往之惋惜。然由「不復」而見心志之限制說明：無論心志多麼真誠，仍可受外來因素受限，如孔子因年歲衰老故「不復夢見周公」。然縱使「不復夢見」，由孔子慨歎相反仍可看到：其對禮文（與周公）仍是多麼向往。心志縱使可受限，然作為心志，其真誠真實仍依然。《論語》以此說明心志可有之主動獨立性，並其所有真實，非因（生命或身體）限制而終止。

心志除如「不復夢見周公」受外來限制外，亦可是自身對自身之刻意制限（人對其自我之制限），此「志於道」句所表述意思。句看似只孔子志向之描述，然若細察，如「德」字在《論語》其他處，多用「以德」、「懷德」、「崇德」、「脩德」、「知德」、「尚德」，未見用「據於德」；同樣，「仁」其他出處亦唯用「為仁」、「處仁」、「志於仁」、「好仁」、「用其力於仁」、「知仁」、「求仁」、「欲仁」、

「取仁」、「輔仁」、「成仁」，未見用「依於仁」。而「據」與「依」兩字，《論語》再不見用。用於此，是為與「遊於藝」「遊」字作對比。若「志於道」句只為對孔子志向說明，那為何不提及禮與義？又為何在論德行志向時提及「藝」？「藝」非六藝。「藝」在《論語》單純指特殊技能知識，如《孟子・滕文公上》：「后稷教民稼穡，樹藝五穀」；又如《論語》：「子路問成人。子曰：若臧武仲之知，公綽之不欲，卞莊子之勇，冉求之藝，文之以禮樂，亦可以為成人矣」〈憲問〉，「藝」都是在「文」禮樂之事外，指與現實有關之技能知識。孔子從沒有稱冉有善文，相反，藝獨為冉有所長，故〈雍也〉：「求也可使從政也與？曰：求也藝，於從政乎何有」。子游、子夏能文學亦不稱藝。「藝」故應指辦事謀生之技能知識（現實技能知識），與禮樂無關。孔子「吾不試，故藝」〈子罕〉與「遊於藝」，故應作同樣解。「據於德」及「依於仁」故非單純對孔子心志描述而已，而是言其作為心志時，對自身之限制。由志之自限，見人其無我；由是始見其向往德行之真實。一般志向，均與自我成就或所欲利益有關，非如「志於道、據於德、依於仁」之依據（自限在）德行而已。不言禮與義，因二者有其客觀必然性，與志之單純無關，其行與否未足單純為心之反映。道、德、仁三者本絲毫無所約束性，故更顯志之自覺主動，如「我欲仁斯仁至矣」那樣。為說明此心志自主之真實性，《論語》故與「藝」作對比：藝因其現實性，對人一般故有似約束及必然，亦往往為人心志所繫；然孔子反是：其志在德行（自受德行約束而行），藝只「遊於藝」而已，如逸遊般視為無所約束或必須。孔子雖多能多藝，然藝對他而言，只使其存在不受現實限制而已，非心志所向。「遊」故既指孔子心志在藝之上、不受其制限，更指由有藝之餘地，故孔子不受現實所限而心能隨心所欲地向往。於他人心志對藝有所求、有所依賴時，孔子則只遊而已，心志始終在藝與現實外。相反，對他人無所必須之道、德與仁，對孔子則反而為其所視為必然依據者。如此可見，孔子心志多麼與人不同、多麼對德行向往，其向往多麼真誠真實，至似受德行所限地步。《論語》藉此句，指出心志之真與偽：其真正自主、抑受現實所限。若非在現實強迫性外而自由，心志無以為真誠真實。人一般心志故只汲汲於現實能力（藝），然孔子只遊而已。

以上兩句故說明以下一道理：心志之真實性與心志之限制相關：外來限制雖不可免，然孔子心只向往其所志向之真實；於心志可自主不受限時，孔子則反而「據於德、依於仁」地自限。心志之真實與否，於此限制關係而顯見。志真正限制，故非必從對抗命運【如希臘悲劇】或從現實不得已而生；其為自主（自由無約束）而仍自限，始其真實所在。

以上兩句，故既反映心志情感之一面、亦反映心志自主之知；既有對具體人物之愛、亦有對道與德之志向；既在意識之自決中、亦在潛意識之不能自決中。

七、子曰：自行束脩以上，吾未嘗無悔〔誨〕焉。

八、子曰：不憤不啟，不悱不發，舉一隅不以三隅反，則不復也。

〔心與生命有三。二：反省能力〕

有關人之反省能力（知性），《論語》主要從兩面言：一對自己、另一對外。人對自身之反省為反省基本，亦人往往所忽略。「束脩」指束帶脩飾或束髮脩飾，如鄭玄說：「謂年十五以上也」。「束脩」所強調，為人年十五離開童稚而知約束修飾自己之年。「自行」兩字更明白指出：對要求人能反省一事，是在人確能處理自己事（自行束脩）後始有之要求。因知對己有所約束，故亦為「志于學」之始：「吾十有五而志于學」〈為政〉。人於能獨立自己時，大多只求滿足快樂、或求為自我肯定。然一真實之自我覺識，應為對自身知約束與反省；非唯於困難時，更應平常如此。知自我約束實為人知反省之始。一真實自我，故由反省與約束而始。然孔子如此覺識，非只反省而已，更於有過時後悔，此「吾未嘗無悔」所言。【《魯論》「誨」為「悔」，從前後句意言更為恰當正確。「束脩」若如孔安國解為求教而作之奉禮，既無義亦牽強。孔子明白說：「與其進也，不與其退也」〈述而〉。子張亦說：「如之何其拒人也」〈子張〉。對常「誨人不倦」及「有教無類」之孔子而言，若有心學習，是不可能因無束脩而不教誨者。何況這裡所言為「誨」，非「教」，更不可能因無束脩而不誨。再者，若為束脩，何以有「自行…以上」如此條件？「自行」之「自」在《論語》只有兩意思：或為「自己對自己」，如「內自省」、「內自訟」、「自辱」、「自經於溝瀆」、「自道」、「躬自厚」、「自稱」、「自致」、「自欲」；或為時空、位置或方向上之「從」或「出於」，如「自遠方來」、「自既灌而往者」、「自衛反魯」、「自古」、「奚自」、「自天子出」、「自諸侯出」、「自大夫出」。「束脩」若解為奉禮，應只「行束脩以上」，不應是「自行束脩以上」，既不可能是自己對自己行束脩之禮、亦不可能與時空位置等有關。解為束髮修飾，無論是「自己對自己」抑「自從…以來」，「自行…以上」意思既明白亦正確，均與自覺性有關】。「悔」在這裡指出：孔子對自身之反省多麼真誠，非徒表面而已。人都認為事不應有所後悔，無論怎樣仍應肯定。這只自我欺騙、自我感覺而已，非求為更好、亦非有承擔或責任之心。若真求為更善，自我反省見過應有所後悔，由後悔而切實改過，此《論語》常教人改過及自省之原因。故：「過則勿憚改」〈學而〉〈子罕〉、「不善不能改，是吾憂也」、「其不善者而改之」〈述而〉、「過而不改，是謂過矣」〈衛靈公〉、「曾子曰：吾日三省吾身：為人謀而不忠乎、與朋友交而不信乎」〈學而〉、「見不賢而內自省也」〈里仁〉。人真正自我覺識，故從自我反省及約束啟始，非由對自我盲目肯定。由有所後悔，人其自我努力始真誠。知性之反省，故非先由對外在事物之認知，而由對己行為之反省與約束而始而致。

反省能力除由有所悔而見真誠外，作為對外在事情事物之反省，其真實性由是否「主動」並「全面」而判定。一般外在認知，多只事情之片面、單一、單面向，亦多只被動（順隨外來）而非主動，故鮮能真實真誠。孔子對此故嚴格，《論語》從「不憤不啟，不悱不發；舉一隅不以三隅反，則不復也」二例說明：二者均從教學或問答言。對人之疑惑，若非出於真誠，孔子不隨便向人主動言說，必其已有所反省、出於真實疑問，始作回應。「憤」，懣也，因未能而煩惱；「悱」，欲言而未能；二者見問題對人本有困擾。若非如此、若非已有先在反省，是無以見人對問之真誠者。若為主動教授，如教人弈，於「舉一隅」之行法道理而未見其自行對其他情況反省，甚至未見其試圖求全面認知，孔子則「不復也」。「舉一隅不以三隅反」所言為弈（圍碁），弈為古代思辨典範，必須多作甚至全面反省。弈有四隅，由一隅而「以三隅反」，既喻自行推度、亦喻其推度必須全面（四隅為碁盤整體）。以上二例故為說明：無論對人疑惑之求解、抑自身主動對人教授，都仍有以其人自身主動反省為先決條件，此其真誠首先所在。若非人已盡全部努力與誠懇，否則孔子不隨便回應或主動教授。二例同舉，故見其所言主旨為「反省」，非言孔子教授情況。孔子確實往往如此，如其對樊遲之問知而回答：「舉直錯諸枉，能使枉者直」〈顏淵〉，孔子沒有直接對此作解釋，致使樊遲見子夏而再問。孔子必求樊遲之自行獨立反省，非有問即全然回答。又

「舉一隅不以三隅反」所言，更是對思想反省其全面性之要求，如顏淵便「聞一以知十」〈公冶長〉。「慎終追遠」之「追遠」〈學而〉、「人無遠慮」之「遠慮」〈衛靈公〉、甚或「周而不比」之「周」〈為政〉，都如舉一隅而三隅反那樣，為反省之全面而及遠，無論於學問抑平素事情均然。思惟之真實，正在是否清楚明白對象其整體真實而已：能從一物反推一切其他物、又從一切事物以明一物本身，如此地徹底全面，是思想正確性與真實性之唯一途徑。盡可能從一切相關之全部反省及明白，非自限於一二，如此始為認知之真誠。人為事之誠與不誠，因而往往先由其「反省」見。能真實地反省，始見人之真正用心。

九、子食於有喪者之側，未嘗飽也。

十、子於是日哭，則不歌。

〔心與生命有三。三：情感〕

在心志與知性反省後，有關情感之真誠，編者記述孔子兩事：「子食於有喪者之側，未嘗飽也」、「子於是日哭，則不歌」。一如前面，本二句仍一從對向他人、一從對向自身言。兩句所以均與哀傷難過感受有關，因人感受最易流於虛偽者，莫過於對他人痛苦而表現難過時。同情心或憐憫心所以易於虛偽，因自己可因沒有同樣遭遇而慶幸；且若非由於心真實善良，同情心多見為偽善。其他如忿怒、快樂等感受，因與善良無關，故反而較無真偽問題。若有，多只對象本身之偽，如人對神靈或偶像崇拜、或對財富之執迷等，然因這樣之偽與人情感本身無關，故這裡沒有提及。單純與人情感本身有關之真偽，故唯二：一為人對他人情感所有真偽，其最明顯者，如上言，為見人哀傷時所有情感反應；二為人自身平素時所有情感之真偽。二者均從人方面、非從對象言。二者即九、十兩句所討論。

「子食於有喪者之側，未嘗飽也」：孔子所感固然為人逝去時之哀傷，然句所言，更是對有喪者心情之體會與同感、哀人之逝去，非只對已逝者而已。與人心同感，這是孔子對他人情感感受之真誠；非唯對已逝者之哀痛，更對尚存者內心難過之同感。「之側」是說：孔子與有喪者未必有關，只在旁相遇而已。對人心能同感，這始對人情感感受之真實。而孔子亦非虛偽地不食，只「未嘗飽」而已。「食」本為人世間樂事，「飽食」更是。「未嘗飽」故言孔子因與人同感地哀傷，故再無求樂之心情。情感之真實，故非必直接從面對喪失或痛苦本身始見，亦可單純為對他人心之感受。自身有喪或見苦難其難過必然，然對他人心亦能感受，則往往為人無視而忽略。故由此更見孔子情感之真誠。感受所以偽，正因無視或忽略他人感受而已。《論語》以同感而不以憐憫【因而對生者非僅對死者】言人情感之真實，其慮故深。

有關人自身情感之真實，《論語》以「子於是日哭，則不歌」一語說明。從「子於是日哭，則不歌」一事反觀，除有所難過哀傷外，孔子平素多常詠歌。歌與哭代表人心喜悅與哀傷之時，亦情感之主要兩面。用「歌」一詞形容孔子平素心境及其喜悅是為說明：孔子之喜悅真實地發自心。同樣，用「哭」形容孔子哀傷，亦見其哀傷之真實。「哭」無需多作解釋。然「歌」所流露內心喜悅為怎樣之喜悅？古代論及「歌」，最早為《尚書・堯典》：「《詩》言志，歌永言。聲依永，律和聲」。《詩》為內心心志之言，其為「志」非唯由感於物，而先為人自身人性之期盼，如父母對子女、夫妻間或人民對賢君等；期盼非欲望，而是心對人之事，於《詩》更以人性為旨。《詩》心志基本有二：或為對人之歌頌讚歎（〈大雅〉與〈頌〉）、或為心對人之期盼（〈風〉與〈小雅〉）；《詩》最終對象在此。「歌永言」中「永」（詠）本於「永久」之意：歌曲中音調時值之延長，是心對對象期盼其永久停留之心願。文字本已求為記錄，歌之「永」故非求為保留而已，更為永恆化其間美善之感動、永恆化人自身之情感感受。「詠」之讚歎或感歎，故為心其人性之表露。藝術一切感動，本亦應如此，唯以不同媒體而已。孔子深於音樂，故與魯太師論樂【見〈八佾〉】、亦對〈韶〉

讚歎說：「子在齊聞〈韶〉，三月不知肉味。曰：不圖為樂之至於斯也」〈述而〉【亦參考「子謂〈韶〉：盡美矣，又盡善也」〈八佾〉】。孔子之歌故必由於心人性對美善之感動。「子與人歌而善，必使反之，而後和之」〈述而〉亦體現此人和之美。能歌而非只唱，孔子平素情感所流露性情，必人性地美麗。故無論對人心同感、抑自己心感受，孔子情感均如此真實真誠。其心志、反省、與情感三面，故無不盡人性之真實誠懇。

*

繼心真實性言生命道理後，即生命在世存在問題，而此有三：處世原則、對世間事物之反應、及於世成敗得失心境。

十一、子謂顏淵曰：用之則行，舍之則藏，唯我與爾有是夫。子路曰：子行三軍則誰與？子曰：『暴虎』『馮河』，死而無悔者，吾不與也。必也臨事而懼，好謀而成者也。

十二、子曰：富而可求也，雖執鞭之士，吾亦為之。如不可求，從吾所好。

〔人生命在世存在問題有三。一：處世原則〕

有關處世原則，主要亦三：一、人為世所用原則；二、自已行為作事原則；三、對富貴貧賤原則。「用之則行，舍之則藏」為第一者；「暴虎馮河，死而無悔者，吾不與也。必也臨事而懼，好謀而成者也」為第二者；而「富（…）如不可求，從吾所好」為第三者。

所以有是否為世所用問題，已假設人依道而行；遇世無道，生命將只隱居而藏；「用之」「舍之」是從此言。《論語》故借「用之」「舍之」，指點出處世首先原則，亦一切行作（生命求索）不應遠離道義、不應為自身利益而為。【「用之則行，舍之則藏」往往與道連在一起：如「邦有道不廢，邦無道免於刑戮」〈公冶長〉、「邦有道則知，邦無道則愚」〈公冶長〉、「天下有道則見，無道則隱」〈泰伯〉、「邦有道則仕，邦無道則可卷而懷之」〈衛靈公〉】。孔子與顏淵二人皆「志於道」，故不會為迎合對方與時代而行、更不會為自身求用於人而不擇手段。顏淵故只「一簞食，一瓢飲，在陋巷。人不堪其憂，回也不改其樂。賢哉回也」〈雍也〉。無論行抑藏，孔子與顏淵唯堅守道義而已，非隨世變易而沉淪。

除必須依據道義而為外，若非為「藏」而是「行」，那應怎樣作為？句中子路之問，為處世第二原則之說明。「子行三軍則誰與？」明白問：若其時之「行」為大事，其原則應如何？應為勇（如子路）、抑仍只退縮如顏淵？《論語》雖多次言類如「事君能致其身」〈學而〉、「可以託六尺之孤，可以寄百里之命，臨大節而不可奪也。君子人與？君子人也」、「士不可以不弘毅。任重而道遠，仁以為己任，不亦重乎？死而後已，不亦遠乎？」〈泰伯〉、「殺身成仁」〈衛靈公〉、「士見危致命」〈子張〉等語，然均只針對人自己言，非就處事原則或態度言。若為處事原則，縱使為大事（如行軍或戰事），仍不應因其為大事而妄以勇行、不能無所在乎地「『暴虎』『馮河』，死而無悔」，更應「臨事而懼，好謀而成者」。如「死而後已」〈泰伯〉、「殺身成仁」〈衛靈公〉、「士見危致命」〈子張〉等道理，甚至只就「成仁」「為仁」言，非作為「為事原則」言，後者唯在「臨事而懼，好謀而成者」而已。為事須一冷靜之自己、須求事成，非徒勇而犧牲或求為自我肯定而已。「暴虎」「馮河」都只自恃自我，其「死而無悔」非無我之真實；唯見事情之客觀應然者，始真無我而真實。

若「臨事而懼，好謀而成者」為為事原則，那對一己所得，如富有，其原則應如何？對一己所得，其原則亦唯是否「可求」而已。「可求」非言是否可能求得，而是其作為物事價值，是否應求取、是否與道義無悖，「可求」「不可求」故是從是否值得求取言，非從是否可能求得言。若合乎道義而值得為人追求，縱使卑下如「執鞭之士」（御夫），孔子「亦為之」，否則若有違道義、或使人遠去道義，縱使能富有，孔子亦唯「從吾所好」而已，其所好在道，非在富有。

在以上三種處世原則中，實見兩種不同生命：一向往真正價值之內在生命、另一種生命只在乎外在存在。求為世所用與肯定、求為力量與勇、及欲求富有地位等現實價值，三者均生命之外在而已。人不能獨立於世，也由於此。本來人存活已在共體下，無以從存在言獨立。生命之獨立，故是從自身是否覺識人性道義言而已，若以為自我而求索現實，實也只如人人自我那樣，無能獨立於存活外而為「人」。生命於世是否獨立唯從此言，非從自我或所求欲望之自由（於存活中獨立而自由）言。個體獨立性不應從社會權利之平等與自由、而應從人自身之人性覺識言；前者非使人獨立於存在現實，後者始是。能對善惡價值自覺並努力，此始人之為人最高獨立真實性。人一旦能獨立地自覺並致力於人性之善，此始為其至高存在。如是無論「藏」抑「從吾所好」，始為真正獨立生命。社會中所言自我獨立，故只獨立性之假象而已，人由是反而更依賴社會、更為社會操控或奴役。此馬克思與尼采對人奴隸性之批判：前者從資本主義拜物教、後者從使人心靈奴化之政治、宗教言。〈述而〉兩句所教人，故為人〔生命〕在世中之真正獨立性：不外求肯定、不以外力行事與作為、及不追慕世間價值。對道之自覺、求為事義真實而慎謀、及只求取真正價值，此三者，為於世存在中，人生命之真正獨立、及其原則。【西方對等之處世原則故為：一、求外在自我肯定；二、以勇及力量行事；三、求現實中之超越價值】。

十三、子之所慎：齊、戰、疾。

十四、子在齊聞〈韶〉，三月不知肉味。曰：不圖為樂之至於斯也。

〔人生命在世存在問題有三。二：對世間事物之反應〕

若一獨立生命之處世原則如上，其對世間事物之反應，〈述而〉以兩例說明。兩例既相反亦極端，為事物中最負面及最正面之代表：一為人最想避免如齊〔齋〕、戰、疾之事，另一為在世間可遇最美好事物：〈韶〉樂。

齊：「齊必有明衣布。齊必變食」〈鄉黨〉，或為祭祀大事前先行、或為平素對欲望節制時之自我警惕，都為起居、享樂之限制。祭祀雖未必為百姓事，然因喪禮而齋，必人所不願遇有者，亦使人生活作息因而改變，就算只如「見齊衰者」，仍「雖狎必變」〈鄉黨〉。戰事破壞一切：家庭、財物、人類建樹，只帶來恐懼、傷亡、與悲痛。疾如突發不適，甚至如瘟疫般使生命殘缺喪失，往往為人無法控制或逃避之命運，【外來曰疾，內發曰病。作為動詞，對外厭惡曰疾，對內憂患曰病】，故如「伯牛有疾。子問之。自牖執其手。曰：亡之，命矣夫！斯人也而有斯疾也，斯人也而有斯疾也！」〈雍也〉。【亦參考下面：「子疾病。子路請禱」之事】。三者均對人言為負面，亦不願遇見。對向如此負面事情之反應，孔子教人態度亦「慎」而已：不應感事情有所煩擾、不應有所恐懼、不應絕望而無奈。面對世間負面或拒斥性事物，態度與心境仍不應負面，唯謹慎便是。謹慎為於負面事物前，最正面態度與方法。縱使結果未必如願，然若已盡力，是無須因之而無奈厭煩、或恐懼慌亂。此「子之所慎」所教人道理，為對世間負面事情應有正確態度與反應。

若相反遇有真正美好事物，如〈韶〉樂，孔子之反應為：「三月不知肉味」，並感慨讚歎說：「不圖為樂之至於斯也」（不知音樂制作可至如此地步）。【「為樂」非言快樂而言音樂，如〈陽貨〉：「君子三年不為禮，禮必壞。三年不為樂，樂必崩」。快樂用「為」字實已太過】。〈韶〉樂「盡美矣，又盡善也」〈八佾〉。舉〈韶〉為例是為說明：真正美好事物應如〈韶〉以成就美善為目的；其雖盡善盡美，然始終非高遠事物，故可為人人感受為極大快樂者。然作為對事物反應道理，「三月不知肉味」所言是：人非不知美善之為美善，多求現實肉味如此世俗享樂而已。如是可見：人心期盼在哪裡，其喜悅與感動亦在哪裡。非因而人各只主觀，而是：從人感動於甚麼，是可反見其心真實所在。故應由對象而見人心，非因對象而只見人之主觀，後者只使真實事物失去必然價值而已、或不對真實事物價值作反省而已，故視一切只如主觀偏好，非有客觀意義與價值之不等。因〈韶〉而「三月不知肉味」，故喻孔子對美好事物其價值與意義之自覺與反應：「心」對美善之滿足，遠勝物質享受，而此始為人對世間事物價值應有分辨。縱使單純為精神心靈之事，亦可「至於斯也」地步。心對事物應有態度故為：應誠實而非只現實地面對一切，因而喜悅於美善而非只圖享受。「不圖為樂之至於斯也」更是說：對美好事物之深愛，仍須出於明白與深察，如孔子對音樂已有廣遠見識，始見〈韶〉「為樂」「至於斯」之境界。對美好事物之反應，其道理故有四：一為非唯視反應只為主觀，亦有客觀價值作為依據之可能；二為事物價值應以美善、以心靈、非以享受、以物質為先；三為應誠實地、非現實地對待價值，因而從心及從生命真實地愛，非求享樂而已；四為一切所愛，應本於真正認知與明白，非任性而主觀地偏見。對世間事物，故仍應以向往、非以欲望面對，此對世間美好事物應有道理。

十五、冉有曰：夫子為衛君乎？子貢曰：諾，吾將問之。入曰：伯夷叔齊何人也？曰：古之賢人也。曰：怨乎？曰：求仁而得仁，又何怨。出曰：夫子不為也。

十六、子曰：飯疏食、飲水，曲肱而枕之，樂亦在其中矣。不義而富且貴，於我如浮雲。

〔人生命在世存在問題有三。三：成敗得失心情〕

在處世原則及對世間事物應有反應後，即存在心情問題。在世存在心情，主要亦與成敗得失有關而已。功成名就者之心況實無須討論，唯須討論在世存在負面失敗者這一情況，其時心情多為怨。怨實人類最常有心情心境，存在多不得、多負面故。《論語》故以伯夷叔齊對怨作討論。

「怨」主要有兩類：或由具體人事造成、或即為存在心情心境，後者由志有所不得、或因不得幸福成就造成。對由具體人事造成之怨，其道理有四：

一、原因：怨之原因若非由於傷害，一般言在「勞」；如由事父母、或由事君而致：「事父母幾諫。見志不從，又敬不違，勞而不怨」〈里仁〉、「因民之所利而利之，斯不亦惠而不費乎。擇可勞而勞之，又誰怨」〈堯曰〉。此外亦可有如性情之怨，如「唯女子與小人為難養也。近之則不孫，遠之則怨」〈陽貨〉。

二、若為傷害，報怨之法應為：「以直報怨，以德報德」〈憲問〉。

三、使人不怨己之法為：「出門如見大賓，使民如承大祭。己所不欲，勿施於人。在邦無怨，在家無怨」〈顏淵〉、及「躬自厚而薄責於人，則遠怨矣」〈衛靈公〉。

四、自己不怨人之法為：「不念舊惡，怨是用希」〈公冶長〉。〈公冶長〉此言亦與伯夷叔齊有關，唯從與人角度、非從自身得失成敗言。

至於因不得志而有之怨（存在心情），其原因有二：作為得不到成就肯定、及存在不得其富貴而貧【故「貧而無怨難」〈憲問〉】。二者為〈述而〉這裡所討論。孔子對此二者之回答分別是：「求仁而得仁，又何怨」、及「飯疏食、飲水，曲肱而枕之，樂亦在其中矣。不義而富且貴，於我如浮雲」。

冉有句：「夫子為衛君乎？」歷史背景如下：衛靈公子蒯聵負罪出亡，衛靈公立嫡孫輒。晉趙鞅納蒯聵於戚。後蒯聵欲還奪輒國，輒拒父蒯聵而父子相圍。於孔子返衛時，冉有欲知孔子是否願意助輒。傳統以此為父子爭國之事，竹添光鴻《論語會箋》則以其為人倫與國家社稷間問題，即若蒯聵入，因衛其時與晉對立，輒知國必亂，且輒非特意圍蒯聵而已，實衛與齊共同拒晉，非獨拒蒯聵。輒拒其父，故非有意不孝，為衛國社稷之重而已。然何以子貢在轉問時舉伯夷叔齊事而問？伯夷叔齊為孤竹君二子。孤竹國為殷湯所封，相傳至夷齊之父。伯夷因父命故讓位給弟叔齊，叔齊以兄長人倫之情為重，亦不立而讓。後武王伐紂滅商，伯夷叔齊恥食周粟，飢隱於首陽山。伯夷叔齊之賢，人人皆知。其讓之德，亦不應為子貢所不知。故若子貢問二人是否有怨並以如此怨與孔子是否助輒一事相聯，（這裡「為衛君」及「夫子不為」「為」字所強調，為孔子「為不為」之問題。即若孔子如伯夷叔齊那樣不欲有傷人倫之情而不為，其終亦可能有如二人之飢餓，於世無所作為與成就），其中怨應指二人因讓位終亦飢餓於首陽山一事。孔子之回答是：「求仁而得仁，又何怨」，即伯夷叔齊志本在讓而已，雖終餓於首陽山，又何怨。換言之，孔子自己亦同樣：其若不為衛君，縱使最終無所成就或作為，仍不會有怨。傳統把子貢之問視為問孔子對衛一事之評斷，這並非正確；子貢所關心，只孔子若不為衛君出仕，他是否會因失去為事機會而致無所作為，如伯夷叔齊那樣。冉有之不敢直問孔子，必心裡已知孔子對衛君想法。編者於句後即引孔子「飯疏食、飲水，曲肱而枕之」句時，明顯亦關連於伯夷叔齊餓於首陽山而言；「不義而富且貴」故亦是對衛君不義一事之回應。傳統以子貢之問關連於衛本身之事：或問孔子對父子之爭看法、或問在人倫之道與國家社稷之道二者間孰輕孰重，均非正確。冉有與子貢，（特別與孔子如此親近之子貢），不應不知孔子看法。他們之問，故是問孔子自身為抑不為，非孔子對衛一事之看法或態度。

有關作為（志）得不到成就肯定之怨，從孔子回答：「求仁而得仁，又何怨」，可見以下三點：一、孔子所舉為「求仁而得仁」，若非從為仁言，作為本身本自我而無真實性，其時縱使失敗或無成，亦無怨尤可言，其所致力本與仁無關故。二、縱使所致力為仁，然若非「得仁」，始終仍有怨尤可能，不得故。所以能不怨，故必須有得，縱使為仁仍然；若無所得，是仍有怨可能。三、由第二點故可明白，一切致力若無得，必有所怨，為仁同樣。故於言「求仁而得仁，又何怨」時，所以能無怨，因若是為仁，一切求取或致力必有所得，如孔子下面所言：「仁遠乎哉。我欲仁，斯仁至矣」。換言之，正唯仁不遠、而求仁亦必「斯仁至矣」（必有得），故能不怨，求仁必得故。句故非「求仁，又何怨」，而是「求仁而得仁，又何怨」。從以上三點可見，所以能無怨，仍須由有得保證，若無得，始終為怨尤原因。故而不怨之道，唯由作為之必有所得，換言之，唯為仁始能無怨，其他作為難如此。現實一切作為均無能保證有成，唯求仁始有必得可能：仁一切由己，與外在絲毫無關，其得與不得故無待；唯如此，作為始能有「無怨」之保證，此孔子獨舉

「求仁而得仁」言之原因：求仁必得仁，故「又何怨」。「飯疏食（…）」句亦同樣，雖非針對成就而針對貧賤言，始終，唯於貧賤中能「樂亦在其中矣」，否則難無怨或不怨。唯亦能於貧賤而樂，否則難無怨。

人能不怨，故非只想法而已，更須確有所得、確有所樂。唯此時所得與所樂，必須能無待現實，否則難無怨。於此可見，縱使有成或富貴者，若仍有待現實，必始終難永久如願，其存在仍無能無怨，無能終究地超拔於現實故。成就與富有始終有待現實，是無以終究言不怨或無怨者，唯為仁及「貧而樂」〈學而〉者始能。致力於仁之成就，其所帶來滿足與喜悅，故必較世俗現實成就為大；仁由其所致力必然真實，故「又何怨」。〈里仁〉之「放於利而行，多怨」故亦明白說：若作為只與利益或現實成就有關，縱使有成，仍必多怨。真實之成就在仁，非在利益，人怨與無怨，原因在此；故「有能一日用其力於仁矣乎，我未見力不足者。蓋有之矣，我未之見也」〈里仁〉。

「飯疏食、飲水（…）」句意思故明白：若人因不得富貴而怨，亦只其對快樂不明白而已：不知真實快樂只從生活平淡中得、不知快樂在簡單與淳樸中。於「飯疏食、飲水，曲肱而枕之」而能樂，必人心境有所改變始能體會；但始終不能說，平淡心境與簡樸生活不能亦同樣快樂，只人未明如此心境與生活之真實而已。當然，富貴亦可給人一種快樂感覺，此「樂亦在其中矣」「亦」字所含意思，然這樣快樂鮮能長久。平凡而踏實生活、故舊與簡單事物、素樸心情與心境，於人明白存在心境之真實後，反而多麼值得向往。當孔子說「樂亦在其中矣」時，這沉浸在平淡飲食起居（「在其中」）之樂，是多麼單純真實：在體會人間世態後，一旦返回心境之平靜與生活之淡泊景象，其間感動、其中存在深刻情感與喜悅，再非富貴一時之人與物可相比。真正快樂由存在心境而得，非由於事物。相反，富貴所得快樂是否亦義、是否仍能使自己真實，並由此而心坦然，這始問題所在。富貴而不義，其樂無以為真正快樂，心始終有所掩飾故。如此富貴與快樂，又「如浮雲」般多麼易散、飄浮、與虛幻，其美麗幻象，多麼短暫。

存在心境（生命）之無怨，故唯由「仁」真實努力及成就、由對存在真正悅樂之體會始得。此人於世存在心境之唯一真實。

*

〈述而〉一至十六句雖為人生命道理，然主要從存在客觀面言。自十七句始，則從人自身方面討論：如生命方向之正面性、對自己所有與所欲、生命之自主獨立、生命對客觀成就及對「神靈・物・世界・人」之最終態度。生命道理由以上各項而完成。

首先，生命作為方向必須正面。其正面性可從三面言：一為生命所由立、二為其奮發向上（其所致力）、三為其所向往價值。人生命是否正面，由三者而顯。

十七、子曰：加我數年，五十以學〔《易》〕，亦可以無大過矣。

十八、子所雅言：《詩》、《書》、執禮，皆雅言也。

〔生命方向之正面性有三。一：生命之所由立〕

生命之「立」，明顯由「學」而至為正面。孔子之「學」，《論語》從兩方面言：一為孔子對學之態度，另一為孔子所學、其視為雅正者。【「學」因求為己立，故須為對雅正之學，否則無以言立。知識唯屬聞見之知，與「立」無關】。

有關孔子對學之態度，「加我數年，五十以學，亦可以無大過矣」指出三點：一為孔子以學為志；二為孔子之學為一生之事，由十五「志于學」〈為政〉至五十仍然，故縱使近乎晚年，孔子仍以學為先、為一生志業【故自謂：「十室之邑，必有忠信如丘者焉，不如丘之好學也」】；三為所以學，除由不知而知外，更求為自身之改過或無過，說為「無大過」，只突顯過之必然與常態，故至五十之學仍唯求「無大過」而已。如是人若不志於學，其過必然。【「過」雖多與行為作為有關，然這裡因從五十言，故所言更應為對道理明白之事，故與下句「《詩》、《書》、執禮」有關，所指為文與道理之學；亦所以能致孔子「四十而不惑，五十而知天命」〈為政〉者。人唯以行為之過為過，然不知「道」而過，更是人無以能真實之原因，隨人世而虛偽故】。

而有關「《詩》、《書》、執禮」三者，除文學與道理之學外，若從人之立言，更是其言辭態度、思想想法、及行為作為其正（文雅）之教導；人之有過，莫過於此三方面。

《詩》為文之本、為對人性道理之興發、亦為對美善價值之體會，因而為個己素養之養成。《詩》其意義故在：一、興發人心與性情之美善：「興於《詩》」〈泰伯〉、「《詩》，可以興」〈陽貨〉；二、教人心思之無邪：「《詩》三百，一言以蔽之，曰：思無邪」〈為政〉；三、為人言詞與表達之正與美：「不學《詩》，無以言」〈季氏〉、「誦《詩》三百，授之以政，不達；使於四方，不能專對，雖多亦奚以為」〈子路〉。《詩》故導正人心思性情之未正與言詞之鄙俗。【有關《詩》，請參考〈陽貨〉「小子何莫學乎《詩》」句】。

《書》為古代君王正確道理、存在正道之言論，故為為政必讀典籍。子路對孔子之反駁：「有民人焉，有社稷焉，何必讀《書》然後為學」〈先進〉雖「何必讀《書》」，然已反映，孔子以《書》為從政之道。於人質疑孔子何以不為政，孔子故亦引《書》以回答。【見〈為政〉：「或謂孔子曰：子奚不為政？子曰：《書》云：『孝乎惟孝，友于兄弟』，施於有政，是亦為政。奚其為為政」】。此《書》於古代之意義。禮為人性實現時之道，故為行為作為（事情行作）及人與人對待時正道之本。「文」之立亦由禮。「執禮」所教，故為人此人性行作之真實性。【有關禮，請參考〈八佾〉篇】。

成就生命之正面、使之懿美並不悖離道，故唯《詩》、《書》、禮三者。若孔子以「《詩》、《書》、執禮」為雅正，其所教人亦必「《詩》、《書》、執禮」而已。如〈述而〉首句：「述而不作」與「講學」，或「君子博學於文，約之以禮」〈雍也〉〈子罕〉〈顏淵〉，所言實亦《詩》、《書》與執禮三者而已。

孔安國好言命，故把「五十以學，亦可以無大過矣」之「亦」改為「《易》」。孔子從不在乎性命運，所提及典籍也只「《詩》、《書》、執禮」而已，與《易》無關。又在「子所雅言」中，「雅言」不應如傳統解為「正言」（正音不避諱地閱讀），這明顯無義，「執禮」指祭祀中禮文之執行，更不可從言語解釋。請見〈子路〉中「樊遲問仁。子曰：居處恭，執事敬，與人忠。雖之夷狄，不可棄也」一句解釋。「雅」之為「正」，是從德性品格之正、或文之素樸懿美言。「雅」若即「夏」，指認王室貴族階層，這只因為王室貴族必須在教養上雅正，非「雅」由王室貴族界定；若是，那孔子無需自衛返魯正《雅》《頌》之樂【見〈子罕〉篇】。「雅」之正故唯從道理與德性、非從根源或正統性解。

十九、葉公問孔子於子路。子路不對。子曰：女奚不曰：其為人也，發憤忘食，樂以忘憂，不知老之將至云爾。

二十、子曰：我非生而知之者，好古，敏以求之者也。

〔生命方向之正面性有三。二：生命之奮發向上〕

若生命由雅正之學而立，其所應作努力同樣。從子路對葉公之問無言以對可見，人一般唯以社會成就觀人，鮮知人內在生命之真實。外在表現往往只一種掩飾，一旦單純對向自己，再無肯定可言。孔子故說：人之真實更應從其自身生命見，非以為外在成就始是。而孔子對自身之肯定，非由於天賦或出身背景，而是由自身發憤努力時之正面性；故縱使「非生而知之者」，然始終「敏以求之」。從「發憤忘食，樂以忘憂」更可見，孔子非無憂與食之現實性，唯以「發憤」與「樂」之正向忘卻現實而已，其生命奮發如此。生命真實故應由內在衡量，非以為世人眼中始是。無論是生命之限制（「我非生而知之者」）、抑外來現實負面性（「憂」與「食」）、甚至人事實之不得已（「老之將至」），都無改一真實生命其正面可能。故對生而有之限制仍可「敏以求之」、對現實負面性則可由「忘」而致「好」（「好古」）「樂」、而對老仍可由「發憤」與「樂」而致如「不知」，因而與人對衰老歎息不同。由「不知老之將至」，故實見生命可以多麼地喜悅。若「發憤」與「樂」為生命之正面力量，而「好古，敏以求之」為心志努力之真實，那「不知老之將至」多麼為心境之純真，而「忘食」、「忘憂」又多麼為心懷之豁達。對能如此生命之人，確實無言以對。孔子「女（汝）奚不曰」是對自己這樣事實肯定之喜悅，絲毫無自卑或自慚；其對生命之真實，又是多麼明白與通達。

二十一、子不語：怪、力、亂、神。

二十二、子曰：三人行必有我師焉。擇其善者而從之，其不善者而改之。

〔生命方向之正面性有三。三：心所向往價值〕

除自身奮發向上，生命所向往價值亦須光明正面。【我們對二句解釋順序顛倒，先言人自己、後言事物價值】。使生命感光明抑晦暗，從世間與事物言，亦善不善而已：善之人與物使人光明、不善之人與物使人晦暗負面。作為向外生命之正，故在其對善惡抉擇之態度，簡言之，在是否「擇其善者而從之，其不善者而改之」而已。從「三人行必有我師焉」可見，孔子此對善不善態度實為平素事，平素心全在對善而學、對不善而改；其學為生命事，故純然自發，既無常師、更無限定在時間地點。由此所顯故為生命態度，其正面性。學實只此而已：「擇其善者而從之，其不善者而改之」而已。然人多反是：對不善者學、而對善者漠視或不以為然。

至於世間事物所呈現之不善，孔子更前所未有地歸納為四：「怪、力、亂、神」。一切怪異誇張的、一切標榜或向慕力量的、一切擾亂惑亂的、一切超越或神性在上的，這四者，都為人世俗存在所趨慕，或由好奇夸誕之心、或由權力求強欲望、或由自我自視與反叛性情、或由求為超越性與智術優越之騖遠，四者都在人性平素常道外，求為欲望與惑人時之虛假。四者所對反，故是存在之日常性、平凡性、正道或正面性、及存在之人性。人類存在之虛妄甚至負面價值，由是形成。「怪、力、亂、神」之反面、存在其正，故唯在：日常、平凡、正道、與人性而已。人世間之真實、其善，從價值言，唯在此。個己生命若無能對這樣負面價值改變，應如孔子，亦「不語」而已。

生命其正面故唯在擇善及「不語：怪、力、亂、神」而已。既無不善之負面、亦不以負面事物惑人或譁眾取寵。從「擇善」與「不語」可見，無論世間怎樣，決定者仍在人自己、仍在生命對價值之抉擇。真偽仍在人，非由世間取決。

從生命本身言，無論是生命之立抑其致力與向往，都應單純求其正面：或致力於道雅正之學、或生命奮發向上、及或唯對善與人性平實正面價值向往，不語其他。生命之正面性、其生生之美，盡於此。

生命除從正面性言外，亦有所有與所欲問題。

*

二十三、子曰：天生德於予，桓魋其如予何。

〔生命之所有有二。一：自身生命〕

有關人之所有，《論語》非從物質擁有言；財富之擁有始終外在，未如人生命及學問知識等來得內在根本、與生命有關。

有關孔子對自身生命，《論語》借孔子過宋，桓魋欲殺孔子一事說明。孔子視自身生命為天賦予而已，非一己所有。對桓魋之試圖殺害（生命之存亡），故不予畏懼。若連生命也如此，其他所有更是。

傳統把「天生德於予」解釋為天「授我以聖性」（包咸），或如《集注》：「孔子言天既賦我以如是之德」，都把「德」視為主要所言對象，「生」為主語與受詞間動詞。從道理言，這樣解釋非是：《論語》中「德」必為人自身努力，非被授予。而從文法言，「生」意為「活」，即「在生或生存」之意。作為「產生」或「誕生」，「生」必與受詞連在一起，如「本立而道生」、「百物生焉」，但不會作為主語與受詞間動詞，如「天・生・德」這樣句法。相反，「德」除獨立運用外，往往可與另一詞組合為單詞，如「民德」、「文德」便是。故我們認為，「天生德」中「生德」乃一單詞，意為「能活之德」或「能活」這一德性，甚或更簡單：「生」這一德性。全句意思故為：我之所以「能活」（能活這一德性），非由於我自己，而是天所賦予；或：我若能存活，這是天對我之德，非我自己的。換言之，「德」字是用來形容「生」，既非獨立、更非為天所生（產生出來）之對象事物。如此，始針對桓魋殺孔子事言。「天生聖德於我」與桓魋之殺害無關，更使人感孔子自以為是而已，與句本來意思正好相反。

二十四、子曰：二三子以我為隱乎？吾無隱乎爾。吾無行而不與二三子者，是丘也。

二十五、子以四教：文、行、忠、信。

〔生命之所有有二。二：自身學問〕

除生命外，如學問能力，因亦是人首先所有，故多視為私有而用。今所講求智慧財產權，便如此。孔子弟子故以其學問能力有所偏隱，非人人同樣教授，如陳亢便曾有此懷疑：「陳亢問於伯魚曰：子亦有異聞乎？」〈季氏〉。對如此質疑，孔子「吾無隱乎爾。吾無行而不與二三子者，是丘也」故明白說：其一切學問與行作，平素無不與弟子一起，故無可隱匿。「是丘也」更明白說：作為人，本不應因為己有而隱匿，何況如孔子：若連生命亦不視為己有，能力與學問亦必同樣，此生命面對所有時應有態度。

人都求為私有而爭，【故盧梭說：「誰第一個把一塊土地圈起來並想到說：這是我的，而且找到一些頭腦十分簡單的人居然相信了他的話，誰就是文明社會的真正奠基者。假如有人拔掉木樁或者填平溝壕，并向他的同類大聲疾呼：『不要聽信這個騙子的話，如果你們忘記土地的果實是大家所有的，土地是不屬於任何人的，那你們就要遭殃了！』這個人該會使人類免去多少罪行、戰爭和殺害，免去多少苦難和恐怖啊！」《論人類不平等的起源和基礎》第二部分】，然人一切所有，亦可僅視為天賦予而為我保存而已，非屬我而佔有。因只保存，故可讓渡或與共。「曾子有疾，召門弟子。曰：啟予足、啟予手。《詩》云：『戰戰兢兢，如臨深淵，如履薄冰』。而今而後，吾知免夫。小子」〈泰伯〉。曾子對自身身體，非視為己所有而可胡亂對待，故只「戰戰兢兢，如臨深淵，如履薄冰」謹慎地保存，此其面對自身所有時之態度。天地萬物無一事物屬己，因而不應從佔有觀，如此心懷始對天地充滿敬意與感謝，亦始見存在之美與感動。人由自我佔有之心而變得狹隘，對立與分裂反使存在無以愉悅。能無私，存在始闊大而真實。

「子以四教」句是為補充孔子教學事實而說。「子以四教」與前「子所雅言」之分別為：「子所雅言」中《詩》、《書》、禮三者為「文」雅正代表、為孔子講述範圍。然教學更應為整體，非獨文而已，故有「文、行、忠、信」四者。「文」即上述《詩》《書》。【孔子甚至往往獨以《詩》而教，若非有從政可能，否則不要求人讀《書》，伯魚亦無例外。此可能為弟子以孔子有所隱匿之原因】。「行」指一般德行，如孝悌，亦含禮在內。「忠」指於事學會忠實為人；而「信」指學會自己能事事真實可信。「文、行、忠、信」四者故為教學先後順序：幼而學文、長而學行、為事學忠、一生學信。孔子教學故非高遠博大，更與「軍旅」〈衛靈公〉或「稼」〈子路〉等實務無關。正因如此平凡平實，故無隱匿可能。「文、行、忠、信」亦「怪、力、亂、神」之對反：「文」由人性而非「怪」；「行」以德行而非以「力」【故：「驥不稱其力，稱其德也」〈憲問〉】；對人「忠實」故不作「亂」；人真實（可「信」）故非向慕「神」靈虛構虛假。「文、行、忠、信」故為「怪、力、亂、神」之平實回答，亦孔子「不語」與孔子所「教」之差異。

＊

二十六、子曰：聖人吾不得而見之矣，得見君子者斯可矣。子曰：善人吾不得而見之矣，得見有恆者斯可矣。亡而為有，虛而為盈，約而為泰，難乎有恆矣。

〔生命之所欲有二。一：生命之期盼〕

除所有外，生命亦有所欲。人多以欲望為佔有，對人亦然（見情愛關係）。然欲望始終有兩面：心期盼之一面、及身所欲這另一面。二者為欲望其模態，一正一反。如求得，若能「溫良恭儉讓」

〈學而〉地從期望而非從爭奪而得，如此仍為正道。對所需故不應過求，否則即為欲望。其次是：若物欲需要與現實有關，心之期盼則多見為理想求索。欲望往往擺動於兩者間：更有可能時，「需要」即轉變為對更「理想」之追求，而在不可能時，「理想」又落回只是「需要」之求索；「心之期盼」於近乎可能時故多變為「欲望」，於不可能時又回落為只是「心之期盼」。欲望如是往往在「心」與「欲」兩者間擺動。

對心中理想期盼（本句）與現實需求（見下句）兩者，孔子都非以欲望方式成就，故都有退讓可能。本句雖同從理想期盼言，然其中兩「子曰」，一者所反映為純然理想事、另一者其為理想仍從現實狀況言。若「聖人吾不得而見之矣」為孔子心中至理想期盼，【「聖人」明顯為孔子個人期盼，若為志，應是「志於道、據於德、依於仁」〈述而〉甚或「天下歸仁」〈顏淵〉】，那「得見君子者斯可矣」則為退而求其次時心願，非必見聖人而後止。同樣，於現實中理想若「善人吾不得而見之矣」，仍可「得見有恆者斯可矣」地退而求其次。「有恆者」指在「亡」、「虛」、「約」情況中仍能恆守其本份、不為現實所改變者。「亡而為有，虛而為盈，約而為泰」意思是：失去而不感失去、沒有而仍感足夠、有所限制而仍感自在悉然……，如是之人，故能篤守自身志向與努力而不為現實折服，其恆在此。「亡而為有，虛而為盈，約而為泰」本身故即已為一種退而求其次：非必求有、非必求盈、非必求泰。句所言欲望道理，故為於理想期盼中，知退而求其次即可，非不能有所理想期盼。「得見有恆者」實言：能見知退而求其次、不為自身期盼而欲求者，這實已足夠；此人於自身期盼或理想前應有道理。

二十七、子釣而不綱，弋不射宿。

〔生命之所欲有二。二：生命之所欲求得〕

「子釣而不綱」同樣指出：縱使為必需，仍不應盡求益於己，孔子故只「釣而不綱」。「綱」（網）指魚網。魚食為需要，然始終唯應取自己所需，不應一網打盡、求壟斷一切。「弋不射宿」同樣：「宿」言栖宿之鳥，「弋」言用箭射殺。「弋不射宿」故借不射殺夜宿之鳥比喻：縱使有獵獲之心，仍不趁鳥夜宿無防避時、為己容易而取得。「釣而不綱」言欲望取得不應超乎所需，「弋不射宿」則言不用手段乘虛而入。二者總言取得之道，為欲望應有節制。取得（欲望）故始終應依正當方法，不應乘機圖利。縱使為必須，取得之道仍應為：不盡求益於己、不盡取己之所能。【本組二句與〈學而〉「溫良恭儉讓」道理合而為《論語》有關求取之道】。

以上兩組所言，故為人於生命中，對自己所有及所欲兩面之道理：不視所有為佔有、又於所欲前退讓不盡求。如此不盡求為自己之生命，是生命於「有」與「欲」前正確之道。

*

在以上心靈面相、生命在世存在、生命之正面性、其對所有與所欲等道理後，〈述而〉於最後三組，對人生命終極性問題作論述：一為生命之自主獨立性、二為生命對客觀成就之態度、而三為生命對向「神靈・物・世界・人」此存有四維之無待。首先為生命獨立性問題。

獨立性或自主性為生命最能自己時刻，如相對現實時「志於道」之獨立性便如此。然人之獨立性非獨見於志，更可先見於人之知見及其處事作風，而其最高體現，即人生命對仁（最高德行）之向往。〈述而〉所言即此三者。若受制於外而失去判斷及行作之獨立性，人只會如奴隸般人云亦云或盲目跟從而已，無能作為生命而真實。人是否能真實，故先與其獨立性有關，此獨立性問題所以重要。

二十八、子曰：蓋有不知而作之者，我無是也。多聞擇其善者而從之。多見而識之，知之次也。

〔生命之自主獨立性有三。一：知見之獨立性〕

「蓋有不知而作之者，我無是也」中「不知」非指無知而有之過失，若是如此，連孔子亦不應說「我無是也」，沒有人能全知致無過。這裡應指人明知自己不知而仍作為一情況，其有過故由自取，非不能避免。所以如此，必人求為自我自恃，非在乎事情真實。「作」【如「述而不作」，見篇首】為興起、造、甚至造作之意，故包咸註為「穿鑿妄作」。作為（行為）若任憑自身不知而作，不先求知其善，實人不於事情真實求認知上之主動獨立性、放任自身不知而作而已。在好作為外而知事情應有真實（善），故已是一種獨立。「多聞擇其善者而從之」故是說：對自己無知，人實仍可不如此，仍可主動地從「擇其善者而從之」。人作為故實仍可不致錯誤，知「擇善而從之」便是。表面上，「從之」似無獨立性，事實相反：能知「擇善」者，其「從之」實已為一種獨立，人無能從不聞不見而無過故。能知「擇善」，如此已是人知見之至善、其知見之獨立性。相反，縱使「多見而識之」，若不知（或未能）「擇善而從」，如此識見，仍未算獨立，只識見而已、非必善。

此「多見而識之」所以為「次也」。

句所言道理故是：雖「從」而非「作」，然能知「擇善（而從）」，實已為人於事情中之自主獨立。「擇善」故是人生命首先獨立性所在，若只求知而不知擇善，始終「次也」而已，非獨立地真實。如是可見，人多以為能「作」便即獨立，如求原創那樣。然事實相反，若非「擇善而從」，其「作」實只「不知而作」而已，其表面自主性（「作」）實無知而已，非真實之「作」。人一般以有識見者已為自主獨立，然孔子唯以「擇善而從之」始是。真正獨立性故非在「知」、更非在「作」，在知「擇善而從」而已。雖為「從」，然因「擇善」故已為獨立。我們在前第十一、十二句解說中曾說：「個體獨立性不應從社會權利之平等與自由、而應從人自身之人性覺識言；前者非使人獨立於存在現實，後者始是。能對善惡價值自覺並努力，此始人之為人最高獨立真實性。人一旦能獨立地自覺並致力於人性之善，此始為其至高存在」。誠然，人由知「擇善」始獨立，非由「作」（有以作為）。

有關本句讀法，我們很易會把「多聞擇其善者而從之」及「多見而識之」連在一起，如：「多聞擇其善者而從之、多見而識之，知之次也」。然若如此，那連「多聞擇其善者」也只「知之次也」而已，與「蓋有不知而作之者，我無是也」所顯獨立性相悖，只能視為「學而知之者，次也」意思。然「生而知之者」始終也只「知之」，除非以「生而知之者」絲毫無需聞見，否則不能斷言這裡「多聞擇其善者而從之、多見而識之」必為「學而知之者」。「多聞擇其善者而從之，多見而識之」故不能因必需聞見而為「知之次也」。「次也」一詞只表示其次之意、為等級中之下一級，本身沒有標明為哪一等級，故除「學而知之者」為「次也」外，「困而學之」者亦為「次也」；故唯相對「生而知之者」言二者始為「次」，是不能直接因見「次也」（「知之次也」）之出現而視「多聞擇其善者而從之，多見而識之」即為「學而知之者」這「次也」等級，其前絲毫沒有提及「生而知之者」故。把「知之次也」視為「學而知之者」為孔安國解釋，故說「如此次於生知之者也」。然若如是讀，《論語》句更應為：「蓋有不知而作之者，我無是也。多聞多見、擇其善者而從之，知之次也」。皇侃見「擇其善者而從之」只附於「多聞」、沒有附於「多見而識之」後，知未妥。故為此而解釋：「『多見』不云擇善者，與上互文，亦從可知也」，更自釋說：「若多聞擇善、多見錄善，此雖非生知，亦是生知之者次也」。由皇侃質疑之彌補可見，《論語》不云「多見」而「擇善」，始終確實而可疑；特別當孔子句刻意以「多聞」只與「擇其善者而從之」相關、而以「多見」唯「識之」而已，非同為「擇善」，其視「多見」為「次之」故實刻意；又因「多聞」不同於「多見」，區分二者等次而言「次之」始有意思，不宜如孔安國自稱為指「學而知之者」。事實上，〈述而〉同篇幾句前：「擇其善者而從之」一語確為獨立地使用，附於「多聞」後亦應視為獨立，非如皇侃視為互文。我們因而認為：「多聞擇其善者而從之」與「多見而識之」應分讀，「多見而識之」因相對「多聞擇其善者而從之」，故為「知之次也」，前者知「擇善而從」，故較只「多見而識之」為上。「多見」因僅「識之」【如「默而識之」】，故為「知之次也」。句所言故三層：至上為「多聞擇其善者而從之」、其次為「多見而識之」、最下為「不知而作之者」。如此，「多見而識之」，確只為「知之次也」。之所以「擇其善者而從之」唯從「多聞」言，意所含之「善」故非見於當下，如聞道理（「朝聞道」〈里仁〉）那樣，故只聞。能由聞仍知其為善而擇，故為知見獨立性之表徵。對此解釋，請參考前：「聖人吾不得而見之矣，得見君子者斯可矣。子曰：善人吾不得而見之矣，得見有恆者斯可矣」中「見」之當下性、及「不得見」與「得見」之等次差異。亦參考：「朝聞道，夕死可矣」〈里仁〉中「聞」之用意及前「默而識之」中「識」字意思。【有關「聞」與「見」差異，亦參考：「孔子曰：見善如不及，見不善如探湯，吾見其人矣，吾聞其語矣。隱居以求其志，行義以達其道，吾聞其語矣，未見其人也」〈季氏〉及「我未見好仁者」〈里仁〉等。〈為政〉中「多聞闕疑」「多見闕殆」，故亦應一從道理、一從眼前現實言：由聞道故闕疑、由見現實之不是故闕殆，二者對向非一】。

二十九、互鄉難與言。童子見，門人惑。子曰：與其進也，不與其退也，唯何甚。人絜己以進，與其絜也，不保其往也。

〔生命之自主獨立性有三。二：作為之獨立無待〕

不只識見應知主動地擇善，在對向人時作為亦然。「互鄉難與言」中「互」乃鄉名。互鄉之人難與言，可能因其無知識素養、也可能因其鄉人性情粗劣，故於童子求見時，因童子更未如成人，門人不明何以孔子願接見。互鄉之「互」字，若暗示相互意思，是否言互鄉人唯知相互彼此，沒有各自自主獨立性，而求見之童子相反，知「絜己以進」，有獨立求教之心，雖來自互鄉，故為孔子見之之原因。人多唯知執着外在如出處、學歷、家勢、財富、地位等表面，而不知從人自身之獨立性觀人。對人不能獨立地判斷，實自身無獨立判斷能力，只知世俗一般價值而已。孔子之「唯何甚」是說：為何必以為有「甚麼只是甚麼」這樣執着？為何如此過份地認定人與事物必怎樣怎樣？【「唯」字在《論語》只有兩種意思：或解為「是」、或解為「只是」。故不應只視為語助詞】。換言之，若能進一步時應進一步，不應為了某種想法或認定而限定自身，故應「與其進也，不與其退也」。對向人，故應從其人獨立自己觀；自己亦應獨立真實地判斷他人，非依據社會一般世俗成見與看法。若見人知「絜己以進」，不應再「保其往也」；人應尊重他人其獨立自主之努力、並知如此地觀人，如此始亦自身獨立判斷與行作之真實，否則與互鄉人無異。從本句故事可見：非唯互鄉人不獨立，門人也同樣非真實地獨立，其價值與見識仍一般成見而已。

以上「擇善而從」及「絜己以進」兩語，亦可視為「從」（從人）與「己」兩面之自主獨立性：從人之自主獨立性由知「擇善」而致，而一己之自主獨立性則由知「絜己」及「以進」而致；此「從」與「己」兩詞所有對比性意思。

三十、子曰：仁遠乎哉？我欲仁，斯仁至矣。

〔生命之自主獨立性有三。三：生命之最高主體獨立性〕

若「擇善而從」及「絜己以進」為人於世存在中知見與對事對人應有獨立性，那自主獨立性其於人最高者為何？從現實言，人多以最高獨立性在無限制自由上，無論這是從權力抑從如大鵬鳥般逍遙言，然這明顯錯誤：一因人本然有限，其絕對性只妄想而已，縱使有，如權力必加諸人，故實無以言真正獨立；二因絕對自由本身並沒有指向任何價值，往往只任憑自我、或一絕對自我感而已，非真實價值之奠立。事實上，在強調自由時，人往往無知地漠視甚至破壞真正價值，後者必然有所限制，非能從自由言。舉詩學格律為例：若無格律而完全自由，其以為美感，始終只自欺。那若非從絕對自由或權力，人之最高自主獨立性何在？與我們想像正好相反：人最高自主獨立性，在其德行，非在其他。人於其德行，始為真正自主而自由，無論這從「因」抑從「果」言均如此。人一般均以德行（道德）為最不自由、最大限制，然事實是：唯由德行（真正德行而非所謂道德），人始彰顯其作為人時之至高獨立性，因唯在德行中，人一切（作為）再不受限於任何事物或現實，包括其自身自我或欲望。自由或自主獨立性故非從欲望或自我、而應從作為人或從其回歸人性言。自由或自主獨立性故在（作為）「人」而已，非在物事（如權力力量）或自我之求索追逐上。此時所言德行，實「仁」而已。孔子之「仁遠乎哉？我欲仁，斯仁至矣」故多麼為自主獨立性之體現與肯定，其中每詞：「我」「欲」「仁」「至」，均顛倒人所有想法：「我」非自我而更是人、「欲」非物質欲望而是對德行之向往、「仁」非外來限制性道德而是我所欲對象、此時求得之絕對性非自我自由或權力而是至高德行（仁）之奠立。人其最高獨立與如君主般自由，故在「我欲仁」而已。事實上，縱使為君主命令，仍無以如仁「斯仁至矣」般能絕對地達成。原因在於：無論自己抑他人，均先是「人」而已，故唯仁始因相互一致而自由，其他一切始終有待，或因為利益而只能爭鬥、或因與人性相背而只能承受，都非置人於共同自由安定而懿美。「仁」這「立人達人」〈雍也〉之致力，其為成就故至大、亦至真實，其所成，實人類之作為人而已。此仁所以無待。孔子之慨歎：「仁遠乎哉？」故實慨歎人不知仁之「近」、其可自主獨立地達致、及人之不知唯回歸人性，人類始能真正自由此一意義。人類都以「我」唯自我、都以「欲」唯欲望、都以相互關係唯法律道德或爭鬥，此所以孔子以「我」「欲」「仁」三詞反言人類這一切錯誤，求其真實地為人而美善、真實地作為人而存在。

　　無論從個人抑從人類整體言，仁故都是人最高真實、也是人最高獨立無待與自覺性。人能自覺並致力於其人性之善，這是人至高存在、其生命之最大自由。存在之真實、其致者，故在人類自身而已、在其無待之「我欲仁」而已。

*

生命除獨立自主外，對向自身客觀成就，相反應謙虛不自居。因仍以孔子為例，故所列成就，主要亦「禮」、「樂」、「文與君子」、「聖與仁」四方面。四者不僅為孔子德行客觀成就之總結，亦同時為從德行言、人生命可有之最高成就。

三十一、陳司敗問昭公知禮乎？孔子曰：知禮。孔子退。揖巫馬期而進之，曰：吾聞君子不黨。君子亦黨乎？君取於吳為同姓，謂之吳孟子。君而知禮，孰不知禮。巫馬期以告。子曰：丘也幸，苟有過，人必知之。

〔生命對客觀成就之態度有四。一：「幸而知之」〕

有關「陳司敗問昭公知禮乎」句背後事件，陳司敗為陳大夫，「司敗」為官名。季氏為魯最具勢力之臣，孔子亦魯臣。大概陳司敗聞孔子評季氏不知禮【見〈八佾〉】，故以昭公之失禮反問於孔子，知孔子對君臣之禮重視，不會如對季氏般對昭公批評，因而有為「黨」之過失，或有一般諂媚之嫌，如孔子「事君盡禮，人以為諂也」〈八佾〉那樣。無論怎樣，陳司敗之問，除曝魯昭公之不是外，更達成對季氏諂諛、亦使孔子難堪。陳司敗之「君而知禮，孰不知禮」甚至可能直是孔子評季氏「是可忍也，孰不可忍也」之回應。

對陳司敗之問，孔子回答「知禮」，可有三種原因：一為昭公雖同姓通婚娶吳孟子，然昭公平素習於儀節，時人以為知禮，故答以「知禮」。二為同姓通婚一事雖不合時俗，然實不為非禮，沒有損人性和、敬與愛，非如季氏，由突顯權勢而亂禮，故答以「知禮」。【孔子雖對禮重視，然不會單純依從時代想法與作為，其對禮仍有自身判斷，見：「麻冕禮也。今也純，儉，吾從眾。拜下禮也。今拜乎上，泰也。雖違眾，吾從下」〈子罕〉】。三如傳統解釋認為，孔子作為魯臣不能貶其君，故答以「知禮」。無論怎樣，答以「知禮」實非孔子過失（亦非其所以為「黨」），此編者引本例以說明：孔子面對非其真實過失時所有態度，而此是：縱使非為一己過失、而禮甚至是一己所擅長，然於他人批評時，孔子仍謙下地接受指責，既不辯護、亦不否認。禮雖孔子所長，然是人人本然應知曉之事，【本句故仍從「知」「不知」言】，故不應視為個己獨有成就，禮本然只人性事故。「丘也幸，苟有過，人必知之」表示：孔子之接受指責，其態度認真、非只外表。對批評或指責，無論是與否，都應謙下樂於接受。於指責前，所見實人之品格，非只事而已。謙下本身甚至即禮之根本；以為據理力爭，只損傷人性關係、只佞辯而已。對如人人所能成就，一己態度故應謙下不自恃，於指責仍然。

三十二、子與人歌而善，必使反之，而後和之。

〔生命對客觀成就之態度有四。二：「和之」〕

除禮外，樂亦為孔子客觀成就，其所擅長。若禮之和睦於人前為謙讓，那樂之和睦於人前即為伴隨。「子與人歌而善，必使反之，而後和之」借由音樂（歌），言孔子於一己所擅長處，仍只與人和睦而求為居後，非以為倨傲。【有關孔子對樂之擅長，見：「子語魯大師樂。曰：樂其可知也」〈八佾〉、「子曰：吾自衛反魯，然後樂正，〈雅〉、〈頌〉各得其所」〈子罕〉、「子擊磬於衛，有荷蕢而過孔氏之門者，曰：有心哉擊磬乎」〈憲問〉、「孺悲欲見孔子，孔子辭以疾。將命者出戶，取瑟而歌，使之聞之」〈陽貨〉等】。樂非如禮為人人本應知曉之事，其為擅長甚或成就已見個人特殊。縱使如此，於見人亦善歌，孔子仍只求為伴隨而已，絲毫沒有較量之心。人所有擅長或成就，應只求與人更善，非求為自我。從「必使反之」可見，孔子多麼樂見人之善；「而後和之」又表示：孔子對自身所長既肯定亦謙下，故退居其次求輔和其美。歌中之「和之」，即作為輔旋律而詠歌。輔旋律之和，非只退居其次而為副，其本身仍從獨立中、求為與對方締造一更美善整體：對方起揚時，我則靜待在旁；其平伏時，我則承續地飛揚。如是伴和，成一相互獨立而又自由之眷顧與退讓、一種既一體又獨立之承受與推進。由居後而承輔，輔旋律之美再非從自身言，更是在和諧迴蕩迴旋中、德性謙下其美之體現。如是輔旋律更深深地打動人，使心由見伴隨之美而起伏並感動。人與人間真正能力應如此，非從自居爭勝中表現，更應從相互一體中使對方更形美善、達更高真實與無止盡境界。劉勰《文心雕龍》劈頭所言：「文之為德也大矣，與天地並生者何哉？」中「並生」即言此；其言「日月疊璧，以垂麗天之象」中日月之「疊璧」與「麗」，甚或其〈麗辭〉中所言「聯字合趣」、「理殊趣合」、「幽顯同志」、「並貴共心」等，都為此伴和而特成之美作解釋。伴和之美，實亦孔子「里仁為美」之根本，其美非由個體獨自、而由人與人相互所成就。〈述而〉以此歌詠伴隨之美，說明人成就另一態度上之真實：非唯對己所是居後謙下，更求由伴隨而成更大之美可能。謙下故非只退居而已，實更可有新成，故「必使反之，而後和之」。此人對其自身特殊所長或成就應有態度。

三十三、子曰：文莫吾猶人也。躬行君子，則吾未之有得。

〔生命對客觀成就之態度有四。三：「猶人」「躬行」與「未之有得」〕

若謙下為對人人所能成就、伴和（而非爭勝）為對個己特殊能力，【如「為力不同科」〈八佾〉】，那若更從屬己成就言，如孔子「文」之素養及其君子品格，此時道理應如何？因純屬個己成就，與伴和無關，此時態度，故唯在「躬行」而已。句所言道理故有三：一、對「文」之成就，孔子不視為個人所有，故言「文莫吾猶人也」，意謂一己於文之一切，實猶如他人所成，非個人創為。雖事實非人人所為，然始終不能視為個己創為。人類一切創造，實均有其所本，故嚴格言，不應視為個己獨特。此孔子「文莫吾猶人也」意思。【「猶」字於《論語》或解為「仍」、或解為「如同」；此處為後者】。「文」因始終本於人性，其事仍屬人人本然，一、若真有單純屬己者，此時之謙下，應從「躬行」言，即對如此特殊之事，一己亦以身體力行地敬行其事，非敢視為己有而驕傲。三、對如是一己成就，更不敢言有所得，此「吾未之有得」之意。「猶人」、「躬行」、「未之有得」三者，故為人對向一己特殊成就應有態度：或視為「猶人」、或只視為一己「躬行」、甚或視為「未之有得」。

又：對個己特殊成就雖不從屬己言，然若與德性有關，如文與君子，實仍須「躬行」以對，若不言行，反只虛偽而已，如下句公西華之似謙虛：「誠唯弟子不能學也」，故實仍虛偽託辭。顏淵與仲弓之回應故不同：「回雖不敏，請事斯語矣」、「雍雖不敏，請事斯語矣」〈顏淵〉；雖不敏，然仍盡力而為。「躬行」故說：孔子沒有否認其於文與君子德性之努力，唯非視為個己成就而已。

三十四、子曰：若聖與仁，則吾豈敢。抑為之不厭，誨人不倦，則可謂云爾已矣。公西華曰：誠唯弟子不能學也。

〔生命對客觀成就之態度有四。四：「豈敢」及「為之不厭不倦」〕

「文」與「君子」若是從人自己方面言，那「聖」與「仁」作為成就則更對向他人，其為成就故更大。對如此德行成就，雖不應言「敢」而自大（「則吾豈敢」），然因始終為人類至真實努力，故亦不能否定，此孔子回歸個人而說：「抑為之不厭，誨人不倦，則可謂云爾已矣」，即其自己仍盡力勉勵於此，不厭不倦。「不厭」「不倦」明白指「聖」與「仁」因為至高德行、不易成就，故於未能或無所得時，亦唯「不厭」「不倦」而已。「不厭」「不倦」亦見於：「學而不厭，誨人不倦，何有於我哉」（見本篇第二句），為於現實前多有未能而說。「不厭」「不倦」故或由於其事之巨大艱困、或由於現實而未能，故唯以「不厭」「不倦」以對。在對向如「聖」與「仁」般偉大德行之成就，縱使必須謙虛，然始終仍應予以肯定，非因偉大而虛偽地否定、或為對人諂媚地稱頌，如公西華。公西華之「不能學」與孔子之「學之不厭」多麼相反。於「學」或一切正面德行，無論是否偉大，是不應以為謙虛而言「不能」者。

以上四句，故為成就其四種等次應有態度之說明：或單純謙下、或與人伴和、或猶人而躬行、或不厭不倦。《論語》亦借此指出：「禮」、「樂」、「文與君子」、「聖與仁」四者實亦人類從客體方面言之至高成就，藉由孔子說明而已。在結束前，〈述而〉更終極地論述人生命面對神靈、物、世界、人這存有四維。透過這面對，可見人生命之存在心境、及其對向一切時之終極態度。

*

所謂存有四維，指天地萬物存有分類中之最終極者。三十五句言神靈（一切超越者）甚至人類所難避免之命運與偶然；以疾病言，只因這最日常、為人人必遇命運。三十六句對象為財物，廣泛言即「物」甚至存在境況。存在境況與物質有關故。三十七句「坦湯湯」與「長戚戚」泛形容人在世心境，其對象故為世界。最後三十八句明顯形容孔子在面對他人時之外在態度，其對象故為人。四句若從人自身方面言，三十五與三十七句反映人內心心境，三十六及三十八句則反映人外表態度。超越於人之神靈（或外於人之命運）、物（與存在境況）、世界、人，藉由此終極四者，〈述而〉總言人生命之存在心境與態度。而孔子於此，一言蔽之，亦無待、無求、無求自我而已。

三十五、子疾病。子路請禱。子曰：有諸？子路對曰：有之。〈誄〉曰：禱爾于上下神祇。子曰：丘之禱久矣。

〔生命與存有四維一：對向神靈之無待〕

「子疾病」句先言孔子對命運偶然事之看法。對這樣命運，若能盡人力仍應盡，若不能，實無需求助超越不切實力量，心態視如平常地接受便是。於「子疾病」而「子路請禱」，不求其他方法，大概再無其他醫治可能。對子路請禱之提議，孔子「有諸？」一回答，明顯非懷疑而是婉轉拒絕。於子路強辯後，孔子繼而說：「丘之禱久矣」，意為：若是祈願他人或百姓福祉等事，孔子早已誠懇地禱告(「禱久矣」);若只是孔子個人好壞吉凶之事,那實無需禱告,人無須為自身命運際遇而禱告。孔子面對神靈之態度,故非為神靈之真實而崇拜、亦非與個人福祉有關(宗教始終如此);既非為神靈自身、亦非為個人自身。若真有所禱,也只出於對人(民)之愛,非對神靈本身或由於一己。神靈本無待於人類,更無待於人類之仁,故實無須因為神靈而作為。此孔子對神靈之態度:不因神靈為超越者而有所依賴或崇拜。

三十六、子曰:奢則不孫,儉則固。與其不孫也,寧固。

〔生命與存有四維二:對向物之無待〕

面對生存需要之物事,也唯應從切實需要言而已。「奢」則藉由物質豐足求為自我表現,其心態實已有欲超越他人,故借物而自我突顯。「固」則言限制甚至狹隘,於財物即固陋。【《論語》亦有「固窮」一詞,對比「濫」。見「君子固窮,小人窮斯濫矣」〈衛靈公〉】。「儉則固」指因求為儉約德行故而於物事顯得拮据甚至困窮。對物質處境「奢」與「固」這兩種狀態,人所應在乎仍先是他人感受,不應因物質餘裕而有傷和睦與禮,此人對物質應有態度:寧顯得固窮而不應傷人和。對物質境況故不應過求或依賴，仍應先在乎人而非物，此人面對物應有無待之心：心不在物，更不仗賴富有而驕奢。物質也只從切實必須（義）言而已，不應求為自我突顯。若物質富裕有此表象，「與其不孫也，寧固」。一如對超越者不應求為個人福祉而禱告，對物亦不應因自身富裕餘裕而傷人。無論對上（神靈）抑對下（物），心始終應無待。

三十七、子曰：君子坦湯湯，小人長戚戚。

〔生命與存有四維三：對向世界之無待〕

若面對神靈或物質富裕都不應有所依賴或利用，面對世界亦同樣，不應因世間善惡或自身於世間成敗利益而憂戚。「小人長戚戚」之「長」顯示：無論成與敗、得抑失，小人之心始終對世間有所求得與依賴，如是始終憂戚，非能獨立而自己，其心生命純然建基在世間、在對世界之求得，非在自身生命真實之致力。「長戚戚」明顯為心態問題，為於世間事情前事事憂慮之心況，如「鄙夫」。【見「鄙夫可與事君也與哉？其未得之也，患得之；既得之，患失之。苟患失之，無所不至矣」〈陽貨〉】。於事情前唯應謹慎【見前第十三句】，非「長戚戚」。

「坦湯湯」相反，言人於世間前心境如平淡無事、坦然寬曠而無憂。舒坦之心莫過如浸浴於溫熱水中，其中再無勞累之感，心無需為承擔而掛慮。所以如此，非因無事，由心自身坦然而已。而心所以能坦然，一由於心接受而無所對抗、二由於心另有自身致力而獨立正面，非對世間有所依賴。人若確知自身生命努力，無論得失成敗，始終應能自處、泰然而「坦湯湯」。雖活於世，然心不應只一「在世心境」。非由於其他高遠事物（如宗教向往），而在自身生命之真實中、在心之獨立無待中。

「坦湯湯」為《魯論》原文。《論語》另有用「蕩」字，故不應把「坦湯湯」改寫為「坦蕩蕩」。「蕩」在《論語》中解「大而無方向可尋」，如「好知不好學，其蔽也蕩」〈陽貨〉：知識由可及遠，好知而不好學，其害故大而無制限。又：「古之狂也肆，今之狂也蕩」〈陽貨〉：「肆」仍有定向與原因，「蕩」則無因可尋。堯之偉大，亦用「蕩」形容，言其大至無跡可尋：「大哉堯之為君也，巍巍乎唯天為大，唯堯則之。蕩蕩乎民無能名焉，巍巍乎其有成功也，煥乎其有文章」〈泰伯〉。「湯」字在《論語》中直解「溫熱之水」，如「見善如不及，見不善如探湯」〈季氏〉。「坦湯湯」之意思故應為：「如浸浴在熱水中心身舒坦」。

三十八、子溫而厲。威而不猛。恭而安。

〔生命與存有四維四：對向人之無待〕

最後，「子溫而厲。威而不猛。恭而安」一語總言對向人時無待之心。對向人主要不外兩種情況：或日常居處、或工作職能中。前者為「子溫而厲」，後者則為「威而不猛」。孔子平素態度溫和，然不因溫和而隨便。「厲」言嚴格謹慎不輕浮隨便。而於工作職能中，孔子則「威而不猛」：自重不易被侵犯，然不因地位能力對人有絲毫欺侮。「子溫而厲」「威而不猛」二者均見對人態度之獨立性：溫和或威猛者易見，然既溫和亦嚴厲之人難見；此人性情之難於自持。「溫而厲，威而不猛」故顯人於他人前，自身之獨立無待。

若「溫而厲，威而不猛」分別言兩種情況，「恭而安」則總結人面對人時之終極態度與心境。無論何時何地、無論對方為何人，「恭」（於《論語》）始終是人面對人最基本道理（態度）。然為何言「安」？「安」主要從心言，為心得達其所向時之狀態。安可從自己方面、亦可從對方方面言：從自己方面，「安」主要從「作為」之心安【見〈陽貨〉宰我廢三年之喪一節】、亦可從「心志」之所安言【如「仁者安仁」〈里仁〉】；若從對方方面，「安」即安人、安百姓、安老者〈公冶長〉、〈憲問〉。這裡所以言「恭而安」，因前對向神靈命運、物質境況、與世界三者縱使心獨立無待，然因所對向為他者，故始終與心安無關。對孔子言，唯對向人，其心始能有所安。「人」如自身家園，非如神靈、物事或世界般外在，其回歸始為心安之所由，這是孔子及中國精神所在。對向人，「恭」故言其對向態度、而「安」則言其自己心。存在之內與外（心境與態度）莫過於此：所至為重視、及心所歸向，二者亦「人」而已，非神靈、物、或世界。故於此，始能言心其「對向」之圓滿獨立。「坦湯湯」雖已為心之坦然，然始終非心安時之圓滿真實。「恭而安」始總結一切、總結孔子生命存在心懷之真實：其所最終向往、及其最終所安。「我欲仁斯仁至矣」之獨立無待與對人之仁，故從此而有。「恭而安」與「安仁」〈里仁〉因而同一。

若孔子以「安人」〈公冶長〉〈憲問〉為志，這是因為，「安人」實即「仁」最終努力，存在之安與不安、心安之真實，正由於此。人與人若相互對立、處處以防範對策對待，其所帶來存在之不安，無法以任何方式彌補。心之安唯在人而已，無可取代。故對司馬牛因無兄弟而憂，子夏之回答是：「君子敬而無失，與人恭而有禮，四海之內，皆兄弟也。君子何患乎無兄弟也」〈顏淵〉。司馬牛無可親之人，而這反映：人之安在人而已，非在死生富貴上。存在之安與否終在人，敵對防範之社會，只使人不安而已。子夏所言，故仍是「恭而安」（無憂）。

〈述而〉始於孔子生命之道，始於其所好，而終於其所安。我們實可看到一個體生命之全部真實及道理，從志向所好、用心之誠、情感之真摯、於世中之感受、自身之單純與正面、對所有與所欲之無私、獨立自主之真實、在種種德性成就前居後之態度、其對神靈、物、世界之獨立無待、至其心於人之安而終，這一切，實已盡言心生命之全部真實與道理、孔子生命之真實與其正面。

公元二零二零年十二月十八日修訂

泰伯

論德行

〈泰伯〉以論德行為主。「德行」一詞通常較廣泛地運用，然若嚴謹區分，如孝悌忠信，因本於特定對象（父母）與需要（事），故只為「行」，非為「德」。「德」是在「行」外、人自己方面更進一步之努力。如養為孝，那養中之恭敬與怡色始為德。「德」因而是人自己方面更高一層努力，為對向他人時更高一層人性自覺。如此自覺，再非只事情責任，而是作為人之更高懿美與覺識、為人所求於自己者。

「德」故非從博施濟眾或於他人之所得言，故與能力之偉大性無關。人可因思想或份位而有所貢獻，然這一切非單純從自己作為人之懿美與努力言，故與「德」無關。

中國所言「德」，於人類思想實屬少見。如西方道德便只立於理性、只如法律規範般，自上而下地駕馭一切；其基礎在社會，只從利害、公平正義等互相要求對方，並唯與生存、非與人作為人有關。道德所求善（如正義、守法、以致善良）故只本於理性（如不殺人、不盜竊等）、只針對欲望之惡，與人作為人之德性自覺、其人性無關。西方若非從理性，便無道理可能。理性所及只事，非人。若非由於德行，人類一切是與非，便再無真正判準可能，是與非終究只從人言故。作為總結，「德」因從人自己言，其基礎故在人之立，為「人作為人」之更高體現。其本在人性善，非在惡之事實。其為是非之終究基礎，由此。

〈泰伯〉對德行之整理全面。除從君王德行言外，【君王因為至高者，故更應有對自身為人德行之自覺】，更從每人自己言，而此主要有兩面：其品格之一面、及其從在世存在言之另一面。德行主要亦此兩面而已。因為人（個人）更高懿美，由德行故更見人之偉大，其感動在此。

〈泰伯〉之分組主題如下：

一、德行之本（一與二句）

二、人品格之德行（三至七句）

三、人於世存在之德行（八至十七句）

四、君王之德行（十八至二十一句）

*

德行之本有二：從人自身方面言即「讓」，而從人類共體方面言即「禮」。大如為國其道因仍在德行，故實亦由禮、讓而已：「能以禮讓為國乎，何有（不可）。不能以禮讓為國，如禮何」〈里仁〉。

一、子曰：泰伯其可謂至德也已矣。三以天下讓，民無得而稱焉。

〔德行之本有二。一：讓（從人自己言）〕

有關「讓」，孔子舉泰伯為例。泰伯為周太王子，有二弟，仲雍與季歷。季歷子昌即後來文王。泰伯知文王賢德，亦知太王意欲文王為後，故讓而離去。於太王病，託採藥為由，之吳而不返；太王薨亦不返主喪，後更斷髮文身以示不可用；此皇侃引范甯對三讓之解釋。孔子所言三讓已不可確知其所指，然泰伯如是讓天下於文王，其意仍清楚。泰伯之讓天下，其讓隱微至人不覺其讓，故無以知其德，此「民無得而稱焉」之意，亦孔子所以以泰伯為至德之原因：既能讓天下於賢能、亦自身無求為稱頌，其讓之德至此。德之為德故非先在如博施濟眾、更非有求為德行之聲名，而純是人自己事；縱使以「為人」為本，然始終隱而不顯，此其所以更為懿美。若「行」（如孝悌忠信）各有其自身具體需要，那德之本，即在此隱而不顯之「讓」而已。「讓」直是人與人間其德性關係、使羣體存在人性地可能並懿美者。雖使存在懿美，然非由於規範：讓只每人自己事而已、其德行而已。故從人自己言，德行亦以「讓」為先。而其反面：不讓而爭（人類之對立性），實為惡之本。人未必有施予般能力，然始終仍能從讓而為德行。「德」故與能力之大小無關，更不能由施予之多少（利益所得）衡量。似無能對人有所助益者，始終仍有德行可能，此以泰伯之讓為至德之原因，其義亦深。如泰伯，實絲毫與所謂道德無關，亦非有如神性般尊貴，然其可敬在人，其讓所顯為人極致之美。泰伯德行之至是從此言：見人作為人之「至」故。

二、子曰：恭而無禮，則勞。慎而無禮，則葸。勇而無禮，則亂。直而無禮，則絞。君子篤於親，則民興於仁。故舊不遺，則民不偷。

〔德行之本有二。二：禮（從共體存在言）〕

若德行於一己不求為人知而隱微，德行於客體方面亦同樣：隱微於事情背後。孔子舉二事說明：一為人與人間之禮、另一為在位者本身之作為。此三方面（德行於一己、於客體、及於上位者），我們已說過，為德行所有之基本面相。

《論語》多次指出，禮實為一切基礎：從個體之立、平素為事、君臣之道、上位者為政與為國、至對道實行實現時之至善狀態，均「以禮」而已。【有關以上各點，見：「君子博學於文，約之以禮，亦可以弗畔矣夫」〈雍也〉〈子罕〉〈顏淵〉、「文之以禮樂，亦可以為成人矣」〈憲問〉；「生事之以禮。死葬之以禮，祭之以禮」〈為政〉；「事君盡禮，人以為諂也」、「君使臣以禮，臣事君以忠」〈八佾〉；「道之以政，齊之以刑，民免而無恥。道之以德，齊之以禮，有恥且格」〈為政〉、「為國以禮」〈先進〉、「能以禮讓為國乎，何有。不能以禮讓為國，如禮何」〈里仁〉；「知及之，仁能守之，莊以涖之，動之不以禮，未善也」〈衛靈公〉】。禮樂之道，因本於人性，實為人類存在至美善之道，此所以「先王之道，斯為美」〈學而〉。從「恭而無禮，則勞。慎而無禮，則葸。勇而無禮，則亂。直而無禮，則絞」更可見，禮實為一切德性（恭、慎、勇、直）之本：「恭」言人與人對向時之德行、「慎」言對事態度、「勇」為現實德性、「直」為性情之本（直道），四者縱使已為德性，然仍須以禮始為正。若無禮，恭、慎、勇、直只落為勞、葸、亂、絞而已：「勞」言對人恭而不敢違逆又不知（禮之）限度只會造成自身勞累；「葸」言謹慎而無禮只會變得畏懼不前（葸）；「亂」言徒勇而不知（禮之）制限則會易致亂；「絞」言若無禮而過份，耿直也只會造成如較量般譏諷批評而已（絞：兩繩交捩而拗縊）。禮直是四者作為客觀真實時之本。本句所言，與〈陽貨〉「六言六蔽」相似，二者差別在：「六言六蔽」中德行是相關於「學」言，故與人自身有關；

而在這裡，德性則是相關於「禮」言，故是從禮之作為客體（共體）基礎言。若人不學，縱然有仁、知、信、直、勇、剛，都無不有蒙蔽可能；而若共體無禮，則恭、慎、勇、直等德性終只落為勞、葸、亂、絞而已。「好直不好學，其蔽也絞」〈陽貨〉與「直而無禮，則絞」（「好勇不好學，其蔽也亂」〈陽貨〉與「勇而無禮，則亂」亦同然）雖似相同，然一者從人自身、另一則從共體現象言。如是可說，「學」為一切德行於人自身之基礎，而「禮」則為客體共體德行之基礎。然若單純從德行本身言，其本一在「讓」、另一在「禮」而已。此〈泰伯〉首兩句所言。

至於「君子篤於親，則民興於仁。故舊不遺，則民不偷」句中「君子」，因與「民」相對，故明顯指在位者。「民興於仁」與「民不偷」，一從正面、另一從反面，指無論正抑反之事或情況，上位者之德行實都為人民百姓德行之本。舉「篤於親」與「故舊不遺」二事言表示：縱使只為上位者個人私下行為，因而如隱沒於（人民共體）後，非對向百姓作為之事，然始終，百姓仍由見君之德行而有所德行：或「興於仁」、或「不偷」。君若對其親、及對一切故舊之人、事、物能如禮般行厚純一而不亡失遺棄，能如此，人民將由此而「興於仁」，或最低限度，再不有如偷竊等行為。【君能對連故舊亦重視，人民自必會對一切重視，不輕薄胡亂地對待事與物】。人民之德行，故實由在位者而已，甚至只由在位者自身私下時怎樣而已。從這私下性而非直對人民百姓所行之政言，在位者如此作為，故為「德」；雖隱沒於後，然始終為百姓德行之本。句因而從共體方面，指出存在客體其德行之本，一在禮、另一在上位者自身德行上。前者本然客觀，後者因影響力而客觀。

「德」之為「德」，故首先在其（體現為）居後（禮）甚至隱沒姿態：於人自身為「讓」、於客體則為「禮」。中國以德為一種「人不知」之努力，因而使德行不再只從對人益處言（博施濟眾）、更非只壓迫性之社會或道德規範，其對人提昇由此。因為人自己為人之努力，德行故無所限定；如是默然地為人，故懿美。由德行所見，故為人「作為人」之自覺、其心切願之善、及人內在之美，非只虛假地講求外在規範（法治與道德）。

*

在德行之本後，即德行三方面之第一面：人品格之德行。而此有五，自外而內地即為：身、外表、心態態度、人格、心志。《論語》以曾子言標示為一組。曾子所在乎，實自身君子品格一事，其德行努力在此。【有關曾子，請參閱〈里仁〉篇「吾道一以貫之」句】。

三、曾子有疾，召門弟子。曰：啟予足、啟予手。《詩》云：『戰戰兢兢，如臨深淵，如履薄冰。』而今而後，吾知免夫。小子。

〔人品格之德行有五。一：身〕

對身體手足，若非由於疾之不得已，曾子從來戰戰兢兢地謹慎面對，恐有所毀傷。之所以仍是一種德行，因如〈述而〉所言【見「天生德於予，桓魋其如予何」】，人對其身體，應視為天所予，本不屬己；故應盡力保存，不應視如屬己而放任。曾子：「而今而後，吾知免夫」一語，明見其保存他者之意。於此故見人首先德行，其對待事物之無我姿態。從身體而非其他事物言更表示：德行（品格）非必先與他人有關，更可只自身事。若知對一己身體謹慎無妄，已實見人對德行之自覺。人多由自我之心而蔑視品格與德行，放任身體（自我放任）是其起始。德行與否故無須見於外，從人如何對待一己身體，已見其品格之真偽、其是否自我。

我們不應混同，以為善待身體即享受，事實相反：享受往往只不顧身體需要、只求為感官一時之快，因而已顯其非為德行品格、非保存之「德」；後者在謹慎、非在享受，故：「戰戰兢兢，如臨深淵，如履薄冰」。

四、曾子有疾，孟敬子問之。曾子言曰：鳥之將死，其鳴也哀。人之將死，其言也善。君子所貴乎道者三：動容貌，斯遠暴慢矣。正顏色，斯近信矣。出辭氣，斯遠鄙倍矣。籩豆之事，則有司存。

〔人品格之德行有五。二：外表〕

品格雖先從人對待身體見，但更與人外表有關；人言品格多指此。正因為外表，人（如孟敬子）多只求為媚悅、或禮貌儀態等外在形式事，非有所誠懇。曾子為指出外表品格之重要，非只表面虛假事，故特言「鳥之將死，其鳴也哀。人之將死，其言也善」，以表明其教訓之重要性。又為區別外表品格與一般禮儀儀態之不同，故更說「籩豆之事，則有司存」。「籩豆」為禮器，「有司」為儀禮之官。以籩豆之事有司存，喻儀禮仍可只形式、只外在事，非必與品格有關。而外表品格，可從三面言：「容貌」「顏色」「辭氣」。

「動容貌」指人行作態度應誠懇，如「貌思恭」〈季氏〉，不暴不慢。容貌從「動」言，指行作態度，故與「暴慢」相關。【鄭玄以「動容貌」指容貌之「濟濟蹌蹌」，一種威儀姿態，故人不敢暴慢。然此非一己德性，與曾子所言外表德行無關】。「正顏色」指待人之顏色正而不巧不令、不諂不媚，如是始能近於可信。曾子以「近信」言，因信不信非徒只顏色事，更須有所真實。唯若連顏色亦無以正，是再無可信可言。【傳統以「斯近信矣」指他人對己「不敢欺誑」，若如是，不應用「近」一詞。人是否敢欺，始終與己色無關，何況孟敬子為魯大夫，有其地位，故人不應因其外表而敢「暴慢」、「欺誑」、甚至「惡戾」】。「出辭氣」指說話不帶不平之氣。「出」指離開。說話平實平靜，非怨懟忿疾之聲，如是始能遠去鄙陋粗野姿態。人之鄙陋粗野，往往見於辭氣態度。能不鄙陋而正、正而又能盡誠，雖似只外表之事，然較事之外在形式更為真實、更是人品格德性。【有關「色」，孔子之教導是：「易色」〈學而〉、「色思溫」〈季氏〉。若事人而「難色」，「曾是以為孝乎？」〈為政〉。而「色厲而內荏」，實「譬諸小人」〈陽貨〉而已】。

五、曾子曰：以能問於不能，以多問於寡。有若無，實若虛。犯而不校。昔者吾友嘗從事於斯矣。

〔人品格之德行有五。三：心態態度〕

有關「吾友」，傳統以為指顏淵，然無實據。《論語》除以「或人」指不定名者外，鮮隱匿姓名，故子游於「吾友」後仍標明為子張：「吾友張也」〈子張〉。本句隱匿友名，我們猜測因為有子（有若）自己，故如其編訂《論語》，都盡可能隱匿自身。事實上，句中「有若〔無〕」已暗示為有若自己；其編纂《論語》之德行，確是「有若無，實若虛」。又與曾子歲數相近、及同為師，故為曾子稱為「吾友」最為恰當。句所言內容，故可視為有子之為人、其人之正確描述。

心態態度品格，與對事對人有關，主要體現在三方面：一、居上時之心態態度；二、對己「有無」之心態態度；三、對犯己者之心態態度。

若非上下不對等或有事發生（利害關係），鮮有態度上品格問題。對上或對人恭敬因本於禮，故不能視為品格。然若「以能問於不能，以多問於寡」，即自己為能者或多者仍能謙下地問於不能與寡者，【故類如「富而好禮」】，絲毫無所自視，如此則明為人之品格，無自大自視故。能對不能或寡者謙下，已非只恭敬，實已為對弱者或居下者「讓」之心。如是氣量，已為一種對品格之自覺。而若非對人而單純對自己之所有所無，如前對自身身體那樣，其品格由「有若無，實若虛」見。「有」指所有、「實」指所是，無論從能力見識抑從地位權力言均可。對有而視為無、對實而視為虛，不恃強、不持有，如是對有無之態度，亦明為人一種品格、為其存在態度上「居後」之氣量。若不從對人與對己所有言，人品格更見於受侵犯時。於侵犯前，人難不敵對甚至態度鄙陋。能對侵犯者毫不計較，「犯而不校」，這多麼是人之品格德行。【校，計校。「校」不應解為報，《論語》已有「報」一詞。若為「犯而不報」，可只因善良或不欲持續傷害，未必為品格，不計較始是】。受損而不計較，如此胸懷，明為人品格德行。從心態態度言之品格，莫過於以上三者。

本句因涉能與不能、多與寡、有與無、實與虛、以至犯而不計較，非只外表上之事，故所言是人心態態度上之德行、其品格。

六、曾子曰：可以託六尺之孤，可以寄百里之命，臨大節而不可奪也。君子人與？君子人也！

〔人品格之德行有五。四：人格〕

從人格言之品格，非指作為君子（真實之人），後者在「食無求飽、居無求安。敏於事而慎於言。就有道而正焉」〈學而〉。「君子」是從人自身對自身實行方面（生命人格）言，然從品格言之人格，則與外來發生事有關，並針對此而言。曾子故說：「可以託六尺之孤，可以寄百里之命，臨大節而不可奪也」。「六尺之孤」言童子喪父母。傳統解為國之少君，但若單純視為對比用，實無須如此。可託養六尺之孤、亦可寄以百里之國，換言之，無論事大小，均能有所擔當，此即人格所在。「臨大節而不可奪也」更明白說：對大難之承擔，至死不渝，此人格之偉大。正因事難而大，如此格力故非一般所能，亦曾子補充說：「君子人與？君子人也」，意謂能如此之人，難道非人一般？事實相反，正因仍只是人，如人一般，始顯其人格之特殊；若與人一般本有所差異，那便非人格之偉大。此人格品格之德行。

七、曾子曰：士不可以不弘毅。任重而道遠，仁以為己任，不亦重乎？死而後已，不亦遠乎？

〔人品格之德行有五。五：心志〕

在身、外表、心態態度及人格後，從人最內在心志言，曾子對其品格作如下說明：「士不可以不弘毅。任重而道遠，仁以為己任，不亦重乎？死而後已，不亦遠乎？」〈述而〉「志於道」〈里仁〉固然為志本身道理，然如「人格品格」非只「君子之道」那樣，對志品格之說明，亦不能止於自身之志，故非只士無「恥惡衣惡食」〈里仁〉等而已，更須從如「任重而道遠」及「死而後已」言；換言之，須從志承擔他事時之「弘毅」、其「任重」與「道遠」言。志之品格，故非唯在志向甚麼，更與人怎樣承擔時之志力有關，而此由其心之弘大與堅毅見。若只顧盼眼前利益，心志必狹隘，是無以言品格者。弘大堅毅之志，必對向仁之實現、以仁為己任（所擔負者）。其弘大從「任重」言、其堅毅則從「死而後已」見；一者為志之重、另一者為志之遠，二者所顯為志之品格。志若非如此，是無以言品格者。【有關人對自身志之堅毅，則見下〈子罕〉二十六至二十八句】。

德行其首先，故為人自身之品格，非與貢獻、亦非必與善事有關。

*

從在世存在言之德行，主要有四方面：一、「人類存在」本身之德行理想，而此即「文」；二、人對美惡反應之德行；三、為仕之德行；四、「自我」之德行。四者道理必然：一、人類存在之德行理想至為客觀而重要，故必須首先說明；二、作為現實，世間必有好惡，而好惡之反應又多無道，故應有其德行之教訓；三、人人必為事，《論語》故借從政或為仕者指點人於為事中應有德行；最後，四、人人所以缺乏德行，多由自我之任意任性所致，對人其自我德行之教誨故必須。與存在有關德行雖多，然主要亦以上四方面而已。

八、子曰：興於《詩》，立於禮，成於樂。

九、子曰：民可，使由之。不可，使知之。

〔人於世存在之德行有四。一：人類存在之德性理想：「文」之致力〕

人類存在德行理想為極重要問題，《論語》以兩句對如此龐大問題作總論。我們先對存在作一總體勾勒。

存在由人與物構成，「人」有個體與共體兩面。存在畢竟以人為依歸，故其道應立於「人性」，以人性為道。從人方面言為「性」，從存在整體方面言為「道」。道亦人性而已，即猶人感受所本然具有性向而已。性與道二者如是實一體，亦涵蓋存在一切面相。若從「人」與「物」這劃分言，人道在「禮」而物道在「義」（物事需要），二者同為必然。然若從「個人」與「共體」這兩面言，由個人以至天下，其德行終極在「仁」，「天下歸仁」〈顏淵〉是從此言。「仁」其切近實行為「立人」「達人」，後者如安人、事人甚至孝悌等德行，均本於人性需要，其相互對待亦須人性。仁雖為存在德行終極，然始終只人人個體事，若從「共體機制」或「共體德性」言，則為「禮」與「文」。【禮從屬文下，為廣義「文」之其二】。「禮」與「文」故扣緊人甚至人類共體言，其為制訂本於人性，故為道之具體落實。

「文」涵攝三方面：「興於《詩》，立於禮，成於樂」。「文」之教育（學文或文學）由《詩》而啟始，《詩》實即人性之興發與教導而已。「文」實行於事與人即「禮」，【此孔子「以禮」意思（如「為國以禮」）】，人與事之交接故由禮而成。在事情行作外，若從制作（如人文創制）方面言，則為「樂」。「樂」涵攝共體一切創制，其終極在存在之悅樂。無論從文之興發（「興於《詩》」）、事與人之對待與成就（「立於禮」）、至如人文創制（「成於樂」），存在故均以「文」而非「物」（之發展）為正道，人性之建立始終根本故。物質開發唯從「義」之必需言，存在始終應先在人，由「文」（《詩》、禮、樂）而成仁。「文」故對反「藝」（科技技術性存在），為人作為人存在之本。「文」如是為客體及共體存在理想，其根據在人性。「興於《詩》，立於禮，成於樂」是從此言為存在首先德行。

《詩》、禮、樂故為「道」於人類共體之落實。《詩》為「文」（人性道）教養之代表、為人心之興發、亦為人「學」之立（教育）。「禮」則「文」於共體間之體現，既關乎人與人、亦關乎人與事。其本人性（如敬、和、與情感），因而非只外表態度。最後，人性因以悅樂為終極，一切創制故成於「樂」。樂為存在悅樂之文、為人心所寄懷、亦為存在意義依歸。所以能如此極致，因非任隨個體自我，而純由為人性。「存在」或存在之文，故由《詩》、禮、樂三者成就。

事實上，人類存在實由三個面相構成：一、經濟或物質生產（存活層面）；二、維繫人與人之社會羣居（共體層面）；三、人類作為「心靈存在」（性靈層面）。一者使存活可能；二者使共存有其秩序；而三者使人類得其性靈寄懷與生命悅樂。然於今日，三者一以資本之競爭生產為體；二由法律與政治制度取決；而三只知識之追求、或宗教與藝術對虛構之崇尚；三者都非與人性有關，此存在所以異化而虛無，均物性格故。如法律制度，都唯從財物與私有、及自我人權言公平正義而已，非求為人性。【人權也只自我之相對政治社會，與人性真實無關】。在這樣存在下，「經濟」非求為人民足養，只求為物質富有；「藝術」若非寫實地負面，也只技藝之求索或自我意念之虛想與情愫，非求為性靈之寄懷或存在人性美之啟導；「宗教」甚至更轉移人倫意義於超越者身上，無以使人對人性人倫覺醒，使心平實而安；「知識」因順承現實利害，甚至只為國家求為強大，故往往與仁背道而馳；「哲學」也只順應現實，非求為正道之思。如此存在無法成就或回歸人性真實；其非人類存在理想由此。存在之物質化、價值之金錢化、現實之權力力量化、性靈之自我虛偽化，均指向人性之泯滅，無法以人倫或人性關係為意義。此所以存在無道。若明白這一切，那「興於《詩》，立於禮，成於樂」之存在理想，其意義實重要而深遠。

若「物質存活」之人性在「義」，那「共體」與「性靈」之人性一在「禮」、另一在「樂」，均屬「文」之體現。「文」為存在最為人性溫和之維繫，亦由「文」「居後、後素」素養而為德行。存在所以為德行，純由人性及其禮讓居後之性向、由再非自我地存活而致。「存在」一切層面：從人自身、人與人之共體、至對天地萬物之化育與創為，故唯由「文」其人性始美麗並真實。此「興於《詩》，立於禮，成於樂」之意義。【有關禮樂之道，其人性與「居後」「後素」德行素養，請參閱〈八佾〉】。

正因存在之道唯在此，故上位者於百姓所應致力亦唯在此，此「民可，使由之」意思。然若無能於民中實現，仍須使人民知曉其道理，此「不可，使知之」意思。《詩》、禮、樂之意義始終根本，為人性道之唯一落實與體現。無論是使民「由之」抑使民「知之」之努力，故本身已為德行。從人類存在言德行理想，首先在此。

十、子曰：好勇疾貧，亂也。人而不仁，疾之已甚，亂也。

十一、子曰：如有周公之才之美，使驕且吝，其餘不足觀也已。

〔人於世存在之德行有四。二：對美惡反應之德行〕

繼人類存在本身，與存在有關德行亦先見於人對美惡之反應。《論語》所舉例子有二：一相關於對處境或對人之厭惡、另一相關於自己所有美善。

「好勇疾貧」所言，為人對自身貧困卑下處境之厭惡。「疾」言憎惡之甚。對如此厭惡因恃勇無所忌憚而亂，甚或於見社會中不仁因疾甚而造成亂象（「人而不仁，疾之已甚，亂也」），如以自身為出於正義那樣，其致亂始終有害，均非德行。能於憎惡前不致亂、對自身所惡縱使有勇而不妄作反應，實已是人（於世存在）之一種德行。無論自身處境怎樣、無論所對不仁如何，人都不應把自身感受強行於外，以此為必然正義而不察一己所造成混亂與傷害。在為惡與致亂兩者間，無論緣由為何，實一線之差而已，以為有所理由、甚至有所正義而已，事實始終同樣無善而有害，如「攻乎異端，斯害也已」〈為政〉那樣。惡非唯從主動言，對抗不善而有妄作反應亦同樣為惡。於憎惡前之反應，故實仍有是否德行問題。

相反，若一己有較人更美善處，如能力較人優異，縱使其所優越如「周公之才之美」，仍不應恃才傲人而驕。縱使如周公於禮樂才能之美善，然若「驕且吝」，始終「其餘不足觀也已」。「其餘」所言，為在此禮樂能力本身外，其他一切與人與事有關者、甚至其人與事所有優異，實無足以觀：既不再美、亦再無善。對一己才能之美有所驕態，始終有違人性和諧與感受；若更而有所吝嗇，不以所能為他人而善，只為顯己之自我，如是能力與姿態，都只狹隘甚至鄙陋而已，再非為美善。對一己所能才幹、對一己優異，故仍須先從不驕而切實為人之善言、從有所德行言，否則，縱使如「周公之才之美」，仍只「其餘不足觀也已」而已，非真美、非真對人善。

無論有所厭惡抑有所美善，都仍須有所德行。此人於存在中、在美惡前之德行真實。

十二、子曰：三年學，不至於穀，不易得也。

十三、子曰：篤信好學，守死善道。危邦不入，亂邦不居。天下有道則見，無道則隱。邦有道，貧且賤焉，恥也。邦無道，富且貴焉，恥也。

十四、子曰：不在其位，不謀其政。

〔人於世存在之德行有四。三：為仕之德行〕

因為仕或為事為人人於世間必然而基本，其德行之討論故亦重要，人多只現實故。為仕之德行有三：一在俸祿問題、二在行為原則、三在其職能權力。由三者見為仕之德行。

人為事多以求俸祿為目的，子張便曾「學干祿」【見〈為政〉】。能「三年學，不至於穀」，換言之，非以俸祿為目的，明顯為德行，亦實「不易得」。【參考〈憲問〉：「邦無道，穀，恥也」】。非為富貴利祿而仕，如此求學始真實，亦為仕者首先德行。雖似只個人自己事，然能如此，其為事始誠於事之真實、始真正為事而仕，非求為俸祿富貴而已。

至於為仕行作原則所言之德行，主要有五：一、為仕者對學之態度必須真實，此「篤信好學」所言；二、為仕者必須以善道為原則，不能因借口理由而去善，此「守死善道」所言；三、為仕者之行作必須謹慎，視情況而行，此「危邦不入，亂邦不居」所言；四、為仕者更應有「為與不為」之原則，此見其正(有道)，故「天下有道則見，無道則隱」；最後，五、為仕因非任憑自我、也非求為穀祿，故「邦有道，貧且賤焉，恥也。邦無道，富且貴焉，恥也」：邦有道而不出仕，恥也；邦無道而富貴，亦恥也。以上五者實環繞為仕者之真實性、其德行言。從學之努力、善之原則、行作之謹慎、就有道而正、至為仕之真實，非為所得或自我，實層層遞進地指出為仕者所應有真誠。此為仕者德行所在。

最後，為仕之人更應有一基本德行：不濫用其權力、不踰越其責任範圍。「不在其位，不謀其政」中「位」既涵權力範圍、亦涵份位責任。為仕者不應借助其職能位置與所有權力謀取非其份內事，更不應以其權位僭越其所是而干預非其份位者。換言之，為仕所應有覺識、其德行所在，只事而已，非權力力量。人多利用職能份位或權力以圖得、以驕視於人。能安守其職份、不以權力為尚，始為仕者之德行。一旦有對權力力量之好，實已非為德行，此為仕者是否真實之根本。故社會越多權力關係，其中真實作為者越少。人越是權力姿態，越是無所德行。故能單純講求能力之真實、無求為權力，這實已等同作為者之德行了。此所以孔子說：「不患無位，患所以立」〈里仁〉。

十五、子曰：師摯之始，〈關雎〉之亂，洋洋乎盈耳哉！

十六、子曰：狂而不直，侗而不愿，悾悾而不信，吾不知之矣。

十七、子曰：學如不及，猶恐失之。

〔人於世存在之德行有四。四：「自我」之德行〕

人於世德行固然須從存在整體、從美惡反應、及從為事言，這些均為德行基本面相，然德行更與人自我有關，自我只講求自我，故往往與德行相悖。「自我」所以與德行相悖，最是從三面言：一欲望、二對自身不是之執着、而三自大而不學。欲望、固執於不是、不學三者，為自我自外而內之流弊。

有關面對欲望之德行，孔子舉師摯演繹〈關雎〉為例：「師摯之始，〈關雎〉之亂，洋洋乎盈耳哉」。《詩・關雎》言情愛，情愛為人欲望至強烈、至不能自已者：「窈窕淑女」使人「輾轉反側」。詩以君子最終沒得其所愛教人：縱使為欲望，亦不應有佔有之心；詩終君子只期盼能「琴瑟友之」「鍾鼓樂之」而已，非必擁有。詩首段以雎鳩鳴聲興起，以雎鳩喻情愛之專一與和諧，教人見「關關雎鳩，在河之洲」景象之美。魯樂師摯對此音樂上之詮釋，如詩終段〔亂〕「琴瑟友之」「鍾鼓樂之」心懷之美那樣，首尾均洋溢着心因不圖擁有而有之寬廣懿美，此所以孔子讚歎說：「師摯之始，〈關雎〉之亂，洋洋乎盈耳哉」。《論語》借此說明：於所愛所欲前只求為美善、不圖擁有佔有，如此德行，多麼懿美。「洋洋」所指，為如海洋般寬廣，亦孔子所以感動至如「盈耳」地步。人於欲望而仍能如此寬廣，只求以「琴瑟友之」「鍾鼓樂之」、非為佔有，實為其自我於欲望前之德行體現。

除欲望外，自我對自身不是之執着，亦最易違德。孔子舉狂、侗、悾悾三者為例。「侗」如僮，指幼稚無知、未成器者；「悾悾」，誠愨，言貌似誠實厚道者。之所以從人性情之不是言，因一般作為上過失必須改過，非如性情之過與人自我有關、易於隱匿。狂者〔因自我而〕自大；侗者〔因自我幼稚無知而〕狹隘；悾悾者雖為狂、侗二者之相反，貌似誠實厚道，然正因如此，其自我因隱埋於外表後實更易落為固執。對由自我性情而致之不是，除非有所德行，否則無可取。狂者故唯能正直（因正直而狂）、侗者唯能知謹慎（知自身無知而謹慎）、悾悾者唯非只外表而有可信實，否則三者再無可取，其自我只固執於自身之不是而已。三者德行是從此言。「吾不知之矣」是說：不知這樣之人再能成就甚麼。人其自我若執着於自身之不是，狂而不直、幼稚無知而不知謹慎、只貌似誠實厚道而絲毫無所信實，如此自我之偽，正因無所德行再無可取。

最後，因自我多自視、自大而不學，而學又為人人最基本德行，故（相對自我言）若人能對學「如不及」、並有「恐失之」之心，如是對學之態度，實已為其人之德行：相反一般自我之自大或慵懶故。知積極發奮之人，非只自我而已，實已有所德行。

以上三點，為人自我德行問題。孔子所言人對己應有重視：「君子不重則不威。學則不固。主忠信。毋友不如己者。過則勿憚改」〈學而〉，實與此自我德行問題有關。

*

德行問題之最後，即君王（上位者）之德行。君王德行既與民有關、亦對人有至大影響。縱使為君王，其德行仍非先從博施濟眾偉大事業言；《論語》所列舉唯以下四者而已：一、君王自身之努力；二、其體察與虛涵之廣大作為；三、其用賢與不自居之謙下；四、其不在乎自身所有與所得。一從自身、二從對天與天下、三從對人、而四從對己所得（對事物）。君王德行故是從以上四方面言。

十八、子曰：巍巍乎舜禹之有天下也，而不與焉。

〔君王之德行有四。一：以自身德行努力得天下〕

有關君王其人自身德行，孔子舉舜、禹為例。傳統從禪讓解，只因所舉正為舜與禹而已，然此實與孔子意思正好相反。「與」應單純解為給予，【見〈學而〉：「而不與焉」與「求之與？抑與之與？」】，於此亦指他人給予。孔子所欲指出是：如舜與禹之得天下，雖表面為禪讓，然實仍只由二人自身德行努力而致；二人之得天下，非不應而得、非單純為人所與而已：「而不與焉」。孔子意思故是：正因二人所得為天下，若非單純他人給予，這已代表，二人於自身所曾作努力與德行多麼地大，致為人給予如天下之事。所以為自身內在德行努力，因若其努力為向外之謀取，句應言「求」之、非「與」之。縱使為君王之得天下，其得也首先在其自身內在德行努力而已，非在其他外在表現或求得。從自身努力言德行雖似微不足道，然這正是其所以偉大之原因。如此偉大甚至有如天之高遠，大而無其所以為大，此所以為「巍巍乎」（巍，高也）。縱使為君王，其首先德行唯在此而已、在自身德行努力而已。

十九、子曰：大哉堯之為君也。巍巍乎唯天為大，唯堯則之。蕩蕩乎民無能名焉，巍巍乎其有成功也，煥乎其有文章。

〔君王之德行有四。二：則天無名之作為〕

若舜禹之偉大在其個人自身德行努力，那堯從作為言之偉大則在其對天之效法。天之德行在日月雨露自然之滋養、在生生而無刻意創為，如〈陽貨〉所言：「夫何言哉？四時行焉，百物生焉」。堯所以偉大，故在其順承天道與人性、於世間使文之彰顯明白而顯赫；其成就雖高遠，然民始終無能名其作為。堯之則天、其成就之大，故絲毫無人為刻意在、更無以一己（自我意欲）對逆人性與天道，其大所以「巍巍乎」（巍，高也）在此。此君王「於作為」應有德行：如天般（則天）

「蕩蕩乎〔民〕無能名焉」。

二十、舜有臣五人而天下治。武王曰：予有亂臣十人。孔子曰：才難，不其然乎？唐虞之際，於斯為盛，有婦人焉，九人而已。三分天下有其二，以服事殷。周之德其可謂至德也已矣。

〔君王之德行有四。三：用賢而謙下〕

除作為外，君王之德行更在用賢與謙下，如舜與周。有關用人，本句指出以下一事：縱使重要如治國，仍非以多人始成事，關鍵反而在人才素質、非在多寡，此所以說：「舜有臣五人而天下治」。而對武王之說：「予有亂臣十人」，孔子之反應有二：一、縱使十人，然因有文母在，故實只九人而已，仍非為多。【文母為武王母，雖同參與政事，然嚴格言非為臣】。二、相較唐虞時代而得九人雖算人才鼎盛，然武王自稱有臣十人不已表示：真正人才實難得。【「才難，不其然乎？」更明白指出：如人才一事，無論十人抑五人，實已極為鼎盛。反觀人類任何時代、地域或層面，如思想、政治等，若見有一二真實才幹之人，已算其時代地域之萬幸。真實人才實難得難見，此始為常態。故有十人甚至五人，其人才已極鼎盛，再無更好情況。句所言故非偶然事實，而是有關人才之規律：能見如五人，實已是極難得事】。換言之，若治理非靠人多而以人才，那君王德行不正在知賢而用人而已：一非在獨攬權力、而二在確知人而用。君王之德行，故非必從其自身作為、更可從其知人而用言。此君王德行。

其次是：如周之已得天下三分之二而仍「以服事殷」，謙下不自居其大，如此毫無僭越之心，故實為至德。【無論泰伯抑周，其所以為至德，在讓而已】。若本句前段言用人（對下），後段則言對上，都為君王對人之德行：對下知用賢、對上知事人，毫不以權力行事、亦毫無僭越之心，此君王對人之德行。

二十一、子曰：禹，吾無閒然矣。菲飲食而致孝乎鬼神，惡衣服而致美乎黻冕，卑宮室而盡力乎溝洫。禹，吾無閒然矣。

〔君王之德行有四。四：不求為己〕

有關君王德行，孔子最後從物事（一己所得）言，舉禹為例。縱使為君，禹從不求為私有而取得，故「菲飲食」、「惡衣服」、「卑宮室」，非其不知祭祀飲食之盛、非其不知黻冕祭服之美、非其不知宮室之麗，不求為己、盡為民而已。其於物事與一己所得之德行如此。

從以上可見，君王無論多極致，其德行都非從偉大事業方面言：或只個人德行努力、或只效法天無刻意作為、或知人而用並謙下、或絲毫不為己所得。君王之德行，在如此自己而隱微而已。

以上四者，實亦君王其道之四方面：一、如何成為君；二、治理之道與方法；三、用人與對待其他君主（他國）；四、公私間之取捨及不求為己所得。從此點言，以上四者，實同為治道之德行。

*

無論德行多麼根本而重要、多麼是儒學與中國傳統之本，德行實先只每人自己事而已，甚至非如孝悌忠信那樣與他人有關，更非一般所言道德（眾人之事）。其不為人所知，正由於此。德行之基礎，在人自己而已、在人對其自己作為人應有懿美之自覺與努力而已。德行、或人其所以偉大，在此；孔子多次以「至」言德，其原因亦在此。

公元二零二一年一月五日修訂

子罕

論自我　並兼論孔子

有關自我德行，〈泰伯〉從欲望、自我執着、及學言，三者確為自我問題之三方面。〈子罕〉故亦如是，唯最後殿以自我努力為結束。因「自我」其正在「無我」，故〈子罕〉以孔子為例，對「無我」道理作說明。若從編排言，〈子罕〉論述孔子其人，那〈鄉黨〉則論述孔子生活，兩篇可視為對孔子個人之傳述。【篇以〈子罕〉名，既有對孔子個人之提及、亦借「子」一詞指點人之個體性、其「自我」。「罕」字反此，故可視為「無我」或「無自我」之隱喻。此〈子罕〉篇名意思】。

「自我」問題所以重要，因人若非為「人性」，便只為「自我」。雖稱為自我，然因見於人人、甚至見於禽獸，自我故仍如本性般普遍，唯非如人性使人「相近」，而是「相遠」，【見〈陽貨〉：「性相近，習相遠」】，換言之，人人之作為自我均求為與人差異、求為突顯個人獨特，致成私心而彼此相遠。「自我意識」甚至為「我」「他」敵對之所由、為動物性「自我保存」之昇華。由於西方或現代世界唯以人為「自我」（非為人性），故而更對人其「人性」（人性善）予以否定，故唯由「無我」，人始返回人性而正，否則只能如佛洛伊德對自我本能（死亡本能）之深層分析，「自我」與「他者」間必然處於對立甚至毀滅性關係，人類注定無法人性地和睦，而此即所謂「現實」，為人與人敵對對立、及人性惡之世界存在。然作為性靈，人始終有對「人性」覺識可能；故對其自我，應從「無我」之德行教誨。「無我」非盲目地無自我，而是對自身作為人之更高覺識。反而「自我」因只從相互對立言，無更高獨立覺識，故〔如鏡像般〕受制於彼此而為奴性。〈子罕〉所言道理，於「自我」問題故而深邃。

因自我只言「我性」、只一種思想或意識存有，無須為人或人性，故講求神性超越性之西方，唯以「自我」為本，「人性」本無神性故。【上帝與一切「理性存有者」均「自我」或「我性」而已，然非作為人】。大部份文明均如此，故失卻「人性」這唯一真實。中國相反：以自身為「人」〔人性之人〕與以自身為「自我」，實兩不同事：「人性」使人相近，「自我」只使人相遠，其為社會只充斥着對立與疏離，人倫意義之重大，由此。

「自我」雖多從對向他人言，然若對向自身，「自我」作為人「自己」，實仍可真實；〈子罕〉故既從「自我」之「無我」、亦從「自我」對向自身時之真實言。以自我為姿態若為偽，那切實之自己仍可為真。若對向外應言「無我」，那對向自身則應以自我努力為主。若非為努力，人其我無以為真實。此外，真實之自我仍有平素德行、志之立、與作為主體之極致等致力方面，此〈子罕〉最終主題。

〈子罕〉之分組主題如下：

〔論無我〕

一、自我與無我之基本向度（一至四句）

二、對己之無我（五至九句）

三、對人之無我（十至十二句）

四、存活與生命作為中之無我（十三至十六句）

〔論自我之真實〕

五、真實自我引論（十七與十八句）

六、真實自我：對向自己時努力之層次（十九至二十三句）

七、真實自我：對向存在時真實之自己問題（二十四至三十句）

*

一、子罕言利，與命，與仁。

〔自我與無我之基本向度有四。一：為己存有〕

〈子罕〉首句，指出成就自我之一般理據，而此即在利、命、與仁三者，其正即從無我言，換言之，「罕言利，與命，與仁」。成就自我之理據，在自我求為己之方面，而此明顯有三：一為利益、二為個己性命、而三為自身所優異而為人稱羨地方，後者於孔子因即仁，故舉仁言，為人個己所視為最重要者。若自我欲望為之後之事，那求為自我之首先，莫過於以上三者：與自身有關利益、自身性命、自身為人稱羨或可稱譽之處。若於三者言無我，故即不講求利益、性命、及不言一己所優異，視三者如與己無關，此所以「子罕言利、與命、與仁」。【不言禮而言仁，因禮畢竟是人與人之事，非如仁（或君子）只為個己事，故更如與自我有關。又在仁與君子二者間，仁更是獨特、更是終極德行】。

傳統（《論語集解義疏》）從「希言」及「希許與人」解「罕言」，故唯把「利」字昇華為元亨利貞之利、命為天命、而仁為「行之盛」，三者由其高遠難測，故孔子罕言。如此解釋穿鑿附會，毫無意義，亦與後文無關，更違「仁」可只為「己欲立而立人，己欲達而達人」〈雍也〉德行之中庸者。

二、達巷黨人曰：大哉孔子，博學而無所成名。子聞之，謂門弟子曰：吾何執？執御乎？執射乎？吾執御矣。

〔自我與無我之基本向度有四。二：功成名就〕

若人不應為利、命、仁而執持自我，人亦不應視成就為與己有關。達巷黨人之讚歎，非唯孔子博學，更在其無自我之執：「博學而無所成名」。達巷黨人故非唯從外在成就，更知人德行之偉大；甚至，其讚美非在孔子面前諂媚，《論語》所記故為孔子事後聽聞之事：「子聞之」。達巷黨人其對人之識見故真切。然孔子對此之反應是：「吾何執？執御乎？執射乎？吾執御矣」。「射」「御」為職能份位之標示：「射」指統領他人之職務、「御」則指服務他人之事（如為人駕御車馬），一者居上、另一者居下。孔子之「吾執御矣」故言其心非有求居人之上，只求服務於人之下而已。於此故仍見孔子無我之心。正因無執（「吾何執」），故孔子不為自我所限，其博大由此。人其博大，實先由無自我而已。此不應求為成就時之無我。

三、子曰：麻冕禮也。今也純，儉，吾從眾。拜下禮也。今拜乎上，泰也，雖違眾，吾從下。

〔自我與無我之基本向度有四。三：主從關係〕

除自我所是與成就外，自我作為姿態往往與跟從不跟從人（他人自我）有關。【〈陽貨〉所言：「近之則不孫，遠之則怨」亦明白為一種姿態，由拒絕或否定而顯示自我。自我故往往以「不順從他人」這樣方式表現，其背後毫無真正理由】。對從與不從，《論語》故從「從眾」與「違眾」言。眾為社會其大自我，故從與不從更顯人對自我之肯定，其傲視姿態。

「拜下禮也。今拜乎上，泰也」言臣於下堂後再拜之禮。於其時，人因自我驕泰故只「拜乎上」，再無下堂後再拜之禮。自我只求為順己，非考慮禮真切意義。孔子故「雖違眾，吾從下」，即孔子仍依從禮，於下堂後再拜，其所行故違眾人自我姿態。拜下為謙下、亦為去自我之舉。孔子明其義，故始終拜下。然因「違眾」於一般人往往又為一種自我姿態、只求為與人相反，《論語》故又舉「麻冕禮也。今也純，儉，吾從眾」一事，以說明孔子「違眾」非出於自我，更是由於客觀原因。故在似「違眾」事實外，更有由「從眾」而無自我之真實。以麻為冕雖為禮，然改用

「純」（絲布）可儉約，為德行，故孔子「從眾」。

由二事可見，孔子始終非有自我之心：其行必有理，非為自我而一味「違眾」。眾人改制若有其客觀意義，孔子不會堅持自己；然若只由於自我之驕泰，無論多麼是眾人（人人）之舉，孔子仍不依從。孔子之行、其行之無我，故只由客觀意義，與是否大多數或個人自我無關。孔子既不盲目跟從他人自我、亦不固執一己自我，其無我（自我）純然由於原因之客觀真實而已，非有其他。「吾從眾」故言對向他人而無我，而「吾從下」則言對向「自我」而無我。兩者始終真實。故雖「違眾」而似有自我，然因「從下」，故仍謙恭，非自我地驕泰。無論是一己抑他人自我，孔子均只無我而已，其我之真實在此。

四、子絕四：毋意、毋必、毋固、毋我。

〔自我與無我之基本向度有四。四：心意想法之主觀性〕

除以上外，自我往往與人執持一己想法或主觀性有關。「子絕四：毋意、毋必、毋固、毋我」中最終「毋我」二詞，聚焦了一切。「意」指想法、一己之意；「必」指必然如此，為人價值上主觀認定；「固」指固守執持某些事實方面，如自身過往背景或習慣，甚至一己時代與習俗；最後，「我」明白指「自我」，人盲目自己之一面。四者為人自我心意一面，與道與仁等客觀必然性無關。孟子在〈萬章下〉第一章亦關涉類似問題。孟子舉伯夷、伊尹、柳下惠與孔子四人作比較，而指出：從伯夷強調自我至孔子之完全無我，實為人面對世界存在之四種極致樣態。前三人雖亦聖，然始終未如孔子那樣絕四：伯夷仍有「必」有「我」、伊尹仍有「固」、柳下惠則仍未能去「意」。【柳下惠之不在乎一己亦不在乎對方雖因而能達至最高和睦，然始終只一己之意而已。「意」於此非言任意，而是一己主觀處事方式】。而孔子所以為「聖之時者」，正由於不再執着哪一方面，而能純就事情之客觀、純視乎對象之是否真實而為，既不單純在己、亦不單純在人（其自我），故無想法、價值、甚至自我等執着。孟子對孔子「聖之時者」之形容是：「可以速而速，可以久而久，可以處而處，可以仕而仕」。孔子之絕四故非只負面，更是「可以」「可以」時之正面。速如意、久如必、處如固、仕如我，全在乎客觀是否「可以」而已。「意、必、固、我」故為人主觀虛發面相，而「利、命、仁（優異處）」則自我之實。自我之實在身，虛發之我在心。能絕一己虛發主觀性、去思想想法之任意、固執與自我，此孔子所以純然真實。人思想想法不能真實，往往由此。

＊

有關自我與無我基本後，〈子罕〉對無我作進一步具體說明，此分三面：一、對向自身所有所是；二、對向他人；三、人存活與生命作為。一單純自己、二在他人前、而三與己存活作為有關。

有關第一面，從人自己言自我，都與能力、知識等有關。〈子罕〉細分為五：人客觀成就、其一般能力、其特殊技藝知識、其知見認知、及其一己所有所是。五者為人對其自身（自我）之認定。

五、子畏於匡，曰：文王既沒，文不在茲乎。天之將喪斯文也，後死者不得與於斯文也。天之未喪斯文也，匡人其如予何？

〔對己之無我有五。一：成就〕

有關匡人圍殺孔子一事，包咸注說：「匡人誤圍夫子以為陽虎。陽虎嘗暴於匡，夫子弟子顏匡時又與虎俱往。後匡為夫子御，至於匡，匡人相與共識匡，又夫子容貌與虎相似，故匡人以兵圍之」。

「夫子之文章，可得而聞也」〈公治長〉。無論從禮樂抑從《詩》文學，孔子之聞望、其為人所識見之成就在「文」。本句故借孔子被圍於匡一事，表述孔子對自身成就之看法。借圍於匡一事說明，因所言非唯孔子對自身成就之不自居，更是其以「文」之成就與個人自我無關。這無關有兩面：若從內容言，「文」本於人性事實，與孔子個人無關；而若從事實言，人性事實更在人人身上，故亦與孔子個人之存在無關。孔子甚至指出：一切客觀事（創為），終究言，實與任何個體自我無關。「文」故非但與孔子無關，更不能視為文王成就，此：「文王既沒，文不在茲乎。天之將喪斯文也，後死者不得與於斯文也」意思。換言之，事物所以能存活於其創為者逝沒後已表示：如此事物本有其客觀存在之必然，人頂多只促成其實現而已，是不能視為創造者或作者。就如科學所發現，實只自然界本有事實，非由人所創造。若「文」非本然、若天有意喪「文」，在文王逝沒後，任誰都再無以能對「文」覺識。孔子自我與存在，歸根究柢故與「文」其真實與事實無關：「文」或一切客觀成就，故不能視為個體自我事。無論匡人對孔子怎樣，就算孔子死於匡人之手，都無改「文」存在事實，後者由天、非由人。故「天之未喪斯文也，匡人其如予何？」。

一切成就，故實與任何個體自我無關。自我只行個體事，非能為客觀真實事其創為者。相反故亦同：若真由個體自我所創為，是無能為客觀地真實。「文」始終不會因孔子或匡人而喪失。

本句不應如傳統解釋，以孔子為文（天）之傳人，故匡人對孔子奈何不得。如此解釋反顯孔子自大而已、以孔子為如子路般徒匹夫之勇而已，與「子畏於匡」所言「畏」一事不合。請亦參考〈先進〉：「子畏於匡，顏淵後。子曰：吾以女為死矣。曰：子在，回何敢死」。

六、大宰問於子貢曰：夫子聖者與，何其多能也？子貢曰：固天縱之將聖，又多能也。子聞之，曰：大宰知我乎？吾少也賤，故多能鄙事。君子多乎哉？不多也。

〔對己之無我有五。二：生活或生存能力〕

若客觀成就與人自我無關、不應為人自我肯定，人一般能力亦同樣。

這裡所言能力：「多能」，若對比下句「藝」（特殊技能知識），應指生活或生存一般能力，故與「吾少也賤」有關。

大宰之問：「夫子聖者與，何其多能也？」傳統解釋為「聖人務大，不應細碎多能，故問」，即大宰「疑孔子多能於小藝也」，見《論語集解義疏》。然若如此解而孔子只針對多能回答，孔子即似默認聖者一事，有嫌自大。《集解》亦引欒肇云：「周禮百工之事皆聖人之作也，明聖人兼材備藝過人也。是以大宰見其多能，固疑夫子之聖也」。雖無須從百工事解，然欒肇以大宰所認為聖者，為由多能所致，如此理解較正確，亦孔子單純解釋自身何以多能之原因：即多能者與聖無關，只因「吾少也賤」而已。事實上，如「夫子聖者與」，《論語》句法均為單純正面之問，非質疑而否定。若如傳統以「聖」與「多能」相背因而質問，那句法應為「夫子非聖者與」，如下列質疑例子那樣：「唯求則非邦也與？」「唯赤則非邦也與？」〈先進〉、「先事後得，非崇德與？攻其惡，無攻人之惡，非脩慝與？一朝之忿，忘其身以及其親，非惑與？」〈顏淵〉、「管仲非仁者與？」〈憲問〉。「夫子聖者與？」故為單純因孔子多能而問其是否因此而聖，非因多能而質疑其為聖，此始《論語》句法。此外，讀者亦宜注意：《論語》獨此處用「聖者」，非如他處用「聖人」。大宰不應對德行有所關注，其言「聖者」，應解對事精通、造詣極至者，非言修養品格之造乎極地。其問故是：孔子之多能至如精通地步，是否確然為聖者，故問於子貢，亦孔子所以單純針對多能回答之原因。

大宰以「多能」為「聖」一事，實歸究於人「其自我」獨特，以自我之大能、多能為其極致。子貢之回答：「固天縱之將聖，又多能也」把大宰所言一分為二：孔子確為天賦獨特德行而聖，然此與其多能無關，非因「多能」而為「聖」。子貢雖知德行與能力之差別，然有關孔子，仍視為同具二者之獨特個體：既有「聖」（德行之聖）、又有「多能」。其對人判斷雖非如大宰，以「多能」即

「聖」(於事能極致者)，然始終仍雷同，以人為個體自我。孔子之回答：「大宰知我乎？吾少也賤，故多能鄙事。君子多乎哉？不多也」故分三方面回答：一、一般人是無以明白他人個體與自我之真實的(「知我乎？」)，原因在於：人之真實在其德性努力，非在其能力。【亦非在其自我】。二、至於人能力(生活或生存能力)，實只由外在環境處境造成、只外來引致，與人自身(自我)真實(德性努力)無關。而孔子因「吾少也賤」，故「多能鄙事」。其「多能」，只「鄙事」而已，非(自我之)了不起、非(自我之)「聖」。三、人之真實(其德性)，既非為天所賦予、亦與其能力無關；故既非子貢所認為「固天縱之將聖」、亦非大宰所以為「夫子聖者與」，而是人自身之努力。甚至，君子之為君子(真實之人)，本不求其能力之多少，【「君子不器」〈為政〉】，只致力於德行而已，此所以「君子多乎哉？不多也」。

人之真實，與其能力實無關，【亦與其自我無關】，一切能力只外致而已。至於德行，雖與人有關，然不能視為天所賦予，故與聖又無關，不能以此「為人」之真實。若視能力為德行明白錯誤，那以能力多少對人作評價亦不當，甚至，對人德行視為天所賦予，更非真實地觀人【亦非真實地觀德行】。無論大宰抑子貢，對人之真實仍未真切地明白。其原因在：二人始終以人「其自我」為本，或從能力、或從天賦德行言，然這明顯為對人其真實之誤解。歸究於人「其自我」，始終只一種錯誤，無論從能力抑從天賦德行言均是。【以天賦言德行、如稱人之「聖」「聖人」，目的也為歸究於其自我之了不起而已，否則無須從天或聖言德行，德行本人人中庸之事而已】。人之真實在其作為人之努力，非在其作為自我。孔子之「知我乎？」，寓意故深：人所不知，既是人之真實非在其自我、及人所以為自我，實只偽而已，無論從能力抑從聖言均是。

七、牢曰：子云：吾不試，故藝。

〔對己之無我有五。三：藝（特殊技能）〕

若生活能力只順隨處境產生，那由努力而致之技能知識，如冉有之藝（國家賦稅與財務處理能力），【見「求也藝」〈雍也〉、「冉求之藝」〈憲問〉，及「季氏富於周公，而求也為之聚斂而附益之」、「方六七十，如五六十，求也為之。比及三年，可使足民」〈先進〉】，則應屬個人自己，與其自我有關。對此，孔子說：「吾不試，故藝」。「試」，傳統解為「用也」，「言孔子自云我不見用，故多能伎藝也」。然「試」於《論語》另見於〈衛靈公〉：「子曰：吾之於人也，誰毀誰譽？如有所譽者，其有所試矣。斯民也，三代之所以直道而行也」。「試」於此唯作考驗解。〈衛靈公〉句亦與自我有關，言人自我可有對毀譽執着，極求聲名為榮。孔子意思相反：人一般所言毀譽實虛假而已，非出於德行。若必須言毀譽，除非有對人類大德行、由如此考驗而致譽，否則無以為真實。三代人民因由直道養成，其對人誇譽本於德性、非由其自我，故始為人毀譽之真正考驗。「吾不試，故藝」中「試」同樣，指人求為職能份位時之比試考核，如〈八佾〉所言「君子無所爭，必也射乎」情況。孔子因不欲或不試圖參與如此考核，故其人生，撇開為仕從政不言，必須另有打算，此所以孔子「藝」，即從技能之學會求為維生之用，非由「試」求得生活保障，故如本篇篇首所言：「吾何執？執御乎？執射乎？吾執御矣」。「吾不試」故非單純不見用。

藝雖確由人而非由環境而致，然人對藝之習得仍有生活不得已在，其成就始終由存活之強迫、非由人自己，故不應視為人自我事。人類一切技藝均實如此，是無以因藝而自我自視為優越者。

八、子曰：吾有知乎哉？無知也。有鄙夫問於我，空空如也。我叩其兩端而竭焉。

〔對己之無我有五。四：知識〕

若「能」與「藝」由外在緣故無法視為自我之事，那知識因純然內在於人，故似與自我有關。

事實上，思想往往為人其自我所在，故為人視為與自我有關。對此，孔子說：「吾有知乎哉？無知也」。縱使智如孔子，仍自視為無知而已。若真明白所謂聰明才智，是應察覺，智慧實也只遇事時順隨原則而思而已，是沒有所謂特殊或獨特智力者。然人相反，往往以知為自己之能事，非因向外學習而習得，故借由知識智力而自大。對此，孔子之回答是：「有鄙夫問於我，空空如也。我叩其兩端而竭焉」。「鄙夫」喻不知事情之善不善者。「空空如也」言一無所知，亦為誠愨虛心貌；本指鄙夫，然亦可為孔子對自己無知之形容，更可含以下意思：人唯能誠愨虛心、無視自我，始能致知；若自以為是，其知實無知而已。「我叩其兩端而竭焉」是說：求知之方法也只是：對所欲知之事情問題，誠心地「叩其兩端」，即對事其善惡、好壞兩端作反省，定能致其明白通達。如「自我」一問題，若明白無我之善與有我之不善，其是與非可由此而竭盡。若問題與善惡好壞無關，仍可順承其事之本末、始終、有無、正反、甚至同異等種種兩端而竭盡，此實思想本來方法：求本末好壞而已。思想與知識，故實有客觀軌跡在，非由於自我、非與人自我能力有關。「竭」與「兩端」二詞於「知」寓意深遠：知不知、或知之是否真切，實由是否竭盡其端（全部）而致而已。若兩端為法，能竭盡始「知」之終結，其根本之道在此。人不知，實由於不力求竭盡而已，此人於認知中誠愨虛心、無視自我時（「空空如也」）所以始為真實。

九、子曰：鳳鳥不至，河不出圖，吾已矣夫。

〔對己之無我有五。五：一己所有所是〕

作為對一己無我言總結，孔子故指出，自我所有一切，實亦「無」而已，此「吾已矣夫」意思。鳳鳥與河圖，為聖王起作時之天瑞，傳統以此關乎孔子，故言孔子自傷不得為王。然孔子從無為王或聖之意。【見：「若聖與仁，則吾豈敢」〈述而〉、「子貢曰：如有博施於民，而能濟眾，何如？可謂仁乎？子曰：何事於仁，必也聖乎。堯舜其猶病諸」〈雍也〉】。鳳鳥與河圖故應唯喻過往聖王，而句宜單純解為：若無過往聖王，孔子自己將一無所有、一無所是。孔子自身之一切，都單純從過往聖王而來，無一由孔子自己；故若無聖王之存在，孔子將一無所是。孔子言「述而不作，信而好古」〈述而〉，亦由於此。人常以時代進步而自大，蔑視過往與傳統，而不知人類自我之塑造往往只失去存在所有本真、只更破壞及敗壞，鮮有所善。孔子〔面對古代〕故只無我而已，道與德實無以由時代之自我可致。我們同樣，若非由孔子，道理再無跡可尋。本句所言，故只孔子〔面對故往傳統〕之無我，非其自傷。由此總結人一己無我問題。

*

有關「自我」之對向他人，〈子罕〉列舉三例：卑下者、後學、一般世人。於對向而有自我，或因為上對下（卑下及後學者屬此）、或若關係浮泛，為自保而先有對對方對立敵對之心。若面對為親近或毫無上下關係需要者，人無須言自我。此對向人時自我問題。

十、子見齊衰者，絻衣裳者，與瞽者，見之，雖少必作，過之必趨。

〔對向人之無我有三。一：對卑下者〕

「子見齊衰者，絻衣裳者，與瞽者，見之，雖少必作，過之必趨」。【亦參考：「見齊衰者，雖狎必變。見絻者與瞽者，雖褻必以貌」〈鄉黨〉】。「齊（齋）衰者」指有喪者；「絻」言用布包裹髮髻，「絻衣裳者」可能與勞動者有關，故〈鄉黨〉句以「褻」形容；「瞽者」言身有殘缺者。對向如此三種卑下者（「見之」），孔子之無我故「雖少必作，過之必趨」。「必作」與「過之必趨」言其恭讓：見而必起坐、遇而過之必疾速以讓。之所以更言「雖少」，是為指明孔子再不在乎自身之長幼尊卑，於三者前均無自我之態；「必」一詞所形容亦同。對社會弱勢或卑下者，孔子再無自我地對向。之所以舉齊衰者與瞽者等，因若有協助之義，已非自我問題。於與義無關時，對向卑下者，仍絲毫不應有所自我之姿，此本句所言道理。

十一、顏淵喟然歎曰：仰之彌高，鑽之彌堅。瞻之在前，忽焉在後。夫子循循然善誘人。博我以文，約我以禮。欲罷不能，既竭吾才。如有所立卓爾，雖欲從之，末由也已。

〔對向人之無我有三。二：對後學者〕

因學識使人居上，對人故多所自我，文人相輕便如此。為師時更是，故孟子說：「人之患，在好為人師」〈離婁上〉。以顏淵為例，因顏淵於學問亦深博，【見：「回也，聞一以知十」〈公冶長〉】，有其自我自視可能。句故以孔子與顏淵師徒二人言為師與學問強者間無我之道理。從顏淵對孔子之形容，可見以下各點：一、「夫子循循然善誘人」總結孔子教學態度：非但沒有「以師」居上自我地教授，而是對人盡其善誘可能。「循循然」指依從對方及內容之客觀真實、循序地引導。孔子之善誘，故無所自我：既無強求、亦無要求對方盲目跟隨，只求盡客觀與真實，其無我如此。二、孔子學問雖博大然無我，故「顏淵喟然歎曰：仰之彌高，鑽之彌堅」。「彌」字所顯，為高深至不可測度之隱微、一種學問中之無我境界。若非顏淵能力有所接近，知仰之、鑽之，否則一般無以見其高堅。孔子學問之深奧由絲毫不顯露於人前故無我、非以高深傲示於人。三、雖自身博大精深，孔子對人（後學者）始終不即不離地關懷，其關注又無我地隱微：「瞻之在前」言其對人引領之默然，「忽焉在後」則形容其關注之無我；既在前引領、亦時刻在旁關懷；孔子無我極致如此。四、非但自身無我，孔子亦致力教導對方無我，故「博我以文，約我以禮」。「博文」「約禮」固然為孔子教學全部，顏淵亦不例外。【參考孔子對子伯魚之教。〈季氏〉句十三】。然對人以文博其我、以禮約其我，實以文去人自我之狹隘、使其得以客觀地通達，及以禮約束其自我自大、使能自我克制。人固執於自我，實因缺乏一廣博心懷與視野、又由欲望而失去約束與自立之心；故唯由「博文」「約禮」，自我始能跳越其狹隘、昇進至人性無我通達之真實，如顏淵所深切明白。孔子如此之教、其教之無我，故是教人亦同樣無我、無受自我所限，此所以顏淵形容為「既竭吾才」及「欲罷不能」。

孔子無我亦教人無我地竭盡自身所能（「既竭吾才」），使本欲放棄之顏淵，只能「欲罷不能」而已。一如人【孔子弟子亦然】多欲求「斐然成章」〈公冶長〉，顏淵必亦如是求有所立。然由孔子之教，立再無能以自我為態，故說：「如有所立卓爾，雖欲從之，末由也已」。意為：我本有求為卓爾地創立，亦已試圖如此縱展，然始終也只能跟從孔子所立而來（「由」），非真有我（自我）之創立。非言孔子扼殺人之獨立性，只其無我使人遠去自身自我更而博大、使人明白學問無已時之客觀真實而已。顏淵雖言「末由也已」，然實反映其明白之真切：非再以學問為個人自我事，而是如孔子，「鳳鳥不至，河不出圖，吾已矣夫」，更博大而真實。

孔子教學之無我，與孟子言舜無我地去他人自我，幾近同一：「（…）大舜有大焉，善與人同，舍己從人，樂取於人以為善。自耕稼陶漁以至為帝，無非取於人者。取諸人以為善，是與人為善者也。故君子莫大乎與人為善」《孟子．公孫丑上》第八章。舜無我地對人，亦由此鬆懈對方之自我；其取人之善，更引導人歸向自身之善；舜其無我，故默然地使對方亦無我地回應。【請參閱《孟子平解》】。

除說明孔子對後學之無我外，由本句亦可見以下兩道理：一、由於孔子文教也唯以《詩》、甚至對伯魚也只求其讀〈周南〉〈召南〉而已【見〈陽貨〉】，「博我以文」之「博」【亦參考：「君子博學於文」〈雍也〉〈顏淵〉】及「既竭吾才」之「竭」【亦參考前「我叩其兩端而竭焉」】故都非言孔子求多，而是其教導或閱讀之方法。即：無論文獻多寡，對所讀文本盡深入微細並通透博思、從種種相關問題角度，感受並反省所言內容，具體切實地體會道理，以達事情全面通透之真實。此亦「舉一隅不以三隅反」〈述而〉、「聞一以知十」〈公冶長〉、及「周而不比」〈為政〉中「周」之意思。非片面地，而是「學而思」、「思而學」地盡求徹底與完整。此「博」應有意思。二、「境界」其最高者，莫如孔子「仰之彌高，鑽之彌堅。瞻之在前，忽焉在後」無我境地。顏淵喟然而歎實針對孔子境界所有感動。境界不應從自我言，如言自在與逍遙、或原創性那樣，其更大在無我（無自我），由無我而真實。其所以難非在一二方面，而是難於去自我主觀而及萬物與道之客觀。能從無我而見孔子境界，顏淵其對人之明白故極真切。

十二、子疾病，子路使門人為臣。病閒，曰：久矣哉，由之行，詐也。無臣而為有臣。吾誰欺？欺天乎？且予與其死於臣之手也，無寧死於二三子之手乎。且予縱不得大葬，予死於道路乎？

〔對向人之無我有三。三一：對向世人〕

對向一般世人，人往往亦在乎自我，至在逝後仍盡求為榮耀。死喪終結人一生，亦定論其在世人中自我之價值。子路恐孔子因疾病逝去，故「使門人為臣」，行臣之禮，以高舉孔子在世人眼中地位、對其個人（自我）肯定。【子路大概始終對孔子未能得其社會地位與聲望有所羞慚，故於「葉公問孔子於子路」時，「子路不對」。見〈述而〉。子路必以社會地位與聲望為人唯一所是；其對人價值之定斷，與其在世人前之認定有關】。孔子以子路做法為「欺天」，並感慨說：「久矣哉，由之行，詐也」。確實，人之大偽，莫過於欺騙：或欺騙他人、或欺騙自己。人之虛假，實由於在乎自我而欺騙而已，故縱使為虛名，仍以之為真實。對子路之詐，孔子之回應有四：一、「吾誰欺？欺天乎？」：縱使世人以相互欺騙為現實，然在人世外，難道再無真實？致對天亦如是欺騙？於死亡前若仍如此，那人類還能有怎樣真實可能？二、「無臣而為有臣」是說：人之欺騙都實只求為自我、求為自我在世人前之尊貴而已，雖明白沒有，然仍自欺如此，此人類大偽。三、若同樣舉死喪為例，對真實之人言，若「死於臣之手也，無寧死於二三子之手」，換言之，與其死於虛假榮耀中，不如死於真實情感中、在親近人中，這始更是死亡之（人倫）真實。生命最終若仍只在虛假中，無寧在親愛者而真實中。四、「且予縱不得大葬，予死於道路乎？」是說：現實常以「死於道路」之不幸為理由、以極偶然個案或不實（未為實）事實行其虛假作為，如以「死於道路」為由，行其「大葬」之偽，二者（「死於道路」與「大葬」）實同樣虛假虛偽，人喜好自身欺騙而已。

若「人之將死，其言也善」〈泰伯〉為真，執行「大葬」對死者言，實虛偽而無意義，除非仍由於自我。現實與自我之虛偽，莫過於死亡前而顯見。

*

除對向自身與對向他人外，自我更有從存在及生命言、如自我保存問題。《論語》列舉四：人之存活、生活境況、生命志業、及平素作為。前兩者與存活、後兩者與生命有關。四者均必然，【非如自我欲望能避免】，但亦伴隨自我而有，為自我於四者中之執着。

十三、子貢曰：有美玉於斯，韞匵而藏諸？求善賈而沽諸？子曰：沽之哉。（沽之哉）。我待賈者也。

〔存活與生命作為中之無我有四。一：存活〕

由自我保存本能，人自我必求為存活。子貢與孔子師徒情感深厚，見孔子不得志故以美玉比喻，關切而問：「有美玉於斯，韞匵而藏諸？求善賈而沽諸？」。【冉有亦有類同之問：「冉有曰：

夫子為衛君乎？」〈述而〉。冉有之問仍透過子貢，可見子貢與孔子關係親近】。子貢本句意謂：若得美玉（喻孔子），宜應珍藏、抑找善賈出售以得其用？孔子之「沽之哉。我待賈者也」是說：孔子並非執持自我高潔或因自視而不仕，故實如美玉之待善賈，等待願意任用之人。換言之，孔子雖非現實地不擇手段求存活，但亦非如自我高潔者那樣不與世同流合污而隱。孔子之未仕非求為自我，只等待善賈者而已。對向現實及自身存活，孔子故均無我：既不為自我而圖索、亦不為自我而不仕；均只為人而求真實地用而已。仕與不仕、現實不現實，均與自我無關。此孔子對向存活時之無我。

十四、子欲居九夷，或曰：陋，如之何？子曰：君子居之，何陋之有。

〔存活與生命作為中之無我有四。二：生活〕

對向生活，孔子亦同樣無我、無必然所求。「子欲居九夷，（…），何陋之有」，換言之，孔子不在乎其居處是否簡陋。以「九夷」言，因「九夷」非中夏，其陋非只物質、更是文化之陋，故如人多拒鄉野之居，因缺乏文化發展及心靈滿足。然這一切，始終只自我對生活之求索，非無我無求。馬融對「君子居之，何陋之有」解釋為：君子能化成其所居處，故無陋。然從「不患人之不己知」〈學而〉、「不患無位」〈里仁〉、「不患莫己知」〈里仁〉等態度可見，馬融以為孔子非不在乎陋這樣解釋似太過。求為生活上滿足實仍自我，而自恃可化成更是自我自大，非「不患」及「食無求飽，居無求安」〈學而〉之孔子。「君子居之，何陋之有」故應為生活無我態度；至於夷狄是否能化成，此與禮、而非與自我有關。

十五、子曰：吾自衛反魯，然後樂正，〈雅〉〈頌〉各得其所。

〔存活與生命作為中之無我有四。三：生命志業〕

若非從生存生活，生命志業因為每人生命事，故應與其自我有關。孔子自衛返魯「正樂」乃晚年之事。若從政不應與人其自我有關【政為眾人事，不應視為個己事業】，那生命晚年之作為應是：晚年事業多屬個人自己、與世無關。此《論語》以孔子正樂一事言之原因：能代表孔子個人自我事業者，莫過於晚年「正樂」。由此見志業與自我問題。

孔子晚年作為，非在如著書立說，而在使〈雅〉〈頌〉之樂得其正，如其與魯太師言樂之道那樣。【見〈八佾〉】。〈雅〉〈頌〉所體現因為人文與人格素養之正、甚至為王者德性，故與〈風〉從百姓言人性之道不同，二者標榜人所有最高懿美，故有「正」與否問題。正〈雅〉〈頌〉之樂，非對「雅」「頌」價值本身之創立，只其於音樂中之落實與體現、只求為〈雅〉〈頌〉各得其「所」，此孔子晚年志業。換言之，縱使晚年，孔子所關壞，仍非個人創立，只真正價值之落實而已，故與自我始終無關。「〈雅〉〈頌〉各得其所」故如「述而不作」〈述而〉，仍為一種無我作為，非自我事業（「作」）。孔子生命始終在價值實踐之正而已、只人文而非其他事業或建設、甚至只上層階層風範之正，與個人自我創為無關，此孔子生命志業之無我。孔子正樂是從此言。

十六、子曰：出則事公卿，入則事父兄。喪事不敢不勉。不為酒魁。何有於我哉。

〔存活與生命作為中之無我有四。四：平素作為〕

「何有於我哉」之無我總結以上一切，而「出則事公卿，入則事父兄。喪事不敢不勉」等則明白為平素事，句故為言平素之無我。對孔子言，平素也只生死禮義之事而已，再無其他。無論生抑死喪事，孔子只求為事人而已，非有所自己。若仍有，如自我於人世不得志欲醉之感受，孔子連這樣自我仍盡其無我之可能：不自我地放任自己，故「不為酒魁」。能無我豁達至此地步、能對自我如此自覺反省，獨中國聖賢能致。非不在乎自我而犧牲性命，而是對自我求為明白與克制。以「不為酒魁」終結自我問題，這是何等深邃反省：人均以沉迷或麻醉自我而以為無我（擺脫自我或自我解脫），然這始終仍只對己執着、仍只自我而已；自我無能由麻醉而為無我。酒魁與酒神（尼采與古希臘之酒神精神）始終為自我而已：一從人自己、另一從人類集體言。若存在為酒神狄俄倪索斯式（Dionysus），這並非人類去其自我姿態，反而只自我膨脹至如無我般、使自我溢過其作為個體自我之界限【尼采所謂「個體化原則」】而及一切存在而已、一大自我而已，非無我而回歸人性。酒所能者，只去自我之意識，非去自我之實，故只沉迷沉醉，非置身於自我感受外。若從人性言生命之大樂、那如酒神音樂般忘我而沉醉在一切中之境界，於孔子，只為〈雅〉〈頌〉音樂其「皦如」「繹如」狀態、或如〈韶〉盡美又盡善時之悅樂而已，始終非如狄俄倪索斯精神，只在融合一切自我無分彼此而以為一體。【參考貝多芬〈快樂頌〉】。孔子所言無我，非在醉忘中，始終仍只作為人、從人性其更大真實、非從去「人」之真實言，如（酒）神。人於西方或現代，始終只自我而已，非人性之人。在這樣心態下，去自我與去「人」故同一；酒神故非為人、而為神。然人性最終和樂，是從「為人」而各去自我時之和樂言，如「里仁為美」、如《詩・鹿鳴》「鼓瑟鼓琴，和樂且湛」，非人去其人性，如神性般醉狂之和樂。《論語》在結束自我問題而從「然後樂正」與「不為酒魁」作結、從生命之大樂與生命之不得於世對人生命中自我感受之體察，以言無我，實多麼地透澈。而「何有於我哉」對我其無所是或絲毫不在乎之感歎感懷，又多麼顯自我之曠達甚至偉大。之後「子在川上」對自我不舍晝夜地逝去事實之感慨與期許，又是多麼地人性而無我。

以上為〈子罕〉對自我之討論。

＊

在以上有關自我之偽與下面對真實自我討論前，〈子罕〉設置了兩句，作為真實自我之引論：一指出人存在有限、為一「逝者」，以此作為自我努力警戒；另一從「所好」對反之兩面，指出人是否能立，實先由其自我〔所好〕而已。人是否知努力、是否好德行，此定奪其自我之真偽。

十七、子在川上，曰：逝者如斯夫，不舍晝夜。

〔真實自我引論有二。一：〔自我〕存在之有限性〕

「逝者如斯」借川水之流逝，喻人生之有限。逝去突顯其事本身重要然亦偶然短暫，故須特殊地警惕。自我本以為生命屬己、亦能任性作為，然生命始終有限，非能自我地耗費。西方以人應盡可能致力於如神之不朽，實無視自身有限性而已。【亞里士多德：「不要相信下面的話，甚麼『作為人就要想人之事情，作為有死的人就要想有死之事情』；而是在一切可能內，全力去爭取不朽。（…）這也許就是每人的真正自我」。《尼各馬科倫理學》第十卷第七、第八章】。知於有限而致力，始人對真實性之自覺、亦自我真實性之本。「逝者如斯夫」故為孔子對生命之慨歎：生時，人都以自我為一切，然逝沒後，人自我又顯得多麼偶然無價值。這是自我之悲哀。皇侃故疏說：「向我非今我，故云逝者如斯夫者也」《論語集解義疏》。正因自我其存在短暫而偶然，故更應盡早致力於真實之自己，不應在乎人前自我之肯定與虛假圖索，這一切將隨自我逝沒而逝沒。人之真實故應單純從自身言、從生命自身之真實言，否則一切將只「逝者如斯」而已。若非自我麻醉以為及時行樂，否則於生命之有限前，應及早覺醒並努力生命之真實。此「逝者如斯夫，不舍晝夜」意義。【逝者只喚起人對自我真實性之自覺，非從對死亡之思（哲學）而能得真理：人唯應學習怎樣生、非怎樣死】。

十八、子曰：吾未見好德如好色者也。

〔真實自我引論有二。二：自我真偽與其所好〕

自我之真偽除由逝沒而覺醒，其真偽更可從「所好」辨。孔子總結為「好德」與「好色」二者。所以以二者言，因德與色都無其存活上之迫切性、都非直與生存有關。正因無直接關係，故始顯其自我一面，特別當從「好」言。雖同無迫切性而屬人主觀所好一面，然德行始終為存在之道，色單純只個人自我欲望，與道無關。縱使可視為生理需要，然「好色」實與生殖無關，特別當為色情、色欲時更是。孔子之「吾未見」故表示：其所見人自我，均只任性盲目而已、均只『自我』而已，鮮有知覺醒為人而真實者。人其自我故都只種種欲望所好，鮮有如德行之客觀真實。若以為如此自我即人自己，因欲望未能不受外來誘惑所動，【見孟子之「不動心」】，故如此自我實非真正自己者、非能不為外在所役。真實自我故必然從好德之自主性言；唯由好德，人始能真實地自己。此孔子「好色」與「好德」對比之意義。

人性雖根本，然人仍必先作為自我而存在。若自我如「逝者不舍晝夜」，一切將只徒然。此《論語》特有對自我討論之原因，其道理重要故。

西方近代思想家巴塔耶特殊指出：由色情，更見人性其超拔於現實必然性之一面，為人性君主性之體現。然由《論語》可見，好色雖確然任意如君主性地自主，然其為欲望始終受制、亦始終只自我事、與人性無關。此見巴塔耶對自我與人性二者分別之未察。

除「色」與「德」對比外，《論語》亦多舉「食」與「德」作對比，如：「君子謀道不謀食」〈衛靈公〉、「君子食無求飽」〈學而〉、「君子無終食之間違仁」、「士志於道，而恥惡衣惡食者，未足與議也」〈里仁〉等等。「食」與「德」對比是取二者同為存在上之必然性：一從現實、另一從道言；而「色」與「德」之對比，則因二者非如「食」那樣現實地不得已，故二者反映人自身之主觀取向，藉此說明：人類於世之作為，非必然現實者。若人以現實性為由而不行德行，人是再無法同樣以現實為由替其好色辯解。人類之存在，因而實非只現實而已，更有其如好色純然主觀任意之一面，故再不能以現實為由對德行否定。此「色」與「德」相對時之意義。

〈子罕〉這一引論，既教人見存在之有限性、亦指出人類自我無視存在必然性時之主觀任意，故巴塔耶便認為：色情正顯人類對其存在有限性之越度；色情所顯，故為人類毫不為有限性所限時之主觀任意（君主性）。色情故即「直在死亡中對生命之讚頌」。【見 Bataille, *L'Érotisme*, les Éditions de Minuit, Paris, 一九五七年，第十七頁】。如是，縱使對向死亡，人仍如無視死亡般活着，此人類生命：以致死為代價，行其自我所欲，以此為超越死亡之途。人類如是耗費地活着，只求為超越死亡所有限制，實只求為自我而已，始終非作為人。孔子所言相反：非在色情中越度（超越死亡），而在死亡（有限性）與色情（任意性）中，明白人之為人所是，其自我所應有覺醒與真實。此實為另一種對死亡及色情（自我）之超越與遠去，由是回歸人真正生命。透過存在之有限性（「逝者如斯夫」）與自我欲望之無度（好色之無道），孔子所求為教人，亦其自我應有真實而已：自我是否知回歸人性真實而已。

*

十九、子曰：譬如為山，未成一簣，止，吾止也。譬如平地，雖覆一簣，進，吾往也。

二十、子曰：語之而不惰者，其回也與。

二十一、子謂顏淵曰：惜乎，吾見其進也，未見其止也。

二十二、子曰：苗而不秀者，有矣夫。秀而不實者，有矣夫。

二十三、子曰：後生可畏，焉知來者之不如今也。四十五十而無聞焉，斯亦不足畏也已。

〔真實自我：對向自己時努力之層次〕

真實自我，先從自我之努力言，其層次有五：一、努力之本：不止；二、努力之態度：不惰；三、努力之真實：進展；四、努力成就之階段：苗、秀、實；五、自我努力之成就。五者所顯，實自我之無我。

怎樣才算作努力？努力之首先，也只在我們是否進行其事而已。重要是，是否進行抑不行，非在其所得所達多少。故如為山之多，若「未成一簣」而止，這實仍止。在行與所得兩者間，所貴為前者。若以為多而止，其多始終只止而已，非行。此有關努力之第一點。

從進行言努力，則在是否怠惰。怠惰雖非終止，然仍雷同。怠惰又是一種態度，反映人對事之不重視。能不惰，故已是對事之敬意，此有關努力之第二點。

努力之第三點在進展。「吾見其進也，未見其止也」中「進止」，非第一點「止，吾止也」「進，吾往也」中「進止」。第一點所言只「為與不為」問題，而這裡因已言顏淵不惰（第二點），故「進止」應從進展、非從「為與不為」解。句從顏淵死後言（「惜乎」），亦為指明「進止」非「為與不為」意思，後者於人死後無義。孔子所惜，故唯顏淵努力時其進展之無止，若非因死亡，必已有所成就。第三點所言道理，故為努力應有更善進展之義。努力非唯量之增多而已，更應於善中有所進展、致力於更善，如知識，應求為通達明理，非資訊之匯集而已，此努力之所以真實。

從進展，努力更應有成。成就之階段有三：苗、秀、實，三者以植物生長為喻。草初生為苗，草華為秀，果實收成為實。成就之階段亦如是：事有初發，其特異而美為秀，其有所得為成。三者為事發展階段。然孔子欲告誡人者為：無論哪一階段、無論多似有所達，若不持續其努力與用心，始終不能有所成：故苗可不秀、秀可無實。苗非為秀、秀非為實之保証，努力始終必須謹慎並持續，此有關努力之第四點。

最後，有關努力，孔子總結說：「後生可畏。焉知來者之不如今也。四十五十而無聞焉，斯亦不足畏也已」。這總結指出兩點：一、居前者仍可為居後者所超越，故不能因成就自滿而鬆懈；二、成就於人生命始終有所限制，不能以為潛能便能無窮延遲。此言努力之事實與限制：縱使有成仍可被超越、及四十五十仍未見有成，其終也已。努力非無限制，無論已有成或未有成均然。人故不能仗恃自我，以為有成便不再努力、或以為自我所能無所限制，因而延誤生命。無論成就抑潛能，若非持續努力，二者均不代表甚麼。孔子之「無聞焉」非教人從聲名立自我，【見前孔子「博學而無所成名」句】，只為告誡：人生命實有限，故不能自我自視。自我之真實，單純在努力而已，既非在所得、亦非在自我潛能本身。努力故為自我其真實與否之關鍵，此本組句子意思。

*

若努力為自我內在真實，那於對向外在，除無我外，自我自己其真實應怎樣？〈子罕〉分三面言：一、平素時真實之自己（二十四與二十五句）；二、從志言真實之自己（二十六至二十八句）；【若無志向，人再無自己可言，必落為人人間不能自己時之自我而已】；三、人作為「主體」時真實之自己（二十九與三十句），而此有兩面：主體之對向存在（現實），及主體之對向自身（「思」）；此後者，即西方所言「我思」(cogito)，為最高主體性所在，〈子罕〉亦以此問題告終。以上三點，自外而內地回歸人作為「自己」(自我之正)之真實。

二十四、子曰：法語之言，能無從乎？改之為貴。巽與之言，能無說乎？繹之為貴。說而不繹，從而不改，吾末如之何也已矣。

〔真實自我：對向存在時真實自己之問題有七。一：自己平素應有真實〕

從平素言人之自己，莫過於必須真實。本句意思為：對外來如命令般糾正(法語)，身雖無能不依從，然心是否亦知過而改，這始自身真實性所在。同樣，對外來讚美，【「巽與之言」：讚美或由恭順而發之言】，心必然喜悅，然身未必真有其實，故唯確有被讚美之實，否則自身始終虛偽。【「繹」一詞言相續不絕；於此指心與行或內與外之一致一體】。「改之為貴」及「繹之為貴」所強調，故為人自己應有其事之真實，否則也只「說而不繹，從而不改」地表面甚至虛假而已。句所言道理故是：只求為自我喜悅或只自我地屈從外在，始終無「作為自己」時之真實。如此自我，故也只「吾末如之何也已矣」。

我們可注意到，有關「人自己」之真實性，《論語》這裡從「法語之言」及「巽與之言」兩情況、非從如君子人格、或「學而不思則罔，思而不學則殆」〈為政〉等言，其所言道理，故只人人平素一般真實性，非特就「君子」或「學思」之真實性言，故舉如在「法語之言」或「巽與之言」前一般情況言。其時真實，也只「改之」「繹之」而已，非求更多；如此真實性，故也只人平素「作為自己」時所有真實，否則其人必只自我地虛假而已。本句所言，故與道或德行之真實性無關。

縱使只「改之」「繹之」，然所顯已是人有其自己時之真實，非只求為「說而不繹」、「從而不改」地自我虛假。句本以「法語之言」在「巽與之言」前，然結論則以「說而不繹」先行於「從而不改」，因作為自我，人求悅己多於順從他人。然始終，若只「說而不繹」及「從而不改」地自我，人是無以言「自己」者。此從平素言「自己」之首先真實。

二十五、子曰：主忠信。毋友不如己者。過則勿憚改。

〔真實自我：對向存在時真實自己之問題有七。二：自己平素之德行〕

「自己」平素除真實性外，亦有對人基本德行。本句先見於〈學而〉，〈學而〉多出「君子不重則不威。學則不固」兩語。非二道理不重要，只〈子罕〉這裡欲強調是自己之對人、非自己之自身，故不提及「重」與「學」。【後者請參考前十九至二十三句】。「自己」對向人之德行，其基本在忠信、視人如己（非有對立時之自我姿態）、及對人有過而改三者上。對向人時自己是否真實，亦此而已。若只求為利益欲望、自恃、與自以為是，人也只自我、非自己而德行。

「主忠信」「毋友不如己者」「過則勿憚改」三者雖平常，然已是人「自己」之體現，非自我地虛假。舉「過則勿憚改」為例：人與人必有着種種「對錯」與「是非」，難言無過，故須從改過中而致善。若非如此、若只求為自我肯定，無論自己抑與人，均無以為真實。知對人基本德行故重要，否則即落為自我、只求為自我肯定而已。

二十六、子曰：三軍可奪帥也，匹夫不可奪志也。

〔真實自我：對向存在時真實自己之問題有七。三：志為人自己之本〕

除平素外，人之「自己」（其超拔於現實）直與志有關。志純屬人主動一面，非如感受之有待。若非由志，人將無以言自己。能否自己，故由志而已。孔子故從「匹夫不可奪志」言志為人自己之本。「三軍奪帥」仍為三軍，志若被奪，人再無以為「自己」，只落為自我而已。

〈子罕〉這裡只言志對人自己之關係，非對志內容說明。後者請參考〈公冶長〉：「顏淵、季路侍。子曰：盍各言爾志。子路曰：願車馬、衣輕裘，與朋友共，敝之而無憾。顏淵曰：願無伐善、無施勞。子路曰：願聞子之志？子曰：老者安之，朋友信之，少者懷之」、〈述而〉：「志於道」、〈先進〉：「亦各言其志也」、〈憲問〉：「子路問君子。子曰：脩己以敬。曰：如斯而已乎？曰：脩己以安人。曰：如斯而已乎？曰：脩己以安百姓。脩己以安百姓，堯舜其猶病諸」等。

二十七、子曰：衣敝縕袍，與衣狐貉者立，而不恥者，其由也與。『不忮不求，何用不臧』。子路終身誦之。子曰：是道也，何足以臧。

〔真實自我：對向存在時真實自己之問題有七。四：志使人獨立於現實而自己〕

志與人之獨立（獨立於現實）亦有關。《詩・邶風・雄雉》全文如下：「雄雉于飛，泄泄其羽。我之懷矣，自詒伊阻。雄雉于飛，下上其音。展矣君子，實勞我心。瞻彼日月，悠悠我思。道之云遠，曷云能來。百爾君子，不知德行。不忮不求，何用不臧」。《韓詩》曰：「雉，耿介之鳥也」。王先謙案：「詩言我君子無很忮、無貪求，何所施行而不吉善乎？雖君與百君子不知，亦自安吾素而已」【見《詩三家義集疏》】。詩所言故是：君子若有如雄雉展翅飛翔心懷，雖受阻不能舒展或道遠不能達至，為何不知「不忮不求」之德行而安於此；君子若對人不有損害與貪求，無論何種用都不會不善（不會不可稱羨）。若不忮不求，無論多麼卑微之用，仍無不可被讚美。孔子引詩是為說明：人若有志之向往，是不會以外在價值衡量自己、不會因現實不如人而有所恥。此志與人自己之立、其獨立。人之自己，故從獨立於現實價值始，而此由志而已。

孔子對子路讚美，應在子路跟隨孔子不久時，見子路不恥自身卑微而能與富貴者立，以為是由其志。然子路實因自我自視而已，故對孔子讚美終身誦之，常掛在嘴邊以為自誇。孔子之後評語：「是道也，何足以臧」故是說：若真由志而立，是不會在乎他人讚美，如有求人肯定那樣；在乎人讚美者，仍自我而已、非志而自己。能「不忮不求」者，是不會求人讚美的。

《論語》以此說明：人由志始獨立無待於現實與人。志如是意義重要，故孔子每於弟子侍時，多問其志。從志確可見人現實與否、獨立與否，故為人其自己真實性首先在，否則只依賴於世俗而自我而已。

二十八、子曰：歲寒，然後知松柏之後彫也。

〔真實自我：對向存在時真實自己之問題有七。五：志為人於逆境中堅毅之力量〕

除為人自己之本與獨立性外，志更是人面對逆境之力量。這作為堅毅力量之志，非西方意志。縱使同對向外，志仍只從人之內在言，故為如松柏後凋（彫）之堅毅力量。【力量於中國也只從德行、非從力量言，故：「驥不稱其力，稱其德也」（憲問）】。意志不同。意志雖亦同對向外、甚至為力量，然只由於自我，非由於心，其意故在自我與對象間，非在人自己。志因與心有關，故實為對人性價值向往，其面對現實逆境而堅毅，是由於此。相反，意志因自我之「意、必、固、我」【見前第四句：「毋意、毋必、毋固、毋我」】，故多只盲目執拗，如人對抗神靈或求為戰勝自然那樣，都只力量之展示而已、非心。意志故多從人之神性性質（力量之無限）、非從人性向往與價值言。【意志因與知性區別，故其力量多似非理性，非如志之從自覺覺悟（道與德行）言】。於志，知性與意志因一體，故為心之向往與堅毅。於如「歲寒」逆境，「松柏」所顯，實人格之高尚、人其自己，非現實中意志與自我。句所強調故為逆境中人自己由志而堅毅，非落為現實中自我。「後彫」更表示：志因內在而隱伏，若非「歲寒」，是無以見其「後彫」之堅毅。志因而隱伏於內（非體現於外），為人自己之力量。

若意志多從對立言，志則只人自己向善之力量。人自己抑自我，故由志與意志判分。《論語》這有關志之討論，以志始為人真實自己所在，既見志為人自己之本、亦見其獨立於現實、甚至為人自己內在而隱伏之力量，與意志之自我無關。志如是人性而自己，非求為自我之超越，故「是道也，何足以臧」。

二十九、子曰：知者不惑，仁者不憂，勇者不懼。

〔真實自我：對向存在時真實自己之問題有七。六：對向現實言之主體自己〕

〈子罕〉在結束前，對真實自我（人之自己）其最高主體狀態作說明。有關此，主要從主體兩面或兩根本問題討論：一為其對向現實而仍為主體時、另一為其主體性所由出，換言之，其作為「思想」這一根本。

現實多使人惑、憂與懼，人不能自己多由此。能「不惑、不憂、不懼」，故為對向現實時，人最高主體性所在。主體性故不應從支配一切之最高位言，亦非自我無度耗費時之君主狀態。

對向現實之德行主體，【〈憲問〉同句故明言：「君子道者三」】，唯在自身之「不惑、不憂、不懼」而已，非在其他。「不惑、不憂、不懼」非言「無惑、無憂、無懼」，只因心在道，故縱使對向存在，仍能自己。由道而智使人明辨善惡好壞、知進退取捨，故不惑；由道而仁使心有所寄而安（「仁者安仁」〈里仁〉），故不憂；由道而勇使人行作唯由仁義而非由利欲，故可如浩然正氣般不動心，故不懼。三者始終因「為人」而無我（無自我），故能主體。人不能自己，因有求於現實、與現實利害無可分割地牽繫在一起而已。能心與現實無所牽制，此人對向存在時其能自己之最高狀態。主體故與人其自我相反：縱使對向現實，仍能「不惑、不憂、不懼」。【本句與〈憲問〉同句稍有次序差異：「知者不惑」所以先行，因雖仍對向存在言，然主旨因為在人之主體，後者如下句顯示，其本在「思」，故本句亦以「知者不惑」為先，與〈憲問〉單純言對向現實時人自己心況故不同。本句解釋，請參考〈憲問〉同句；此外，請亦參考〈顏淵〉句：「司馬牛問君子。子曰：君子不憂不懼。曰：不憂不懼，斯謂之君子已乎？子曰：內省不疚，夫何憂何懼？」】。

三十、子曰：可與共學，未可與適道。可與適道，未可與立。可與立，未可與權。『唐棣之華』【《詩．召南．何彼襛矣》】，『偏其反而』【《詩．小雅．角弓》】。『豈不爾思，室是遠而』【《詩．鄭風．東門之墠》】。子曰：未之思也，夫何遠之有。

〔真實自我：對向存在時真實自己之問題有七。七：主體之本：思（「我思」）〕

最後，若非從現實存在而單純從人自身言，其時自己之作為主體，在「思」。雖言在其自身（主體），然因自我實相互對立，故以「思想」為主體之本，實借此而言人與人對立（相遠）之根本性而已，非因人有思想而一體。西方故以「思想」主體為「我」「他」之本，由「我」「他」，存在更形離異。但人類始終為「人」，有人性在，思想雖成就自我，然不能視為人與人絕對離異之原因，人性始終存在故。對由思想或「思」而致之主體問題，故全繫於是否因有「思」存在必然離異，為人與人對立甚至敵對之根本原因。此「思」主體性之最大問題。〈子罕〉故以此問題為終結。

從「可與共學」、「可與適道」、「可與立」、「可與權」清楚可見，所涉明為兩個體間事。因已為「共學」、「適道」、「立」，故二人其自我已朝向真實，非一般對立性自我。縱使有志於真實、甚至有「與」對方一體之心，人仍以人各是自我、有各自之「思」，故本然無法一體。此「未可與適道」、「未可與立」、「未可與權」意思。原因明顯在人均以自我為本，故始終有所差異，無能一體：雖「共學」，然立場與志向始終可不同，故「未可與適道」；雖想法極力達成一致，然「立」始終有人具體個別性，無法共立，故「未可與立」；雖可由體諒相互謙讓共立，然遇事之執行必各仍有權宜手段不同，故始終分裂，「未可與權」，此似人類存在事實。【「權」所涉為事情，非只人自身，故無能退讓】。存在之一切由是而根本地分裂分離，人各為自我故。舉「唐棣之華」是為比喻：如唐棣之花先開後合，與一般植物先合後開始終無能一致，故只「偏其反而」而已，無法一體。此存在之根本差異性。說者故以「豈不爾思，室是遠而」為結論，意謂：如詩所言男女無論多對對方思念，然因兩地相隔，始終無以能見面。心思無論對對方多想念，始終仍無法跨越空間距離與阻隔。換言之，無論是自我之思抑外在原因（時空阻隔之有限性），分離實人與人及存在根本事實，無法一致一體。此人類心思之自我性質：只分離一切，無能一體聯繫。西方對思想看法同樣，以思想為心物二元地判分性。笛卡爾「我思」（cogito）便如此。思想與人之自我性故同一：為人與人無法一致共同之根本原因。從人（作為「思」之自我）至世界萬物，故都相互分離、無法一體。縱使人類有「思」之能力仍然。【此亦「習相遠也」〈陽貨〉意思】。自我各為自我，無法突破相遠事實。

如此觀點，故從根本否定人性一致性及無我一體可能。

孔子對以上之回答只一語而已：「未之思也，夫何遠之有」。意思是：相反人一般對「思」之看法，「思」作為人之內在真實，其本質正是聯繫一切者；無論阻隔多大或距離多遠，「思」正是那求為跨越距離之能力。事物差異無論多大，仍往往為人類思想所跨越，此始「思」之真實。存在似有所分離，故非由於「思」，由人自我而已。若人無我（無自我）而真實，存在始終能藉由「思」而一致一體，非思想必然阻隔一切。若有，實「未之思也」而已，非不能。「思」故非必然自我，實仍可由對自身人性之「思」而達一體；人始終共同是人、是有着共同本性在，此始存在之真實、其真正基礎。若非心思自限或扭曲，否則人仍可基於人性（人性之思）而共同。而此，始為人真正自己，其作為「思」之主體。「思」如是亦有真偽之別，在作為人、抑作為自我：換言之，在「思」與「未之思也」上。關鍵故全繫於思想本身之性質：以思想分離事物、抑以「思」超越一切距離與阻隔，使一切接近並和諧；此「思」之真偽、其人性抑自我。「思」故非「我思」、非自我之思，而應是人作為人其努力之本、人其為人性時之主體。「思」其極致在此。

孔子之「未之思也，夫何遠之有」故是說：人以為之「思」（以為已有所思），實非真實（之「思」），只種種自我（自欺欺人）之「想」而已，如說者以為「豈不爾思」那樣。真實之「思」應致力於人性之無我、致力跨越人自我之限制。「思」故或為無我地真、或為自我地偽。事實上，當說者自辯「豈不爾思」而把差異性歸咎於事物本身差距時，實已反映，連說者自己亦不敢以思想只為分離性質，【「豈不爾思」一語故歧義：既言已思、然實不思】，始託辭於事物差異性。然其背後事實始終是：「未之思也」、未盡「思」之努力而已。

孔子以「未之思也」終結全篇，其義深邃：人類表面高遠之思，實「未之思也」而已，因其所求，始終只使世界與存在分裂分離、只使人自我地對立。如是假象之「思」，於人類故只一種虛假化力量。「思」其真實故在此：求為人性、求為無我、求為真正自己，非求為現實地自我、求為主體「我思」而分裂。前者始「思」其真正極致，亦人其主體自己真正所在。

公元二零二一年一月二十四日修訂